우주인과의 대화

무시공생명 시리즈 3

우주인과의 대화

2017년 5월 13일 초판 1쇄 인쇄
2017년 5월 13일 초판 1쇄 발행

지은이	안 병 식
편집인	함원옥, 김용섭
펴낸이	무시공생명훈련센터장 정종관
펴낸곳	무시공생명 출판
주소	대전광역시 서구 유등로17번길 55 무시공생명빌딩
전화번호	(042)583-4621~2　　　　　팩스　　(042)584-4621
이메일	jeeby666@naver.com
출판등록	2004. 12. 1(제2012-000051호)
ISBN	979-11-955471-2-8 03110

http://cafe.naver.com/alwayspace(무시공, 무시공생명 검색)

편찬위원　　정종관, 안현정, 함원옥, 남민희, 김용섭

이 도서의 국립중앙도서관 출판예정도서목록(CIP)은 서지정보유통지원시스템 홈페이지(http://seoji.nl.go.kr)와
국가자료공동목록시스템(http://www.nl.go.kr/kolisnet)에서 이용하실 수 있습니다.
(CIP제어번호: CIP2017010840)

우주 최후의 비밀
대한민국 우주 뿌리를 찾았다

우주인과의 대화

안병식 **지음**

" 지구를 식민지로 만들려는
외계인들의 음모를 찾아없앤다 "

 무시공 생명

무시공 생명 비결

無時空 生命 祕訣

무주객 無主客	무건병 無健病
무선악 無善惡	무미추 無美醜
무빈부 無貧富	무향취 無香臭
무고저 無高低	무호괴 無好壞
무음양 無陰陽	무순역 無順逆
(공간 空間)	(오관 五官)

(시간 時間)	(의식 意識)
무생사 無生死	무신심 無身心
무이합 無離合	무생학 無生學
무래거 無來去	무지우 無智愚
무시말 無始末	무정욕 無情慾
무쟁인 無爭忍	무신의 無信疑

무시공 마크는
'무시공생명 비결'을 농축하여 형상화한 것이다.

○ 무(無)는 없다는 뜻이 아니고 합(合)한다는 뜻이다.

비결에서 無 자를 빼면 가르고 쪼개고 분별하는 이분법 이원념이 된다.
無 자를 붙이면 모든 것을 합하여 무시공생명의 일원심이 된다.
무시공생명비결은 우주의 내비게이션이며 비결을 외우는 순간 의식은 무
극(無極)의 위치에 올라간다. 60조 세포를 깨우고 벽담을 없앤다는 마음
으로 비결을 끊임없이 외우면 생로병사(生老病死)에서 벗어난다.

◆ 파란색은 공간(空間, 天)을 의미한다.
　무주객(無主客)무선악(無善惡)무빈부(無貧富)
　무고저(無高低)무음양(無陰陽)
◆ 녹색은 시간(時間, 地)을 의미한다.
　무생사(無生死)무이합(無離合)무래거(無來去)
　무시말(無始末)무쟁인(無爭忍)
◆ 노란색은 오관(五官, 몸, 人)을 의미한다.
　무건병(無健病)무미추(無美醜)무향취(無香臭)
　무호괴(無好壞)무순역(無順逆)
◆ 빨간색은 의식(意識, 心)을 의미한다.
　무신심(無身心)무생학(無生學)무지우(無智愚)
　무정욕(無情慾)무신의(無信疑)
◆ 중앙의 보라색은 동방의 도(道)가 보라색이라고 하는데
　무시공생명의 발현이 동방에서 시작한다는 뜻이다.

무시공 생명 공식
無時空 生命 公式

일체근단   一切根斷
(일체 음양뿌리는 끊어졌다.)

일체동일   一切同一
(일체가 동일하다.)

일체도지   一切都知
(일체 다 알고있다.)

일체도대   一切都對
(일체 다 맞다.)

일체도호   一切都好
(일체 좋은 현상)

일체항광   一切恒光
(일체 파장이 없는 빛)

일체아위   一切我爲
(일체 내가 했다.)

일체조공   一切操控
(일체 내가 창조한다.)

무시공생명 공식

일체근단(一切根斷) - 일체 음양의 뿌리는 끊어졌다.

태초 무극의 존재가 원래 하나인 우주를 음과 양으로 나누는 순간 이 시공우주(빅뱅)가 생겨났다. 무음양-음과 양을 합함으로써 시공우주의 뿌리가 잘렸다. 지구를 비롯한 시공우주는 허상의 세계가 되었다.

일체동일(一切同一) - 일체가 동일하다.

'일체가 나다'는 온 우주를 통틀어 최고의 경지이다. 무시공은 만상만물을 생명 관점으로 본다. 무시공생명 자리는 너와 내가 없는 동일체이다.

일체도지(一切都知) - 일체 다 알고 있다.

세포 속에 우주의 정보가 다 있다. 원래 인간은 윤곽과 틀이 없는 완전한 존재였다. 이원념의 물질이 쌓인 분자몸이 막혀 윤곽 속에 갇히게 되었다. 비결을 세포에 입력시키면 세포가 일원심의 세포로 살아나 우주의 지혜를 알게 된다.

일체도대(一切都對) - 일체가 다 맞다.

이것은 맞고 저것은 틀리다고 하는 것은 이분법, 이원념이다. 무시공 관점은 맞다고 하는 사람의 입장으로 보면 맞고, 틀린 사람 입장에 들어가면 그것도 맞다. 그래서 전부 다 맞다는 것이다. 차원이 다른 입장에서 말하는 것뿐 그 차원에서는 다 맞다.

일체도호(一切都好) - 일체가 좋은 현상이다.

무시공생명은 부정의 영체가 완전히 삭제된 절대긍정의 자리다. 무시공생명 자리는 전부 다 좋은 것만 보이고 전부 다 아름다운 것만 보인다.

일체항광(一切恒光) - 일체 파장이 없는 직선빛이다.

무시공의 직선빛은 일체 물질을 다 뚫고 들어갈 수 있고, 일체를 다 변화시킬 수 있다. 무한대대로 큰 힘이다. 그래서 직선빛은 생명의 힘이다.

일체아위(一切我爲) - 일체를 내가 했다.

일체 나 때문에 좋은 일이 생긴다. 인간의 입장에서 오는 재앙이나 온갖 현상들은 무시공하고는 상관이 없다. 내가 만들어 놓고 내가 당하지 말자는 것은 우리가 깨어나서 무시공의 생명 자리를 잘 지키는 것이다.

일체조공(一切操控) - 일체를 내가 창조한다.

마음과 물질이 하나다. 마음과 에너지가 하나다. 그러면 마음먹은 대로 창조할 수 있다. 내가 우주의 중심이고 내가 있어서 우주가 존재한다.

무시공 생명 탄생선언
無時空 生命 誕生宣言

노예변주인　　　영체변생명
奴隷變主人　　　靈體變生命
　　　　　　　　　(생명혁명)

체력변심력　　　분리변동일
體力變心力　　　分離變同一
　　　　　　　　　(물질혁명)

홍관변미관　　　행우변항우
宏觀變微觀　　　行宇變恒宇
　　　　　　　　　(우주혁명)

다로변일도　　　의존변자성
多路變一道　　　依存變自醒
　　　　　　　　　(신앙혁명)

이원변일원　　　생사변영항
二元變一元　　　生死變永恒
　　　　　　　　　(의식혁명)

무시공생명 탄생 선언일 2012. 12. 21.

무시공생명 탄생선언

미국의 어느 과학자가 우주에서 지구의 시간에 대한 연구를 진행하면서 몇 번 시간의 윤회가 있었고, 마지막 윤회의 시기가 1945년이 기점이며 그 후 76년 이후에는 시간이 영(0)으로 돌아간다고 계산을 했다. 그 시기가 2012년 12월 21일로 파장으로 된 시간이 영(0)으로 돌아가고 시간이 멈춘다.

2000년 전, 아르헨티나에서 발견된 예언서 중『사지서』에서는 시간에 대한 예언을 했다. 시간은 곧 영원히 없어진다.

무시공 선생님은 재앙이 일어나고 지구의 마지막 날이라며 떠들썩했던 2012년 12월 21일에 '무시공생명의 탄생 선언문'을 발표하시고 시간이 없는 세상이 도래하며 새로운 세상이 열리고 물질의 세상은 끝난다는 것을 이 시공우주에 선포하셨다.

생명혁명 - 노예변주인　영체변생명

시공생명이 무시공생명으로 변한다는 것이다. 이원념의 지배를 받고 있는 생명은 가짜생명이다. 절대긍정 일원심으로 된 생명이 진짜 생명이다.

물질혁명 - 체력변심력　분리변동일

인간은 지금까지 손발을 움직여서 잘 살려고만 했다. 우리는 이제부터 일체를 마음으로 물질을 움직일 수 있는 그런 세상에서 살 수 있다. 파장 밖에 머물면 물질도 내 마음대로 움직일 수 있다.

우주혁명 - 홍관변미관　행우변항우

시공우주가 무시공우주로 변한다는 것을 밝히는 것이다.『천부경』의 예언처럼 일시무시일, 하나가 쪼개져 내려오는 우주에서 일종무종일, 합하여 하나가 되어 위로 올라가는 우주의 방향으로 가고 있다.

신앙혁명 - 다로변일도　의존변자성

파장이 직선빛에 녹아 생로병사가 없어지고 시간이 없어지면 각종 종교, 각종 수련은 저절로 없어진다. 세포 안에 일체의 우주 정보가 다 있다. 세포만 깨우면 밖에서 찾을 것이 하나도 없게 된다. 바로 내 안에 모든 것이 들어 있다. 곧 내가 전지전능이 되는 것이다.

의식혁명 - 이원변일원　생사변영향

시공우주의 파장 속에 머물면 생로병사에서 벗어날 수가 없다. 의식혁명이 일어나면 윤회도 없고 생사도 없는 영원한 존재. 그래서 우리는 영원한 새 생명을 찾았다.

무시공 생명 행동지침
無時空 生命 行動指針

무	시	공	심	력
無	時	空	心	力

무	시	공	체	험
無	時	空	體	驗

무	시	공	심	식
無	時	空	心	食

무	시	공	성	욕
無	時	空	性	慾

무	시	공	오	관
無	時	空	五	官

무시공생명 행동지침

무시공심력

무시공에서는 마음먹는 순간 마음먹은 대로 이루어진다. 마음과 물질이 하나고, 물질과 에너지가 하나이기 때문이다. 무시공에서 이루어진 심력은 분자세상에 나타나기까지는 이원념의 두꺼운 껍질의 차원에 따라 순간 나타날 수도 있고 시간이 걸릴 수도 있다. 시공우주에서 벗어난 존재들의 무시공생명의 발현인 것이다.

무시공체험

인간은 수억 수천 년 동안 세포에 입력된 윤곽과 틀 등 고정관념으로 전지전능한 세포에게 이원물질을 쌓아 이 우주에서 고립된 생활을 하게 되었다. 체험은 특히 오관을 통하여 머리에 입력된 이원물질을 녹여 다리의 통로로 배출시키고 새로운 무시공의 향심력으로 직선빛을 당겨 분자몸을 녹이고 에너지 몸으로 변화시키는 것이다.

무시공심식

무시공 직선빛을 통하여 분자몸이 에너지 몸으로 바뀌면 무시공의 대자유를 누릴 수 있다. 이때에는 에너지 몸을 가지고 우주를 여행할 수 있게 된다. 먹는다는 행위를 통한 영양분의 섭취가 아니라 무시공의 세포가 온 우주 공간에 스미어 있는 고급 영양분을 자동으로 섭취하여 에너지를 보충하게 된다. 이원물질의 음식을 섭취하지 않아도 살 수 있는 무시공 우주의 영양분 섭취 방법이다.

무시공성욕

이것은 아직 공개되지 않은 무시공의 우주 비밀이다. 2020년 이후에 공개될 것이다.

무시공오관

인간이 천차만별이라는 것은 천 가지, 만 가지 생각을 가지고 있다는 것이다. 이것은 천 가지, 만 가지 맞는 것이 있고 틀린 것이 있다는 것으로 쪼개고 나누고 판단하고 맞고 틀리고의 기준이 되는 것으로 이분법의 최고봉이다.
무시공생명의 관점은 각 차원의 입장에서 보면 그 차원에서는 다 맞다. 틀린 게 하나도 없다. 그래서 만상만물 일체가 좋은 것이고 만상만물 일체가 아름다운 것밖에 없다.

1단계 무시공우주도

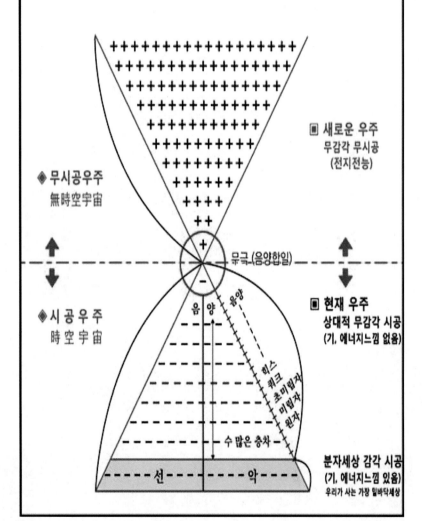

1단계 무시공 우주도

원래 우주는 하나로 존재하였다. 무극의 최고 존재가 하나인 우주를 음과 양으로 나누는 순간 이 시공우주(빅뱅)가 생겨났다. 이 우주는 팽창을 거듭하면서 약 50억 년 전 지구가 탄생하면서 이원물질이 쌓인 현재의 분자세상 중 하나인 지구가 생겨났다.

오관의 지배를 받는 감각시공인 분자세상은 지구를 기점으로 약 5천억 광년에 이른다. 그중에서도 인간이 살고 있는 지구가 가장 낙후된 문명을 가지고 살아간다.

인간이 죽음 맞이했을 때 영혼이 간다는 사후세계인 무감각 시공은 지구를 기점으로 5천억 광년에서 우주의 끝이라고 할 수 있는 무극인 100억 조 광년(일조가 100억 개)까지에 속한다.

감각시공과 무감각 시공을 합한 시공우주는 음과 양으로 쪼개지면서 그 본질은 부정의 마음(-)이 되었다. 그래서 시공우주에 속한 이원념의 인간들은 상대적인 긍정의 마음을 지니게 되었다. 이 가르고 쪼개고 분별하는 이원념의 부정의 마음이 인간 삶의 고통과 불행의 씨앗이 된 것이다.

무시공우주는 절대긍정의 마음(+)을 가진 무감각 무시공 자리로 전지전능한 자리이다.
무시공생명 비결(비공선지)를 외우면 이원념의 세포들이 일원심의 세포로 변화된다. 이 비결을 외우고 실행하는 순간 무극의 자리로 의식이 상승되고 끊임없이 외우면 무시공의 무극(+) 자리를 지나 무시공생명의 자리로 진입하게 된다.

무시공생명비결(비공선지)은 우주의식 지도로 60조 세포를 깨우는 생명의 힘 자체이다. 비결을 외우고 실천하면 시공우주의 상대적 긍정 속에 녹아 있는 부정성의 이원념을 삭제시켜 절대긍정의 일원심을 가지게 된다.

절대긍정 일원심의 원동력은 60조 세포를 깨워 거친 분자몸을 녹여 에너지 몸으로 변화시키고 다가오는 우주의 대변혁을 무사히 통과할 수 있게 하는 원천이 된다.

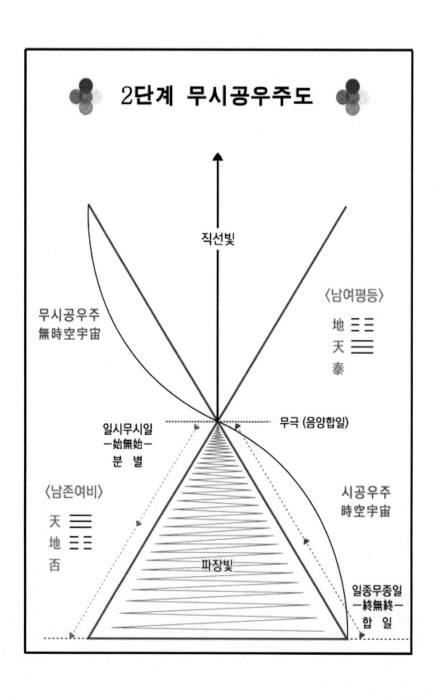

2단계 무시공 우주도

제일 밑바닥의 분자세상에서는 파장이 가장 길다. 위로 올라갈수록 파장이 약해지고 무극의 교차점에서는 파장이 끝난다. 무극을 지나 위로 올라가면 직선빛이다. 파장이 없는 것이 무극의 교차점, 그것이 시간이 사라지는 시점이다. 지금 인간들은 시간이 없는 세상에 들어오고 있다.

일시무시일, 모든 것이 하나에서 시작해 쪼개고 쪼개 내려와 지금 이 세상이 되었다. 일종무종일, 모든 만물만상을 하나로 묶어 합해서 하나의 위치로 가고 그 하나는 영원한 하나의 자리다. 『천부경』은 무시공생명의 하는 일을 예언한 것이다.
지금 우리 무시공은 하나로 묶어 합하고 그 하나의 자리로 가는 작업을 하고 있다.
무시공은 이 낡은 지구 낡은 우주를 마무리하면서 거두고 있는 시점이다.

시공우주는 파장의 지배를 받는다. 물질은 파장으로 되어 있다. 인간의 마음도 파장으로 되어 있기 때문에 그 파장에서 항상 머물게 된다. 파장은 음양으로 나누어진 시공의 빛이다. 시공의 음양의 물질이 계속 다투는 속에서 생겨나는 빛이다. 이 파장의 빛은 멀리 가면 없어지고 사라지는 빛이다. 그래서 파장의 지배를 받는 인간들은 생로병사에서 벗어날 수가 없고 윤회에서 벗어날 수가 없다.

무시공의 직선빛은 소멸되지 않는 끝없는 빛이다. 무한대의 영원한 빛이다. 음과 양을 합하는 일원심으로 무시공의 직선빛을 만들고 있다. 이 빛은 일체시공의 빛을 초월하고 우주의 어떤 곳도 뚫고 들어갈 수 있다. 심지어 100억 조 광년의 무극의 최고 존재도 이 직선빛에 의하여 무시공 공부를 하고 있다.

무시공은 인간의 모든 전쟁이나 재앙이 일어나도 공간이 다르다. 시공의 죽고 사는 문제는 우리 무시공과 상관이 없다. 원자핵이 폭발해도 우리와는 상관이 없다. 우리는 시공 밖에 있기 때문이다.
당연히 생로병사도 초월한 존재들이다.

3단계 무시공 우주도

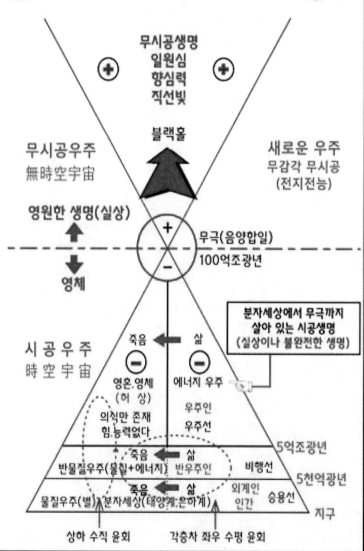

3단계 무시공 우주도

각 차원에 머무는 존재들의 명칭

우주의 범위	특징	명칭	비고
지구에서 5000억 광년	○ 물질우주 ○ 별	외계인	
5000억 광년 ~ 5억조 광년	○ 반물질우주 ○ 반물질에너지	반우주인	○ 별이라고 하는 존재도 있고 ○ 우주라고 하는 존재도 있다.
5억조 광년 ~ 100억조 광년	○ 완전에너지 상태의 우주 ○ 에너지우주	우주인	○ 수많은 우주층차

각 차원 존재들의 교통수단

명칭	명칭	비고
승용차	지구인의 교통수단 지구인만 이용	○ 지구에서만 운행
승용선	각각의 별에서 움직인다. 외계인들의 교통수단	○ 지구 안에서 운행 ○ 금성 안에서 운행
비행선	별과 별로 움직인다. 반우주인들의 교통수단	○ 지구에서 금성으로 운행 ○ 금성에서 화성으로 운행
우주선	우주공간에서 움직인다. 우주인들의 교통수단	○ 모든 공간에서 운행

머리말

무시공 안병식 선생님은 2000년 4월 대한민국에 오셔서 영원한 생명의 직선빛인 무시공생명의 일원심을 밝히시고 일체 생명을 살리기 위한 우주작업에 돌입하셨습니다.

영적인 스승도 없이 오직 스스로의 끊임없는 집념과 집중력을 발휘하여 자신이 무시공생명임을 발견하셨습니다. 결가부좌를 통하여 한 달 만에 통증의 고통에서 벗어나시고 인간이 생로병사에서 완전히 벗어날 수 있는 절대진리를 확인하시고 부모님의 나라 대한민국에서 이 무시공의 진리를 펼치시겠다는 결심을 하셨습니다.

17년이 지난 오늘날 드디어 무시공 선생님의 뜻을 받아들이는 존재들이 나타나 3단계의 우주작업을 진행하게 되었습니다. 기존의 분자세상에서 무극까지 이르는 영체들의 통로를 무시하고 지구에서 무극에 이르는 또 다른 무시공생명의 통로를 만들어 각 차원에 무시공의 존재들을 올려놓고 우주의 대변화를 창조하고 있습니다.

이 과정에서 우주인과 세계적으로 전해 내려오는 풀리지 않는 미스터리들을 만든 외계인들을 불러내어 우주의 비밀을 밝혔습니다.

우리는 어린 시절에 동화책이나 만화책을 읽으며, 또한 자라면서 그리스 신화, 로마 신화 같은 것을 재미있게 읽은 적이 있습니다. 그리고 성인이 되어서는 신화 속의 이야기가 사실일 수도 있지만, 사실이 아닐 수도 있는데 과연 진짜 사실을 확인할 수 있을까, 궁금하게 생각하며 살아왔습니다.

그런데 드디어 『우주인과의 대화』를 통하여, 사실을 확인할 수 있게 되었습니다.

또한 각종 예언서나 종교에서는 말세를 이야기하고 있습니다. 그때가 언제라고 못을 박아 이야기하였다가 사이비종교로 낙인찍힌 단체도 있었습니다. 하지만 어느 종교는 3천 년 전부터, 혹은 2천 년 전부터 말세라고 하며, 마음을 비우고 깨어 있어야 한다고 하였지만, 지금까지 아무 이상 없이 세상은 잘 돌아가고 있습니다. 과연 말세가 올 것인지, 천지개벽이 일어날 것인지, 우주의 개벽이 일어날 것인지, 지구촌의 70억 인류가 하나같이 궁금해하고 있습니다.

이제는 세상이 너무나 험악하고 혼란스러워, 많은 사람들이 진짜 말세가 온 거 같다고 떠들며, 세상을 원망하고 창조주를 원망하고 있습니다.

과연 이 문제를 해결해 줄 존재가 있을까?

신이 있긴 있는 걸까?

있습니다. 바로 당신 자신입니다.

당신이 진정한 메시아이며 창조주입니다. 나를 구원해 줄 사람은 나 자신뿐입니다.

그동안 우리는 지구에 소풍 와서 너무 힘들게 살았습니다. 놀러 왔다 놀기는커녕 강제 노역만 하다 병들어 죽는 노예 같은 삶을 살아왔습니다. 윤회를 수도 없이 하며 벗어나고자 처절하게 노력해 봤지만 결과는 매번 되풀이되었습니다.

왜냐하면 우리가 현재 살고 있는 시공우주는 음양 이분법으로 창조되어, 음양의 파장 속에서 생장, 소멸하며 끊임없이 변화하는 허상 우주이기 때문입니다.

또한 그나마도 지구는 물론 시공우주 전체가 유통기간이 만료되어 머지않아 폐기 처분해야 할 상황에 처해 있습니다.

우리는 그동안 잘못된 정보와 부정적인 생각으로 인하여 우물 안 개구리처럼 살아왔습니다. 개구리가 우물 안에서 나와야 세상을 볼 수 있듯이, 이제 우리도 시공우주 관점에서 벗어나 '무시공우주' 관점으로 바꾸고, 내 안의 60조 세포를 깨워야 진정한 '무시공생명'이 됩니다.

'무시공우주'는 음양을 합일한 상태에서 음양 파장을 벗어나고 생로병사를 벗어난 영원하고 무한한 실상 우주이며, 절대 긍정의 마음인 일원심으로 일체 모든 생명을 나로 보고 합일하는 마음으로 살아가는 직선빛 존재가 '무시공생명'입니다.

지금은 시공우주가 '무시공우주'로 사정없이 급박하게 변하고 있는 비상상황입니다.

이제는 노예처럼 살던 삶을 청산하고, 생로병사에서 벗어난 무시공 존재가 되어, 우주의 주인으로 당당하게 살아갑시다.

이제 시대의 흐름에 따라 우주의 주인이 되어, 우주여행을 함께할 안내자가 이미 지구에 와서 여러분을 기다리고 있습니다. 바로 인류역사상 최고의 발견이라 할 수 있는 '무시공생명'을 발견하신 안병식 선생님입니다. 중국에서 태어나시어 1995년도에 '무시공생명'을 발견하시고, 2000년도에 한국에 들어오시어 지금까지 목숨을 걸고 '무시공생명'을 밝히고 계십니다.

그리고 우주여행을 시작하기에 앞서, 우리가 살고 있는 우주의 끝은 어디이며, 누가 언제 어떻게 창조하였는지 하나하나 세밀하게 밝혀내고 계십니다.

이 책은 우주여행을 안내할 안병식 선생님이, 시공우주의 창조주인 100억 조 광년의 무극 최고 존재를 만나 우주창조의 비밀을 밝히고, 또한 각 차원의 우주인들과 만나서 대화한 내용을 엮어서 편집한 것입니다.

우주인들 중에는 환웅, 예수, 석가, 강증산, 람타, 미카엘 대천사, 남사고, 탄허 스님 등 우리와 친숙한 존재들도 있으며, 지구의 불가사의한 것들인, 이집트의 피라미드, 영국의 스톤헨지, 페루의 마추픽추, 버뮤다 삼각지대, 크롭 서클 등을 만든 존재들도 등장합니다.

무극 최고 존재의 실체를 확인하시어 모든 궁금증을 해결하시고 진정한 '무시공생명'으로 다시 태어나는 데 도움이 되길 바랍니다.

대화 내용 중 선생님 특유의 사투리나 단어 표현은 그대로 표기하였으며, 우주인들이 사용한 단어도 가감 없이 수록하였으니 문자보다는 선생님과 우주인들의 마음을 살펴보시기 바랍니다.

이 책이 나오기까지 방대한 녹취록의 필서, 교정, 편집에 몸과 마음으로 함께 해주신 모든 분께 깊이 감사드립니다.

2017년 5월 대전, 무시공생명 훈련센터
'우주인과의 대화' 책 편찬위원회

매심(梅心)

눈을 떠 보니
우연인 듯 필연인 듯
켭켭한 얼음 벽이 보이고

구층천
깡깡 얼음 벽에
바보인 양 백치인 양
꽃 한 송이 피었더라!

우둔하다 하리…
어리석다 하리…
차가운 얼음 벽에 피어나는
작디 작은 매화 한 송이!

엄동설한
세찬풍파 이겨내며
봄이 오는 소식 알리고 있네!

급변하는 우주의
비밀을 알리려···
봄이 올 거라는
소식을 알리려···

동빙한설
모진 역경 이겨내며
홀로이 피어 있네
인고의 기다림으로
봄을 맞으니

온 우주에
매화꽃 만발해 꽃 향기로 가득하고

어느새 나는
매화 향기에 스미어
온 데 간 데 없구나!

목차

생명혁명(生命革命)

노예변주인(奴隷變主人)
영체변생명(靈體變生命)

제1장

지구에 다녀간
성인들과 나눈 대화

환웅 - 『천부경』의 우주예언

『천부경』은 무시공생명이 하는 일을 예언해놓았다.
이 우주가 바뀌는 것에 대한 예언이다. 우주의 예언이었다. 일시무시일, 모든 것이 하나에
서 시작해 쪼개고 쪼개 내려와 지금 이 세상이 되었고, 일종무종일은 모든 만물만상을 하
나로 묶어 합해서 하나의 위치로 가고, 그 하나는 영원한 하나의 자리다. 이제 우리는 모
든 것을 마무리하고 다시 그 세상으로 간다.

무시공 - 당신은 언제 지구에 왔는가?

환웅 - 지구시간으로 대략 1만 년 된 것 같습니다. 물어보는 당신은 누구
입니까?

무시공 - 내가 누구인 것 같은가? 나를 알아볼 수 있는가? 내가 지구인
같은가?

환웅 - 잘 모르겠습니다. 지구인은 아닌 것 같습니다.

무시공 - 당신은 하늘에서 왔다고 하는데, 1만 년 전에 어떻게 하늘에서
왔는가?

환웅 - 우주선을 타고 왔습니다.

무시공 - 진짜인가?

환웅 - 우주선이 이동수단입니다. 아니면 어떻게 갈 수 있겠습니까?

무시공 - 당신이 있는 곳과 지구와의 거리는 얼마나 되는가?

환웅 - 대략 50만 광년입니다.

무시공 - 지금까지도 지구에 관심이 있는가?

환웅 - 지구에서 나를 많이 찾으니 관심이 있습니다.

무시공 - 지구에서, 특별히 한국의 대전에서 우리가 지금 무슨 작업하는
지 보이는가?

환 웅 - 대전에서? 대전이 뻥 뚫려 있습니다. (블랙홀을 본 듯)

무시공 - 지구의 변화를 느끼는가?

환웅 - 지구가? 지구인의 의식이 많이 높아지고 있습니다. 전과 비교할
수 없이.

환웅 - 당신은 지구에서 무슨 일을 합니까?

무시공 - 지구와 우주를 바꾸는 작업을 하고 있다. 당신이 우리를 알아
보면 모든 비밀을 밝히고 못 알아보면 이 다음에 알게 될 것이다. 지
구만 바꾸는 것이 아니고 우주도 바꾼다. 우주를 바꾸는 작업은 이미
시작됐다. 당신들도 느낄 텐데?

환웅 - 지구를 어떻게 바꿀 것입니까?

무시공 - 간단히 말하면, 이원물질로 쌓인 지구를 일원지구로 바꾼다.
온 우주도 그렇게 바꾼다. 시간과 공간을 없앤다. 우리 지구인과 이
우주 존재들과 사고방식이 철저히 다르다. 당신들은 우리 마음을 볼

수 있는가? 당신들의 마음과 우리 마음에 무슨 차이점이 있는가? 우리는 당신들 마음을 훤하게 볼 수 있다. 당신들 눈에도 우리가 지구인 같이 보이는가?

환웅 - 지구인 같지는 않은데, 지구에서 태어났습니까?

무시공 - 지구와 우주를 바꾸기 위해서 지구를 선택해 왔다. 가장 밑바닥에서 시작한다. 가장 먼저 지구가 변하고 태양계가 변하고, 차츰 밖으로 팽창해 나간다. 얼마 안 되면 온 우주가 다 바뀐다. 아래 위로 작업 다 해놓았다. 믿겠는가?

환웅 - 흥미롭습니다.

무시공 - 그럼 당신도 동참할 수 있나? 동참하고 싶으면 같이하자.

환웅 - …

무시공 - 당신을 한민족의 조상이라고 숭배하는데 그것을 알고 있는가?

환웅 - 그렇게 나를 부르는데 당연히 알고 있습니다.

무시공 - 우리도 지구의 대한민국, 한국에서 시작하는데 한국 사람들이 당신을한민족의 시조라고 많이 찾아서 우리도 궁금해서 당신을 찾아봤다.

환웅 - 하하~ (호탕하게 웃는다.)

무시공 - 당신을 지구에 누가 파견해서 왔는가?

환웅 - 내 스승이자 상관이 보냈습니다.

무시공 - 어떤 사명으로 지구에 왔는가?

환웅 - 그 당시 지구는 뒤죽박죽된 세상이었습니다. 낮은 차원, 높은 차원, 미개한 사람, 문명인 등, 모두 섞여 살았습니다. 우리는 한 곳을 선택해서 정착했습니다. 문명이 그때만 해도 우리가 훨씬 나았으니까. 알려주기 위해서 갔습니다.

무시공 - 『천부경』은 누가 내놓았는가? 본인이 가지고 왔는가? 만 년 후 미래에 일어날 일을 어떻게 알고 밝혔는가? 그것이 궁금하다. 당신이 내놓았는가? 아니면 당신 스승이 내놓았는가?

환웅 - 내 고향에서 가지고 왔습니다. 우리별에서도 내려오고, 온 우주에서 내려온 예언입니다. 지구에서만 적용되는 게 아니고, 온 우주의 미래에 대한 예언입니다.

무시공 - 『천부경』에서 밝히는 우주의 예언은 어디에서 왔나? 원뿌리를 찾으려 한다.

환웅 - 어디서부터 시작된 줄은 나도 모릅니다. 단지 우리 별에서 내려온 것을 지구에 가서 전해주었을 뿐입니다.

(지구에서도 이 예언이 전해 내려왔겠지만 내가 명확하게 전달했다.)

무시공 - 맞다. 이 우주가 바뀌는 것에 대한 예언이다. 우주의 예언이었다. 우리는 『천부경』을 이렇게 해석한다. 일시무시일, 모든 것이 하나에서 시작해 쪼개고 쪼개 내려와 지금 이 세상이 되었고, 일종무종일, 모든 만물 만상을 하나로 묶어 합해서 하나의 위치로 가고, 그 하나는 영원한 하나의 자리다. 이제 우리는 모든 것을 마무리하고 다시 그 세상으로 간다. 지금 우리는 그 작업을 하러 왔다. 그 작업은 바로 우리 무시공생명이 지구에서 시작했다. 그래서 지금 대전에 '지구 중심지', '우주 중심지'를 만들어놓고 기초를 닦고 있다. 느끼는가? 『천부경』은 우리 무시공이 하는 일을 예언해놓았다. 인정하는가?

환웅 - 놀랍습니다. 『천부경』의 해석은 완벽하고 정확히 맞습니다. 그럼, 당신이 거두러 왔습니까?

무시공 - 당연하다. 우리가 만들어 놓고 우리가 왔다. 믿어지는가?

환웅 - (대답 대신 절을 한다.)

무시공 - 당신은 역시 준비된 존재다. 우리는 준비된 존재를 찾고 있었다.

환웅 - 고맙습니다. 나도 기다려왔습니다. 그리고, 어떤 느낌인지 압니다. 지구에서 지구인 몸을 가지고 사명을 다한다는 것.

무시공 - 그럼 우리 같이하자. 한민족이 숭배하는 존재인데 한민족을 위해서 동방에서 해 뜨게 하자. 한민족이 이 지구에서 우주에서 우뚝 일어설 날이 온다. 1만 년 전에 엉망진창인 지구에 와서 헛고생 안 했다. 결과를 보여줄 때가 됐다. 이 험한 세상에 미리 와서 우리가 하는 일의 기초를 닦은 엄청난 작업을 한 당신은 큰 공을 세웠다. 대단한 존재다. 지구에 와서 살아봤던 당신과 잘 통한다. 당신을 만나 이렇게 소통이 되니 반갑고 고맙다.

환웅 - (바로 이때 우리와 하나로 합해짐)

내가 더 감사합니다. 마무리 짓는 것이 더욱 중요합니다.

무시공 – 이제 우리 마음을 알겠는가?

환웅 – 이제야 알겠습니다.

무시공 – 『천부경』은 실제로 우리 무시공이 만들어 보냈다. 이 우주에 있는 많은 예언은 내가 만들어 놓고 내가 행한다.

환웅 – 아~~ 그런가요. 믿어집니다. 당신에 대해서도 궁금하고, 대전 무시공 센터도 궁금하고, 또 거기서 무슨 일을 하는지, 어떻게 거두어 마무리할 것인지 궁금합니다.

무시공 – 궁금하면 당신이 대전에 와서 같이 공부하면서 어떻게 지구와 우주가 변해 가는지 보고, 함께 일종무종일 가는 길 돕도록 하세. 그리고 그 자리까지 함께 가세. 우리가 한 약속(미공개)만 이루어지면 얼마든지 함께할 수 있다네. 만 년 전 우리 무시공이 하는 일의 기초를 닦아주었기 때문에 고마워서도….

환웅 – 당신들을 알았고, 당신들과 하나 되었으므로, 당신이 소개한 대전에서 무시공생명을 함께 공부할 것입니다.

> **주석:** 환웅은 단군의 아버지로 한민족 최초의 국가인 고조선이 세워지기 전에 하늘에서 내려와 신시를 세우고 웅녀와 결혼하여 단군을 낳았다.

예수 – 영으로 와서 체를 입고 태어났다

나는 그 당시 내 몫을 다했다, 그러므로 내 임무는 거기서 끝났다.
그 후 육신을 버리고 다시 내 고향 별로 돌아간 것이고, 구원 등 다시 지구에 간다는 다른
목적이나 계획은 현재 없다.
당신들과 협조는 할 수 있지만 내가 지구를 구원하는 그런 차원은 아니다.

무시공 – 당신이 있는 곳과 지구와의 거리는 얼마나 되는가?

예수 – 대략 20만 광년이다.

무시공 – 지구에서 태어났나, 직접 왔나?

예수 – 영으로 와서 체를 입고 태어났다.

무시공 – 부모의 결혼 없이 태어난 것 맞는가?

예수 – 결혼 없이 직접 몸에 주입(?)되었다.

무시공 – 오자마자 본인의 관점을 밝혔나?

예수 – 자라면서 이것저것 많이 섭렵하면서 알게 되었다. 불교나 기타 종
교, 진리 등 모두 접해 보았다. 그런데 당신은 누구인가?

무시공 – 당신이 모르는 곳에서 왔다.

예수 – 그런가? 지구인이 아닌 것 같아서 물어봤다.

무시공 - 지구에 무슨 사명으로 왔나? 사명인가, 누가 시켜서 왔나?

예수 - 우리 별에서는 교육을 받아 다른 별로 파견도 나간다. 많은 별 중 나는 지구를 선택해서 왔다.

무시공 - 그 당시 당신(예수)을 파견한 존재는 누구인가? 여호와인가?

예수 - 나를 파견한 존재, 그는 지금 다른 별에 있다. 그 당시 이름과 지금 이름이 다르다. 나를 파견한 존재는 여호와가 아니다.

무시공 - 그럼 여호와는 누구인가?

예수 - 여호와는 우리 별에서도 어떤 영적 존재를 말한다. 지구에서 나를 찾듯이, 우리 별에서도 집단 속의 어떤 신적 존재다. 그러니까, 여호와란 우주의식 같은 존재라고 할 수 있다.

무시공 - 지구에 와서 못 박혀 죽은 거 맞나? 사실인가?

예수 - 박해를 많이 받았고 못 박혀 죽은 것은 맞다.

무시공 - 당신을 믿는 사람들이 말세에 예수가 재림한다고 믿고 있는데 사실인가? 본인도 알고 있나? 지구에 다시 오려고 하나?

예수 - 나는 그 당시 내 몫을 다했다. 그러므로 내 임무는 거기서 끝났다. 그 후 육신을 버리고 다시 내 고향 별로 돌아간 것이고, 구원 등 다시 지구에 간다는 다른 목적이나 계획은 현재 없다. 당신들과 협조는 할 수 있지만 내가 지구를 구원하는 그런 차원은 아니다.

무시공 - 기독교인들이 주장하는 성경의 예언은 진짜인가? 당신이 그렇게 말했나, 인간들이 그렇게 생각했나?

예수 - 나도 재림에 대한 그 예언이 어떻게 펼쳐지는지를 지켜보고 싶다. 다시 말하지만, 그것은 내가 할 수 있는 차원이 아니다.

무시공 - 지구에서 무슨 변화가 느껴지나?

예수 - 내가 왔다 갔을 때와는 비교가 안 되게 달라졌다. 지금 지구는 옛날과 다르게 나 혼자의 힘으로 어떻게 할 수 있는 지구가 아니다. 너무 커졌다. 온 우주에 영향을 주고 있고, 나에게도 영향이 있을 만큼 커졌다. 지구가 엄청나게 밝게 보인다.

무시공 - 왜 그런 것 같은가?

예수 - 어떻게 이렇게 커지고 밝아졌는지는 잘 모르겠다.

무시공 - 지구를 봐라, 어디가 가장 밝은가?

예수 - 아시아 쪽 중간이 엄청나게 밝다. 그 밝은 곳이 한국, 중국, 일본 중에서 한국이 밝기도 가장 밝으며 뻥 뚫려 있다. (블랙홀) 주변은 오묘한 빛이고 그 빛은 이미 온 우주에 퍼졌다.

무시공 - 당신이 지구에 와서 지구인들을 교육하는 데 공을 많이 세웠고, 많은 고통을 감수하고 수고했기에 더 높은 차원을 구경시켜주겠다.

예수 - 아주 오래전 일인데 이렇게 기억해주고 찾아주어서 정말 감사하다.

무시공 - 우리 무시공생명이 지구와 우주를 변화시키고 있다. 느껴지나?

예수 - 내가 지구에 관여한 것은 오래전의 일이고, 지구의 변화를 잘 몰랐지만 나에게 관심을 가져주고, 무시공생명을 알려주어서 감사하다. 덕분에 이 상황에 관심을 가지게 되었다. 그때가 왔나 보다. 우주 변화에 따를 수밖에 없다. 인간들이 이런 우주변화에 대한 예언이 있기에 나를 보고 구원하러 온다고 생각한 것 같다. 나는 이 별에서 평범한 존재이지만, 당신들과 함께할 것이며 최선을 다해서 돕겠다.

석가 – 아직도 수행을 하고 있다

지구인들이 나를 신처럼 대하는 것을 알고 있다. 그 사실은 좀 창피하고 부끄러운 일이기도 하다. 그래서 가끔 지구를 쳐다보기도 했다.
나는 당신들의 무시공의 빛을 보았고, 느꼈고, 참여를 원한다.
여기 무시공에 붙어 있어야 할 것 같다.
처음 해보는 일이지만 많이 알려야 함을 느낀다.

무시공 – 지금 당신 있는 곳은 지구와 거리가 얼마나 되는가?
석가 – 내가 있는 별은 지구에서 대략 50~55만 광년의 거리에 있다.

무시공 – 지구에 어떤 방식을 택해서 왔는가? 어떤 목적으로 왔나? 파견인가, 스스로 왔나?
석가 – 나의 영(체)이 인간의 몸에 들어가서 태어났다. 지구에서 말하는 봉사 차원으로 내가 지구를 선택해서 왔다.

무시공 – 지구는 그때와 비교해서 어떤 변화가 느껴지는가? 지구 어디가 가장 밝나?
석가 – 간간이 지구를 보고 있었다. 지금 자세히 보겠다. **아~ 지구가 왜 이렇게 됐나? (놀란다) 지구가 너무 밝아졌다. 인도가 가장 밝을 줄 알았는데, 아시아, 동방의 한국이다. 한국의 남쪽 중앙 부분(대전)에서 빛이 새어나온다. 가운데가 뚫려 있나?**

(대전 상공의 무시공생명 블랙홀이다)

무시공 - 블랙홀 현상으로 보이지 않나?

석가 - 맞다, 블랙홀인 것 같다.

무시공 - 자세히 보라. 그 빛을 본 적이 있나? 빛이 지구뿐 아니라 온 우
주에 영향을 주고 있나?

석가 - 생전 처음 보는 빛이다. 이런 빛은 처음 본다. 지구는 물론이고
온 우주가 모두 영향받는다.

무시공 - 그 빛이 무슨 역할을 하는 것 같은가? 본인 몸에 이런 빛이 있
나?

**석가 - 새로운 생명이다! 새로운 생명의 빛이다! 나도 이 빛에 합류하고
싶다. 이 빛은 본 적이 없는 오묘한 빛이다! 상상도 못 할 빛이다!**

무시공 - 이 빛이 당신에게 또는 우주인에게 영향을 주는 것 같은가?

석가 - 내가 이 빛을 알아본 순간 영향이 있다. 모든 생명이 마찬가지일
것이다.

무시공 - 이 빛을 통해서 어느 정도의 속도로 변할 것 같은가? 지구인에
게 어떤 영향을 줄 것 같나?

**석가 - 내 생각에는 지구의 인간은 이미 살 수 있는 자와 죽을 자가 나
누어진 것 같다.**

무시공 - 그렇다면 지구의 인간들이 어느 정도 살아남을 것 같은가? 그 이유는 무엇이라고 생각하는가?

석가 - **당신들에게서 나오는 빛의 영향을 받기 때문이다. 정말 놀라운 일이다! 1/10 정도 살아남을까 말까? 정확히는 모르겠다.**

무시공 - 당신은 3천 년 전에 지구에 와서 불교의 교리를 전파했는데, 당신이 할 일을 다했다고 생각하는가?

석가 - 물론 내가 할 일은 다했다. 그러나 그 정신이 정확히 이어졌는지는 의문이다.

무시공 - 그때 상상한 미래의 지구와 지금의 지구 변화는 어느 정도인가?

석가 - 상상도 못할 정도로 변했다.

무시공 - 그 당시 앞으로 누가 와서 인류를 구원한다는 예언을 한 적 있던가?

석가 - 나중에 누군가 나타나 불완전한 세상을 마무리할 사람이 올 것이라 예언했다. 내가 있을 때는 마무리할 때가 아니었기 때문에, 나중에 마무리할 사람이 온다고 말했다.

무시공 - **그때가 지금인 것 같지 않나?**

석가 - **아 그렇구나! 그때가 왔구나!**

무시공 - 당신이 살고 있는 그 별에서 책임자인가? 보통의 존재인가?

석가 - 나는 지금 평범하게 공부(수행) 중이다. 여기는 거의 다 그렇게 하고 있다.

무시공 - 현재의 지구 상황으로도 계속 수행을 해야 할 것 같나? 지구에서 많은 사람이 당신을 믿고 있는 것을 아는가? 이제 일체 수행은 끝났다. **블랙홀 핵심이 한국의 대전이다.** 우리는 이원우주(시공우주)를 일원우주(무시공우주)로 바꾸고, 시간과 공간을 합한 영원한 무시공우주의 무시공생명이다. 이미 시공의 이원우주는 뿌리가 잘렸다. **이 일은 가장 거친 지구에서 시작하며, 대한민국 대전에서 기초 작업을 하고 있다. 우리는 앞으로 일어날 우주 대변화를 당신에게 소개한다.** 본인도 여기 대전에 와서 우리와 함께하고 싶지 않나?

석가 - 지구인들이 나를 신처럼 대하는 것을 알고 있다. 그 사실은 좀 창피하고 부끄러운 일이기도 하다. 그래서 가끔 지구를 쳐다보기도 했다. **나는 당신들의 무시공의 빛을 보았고, 느꼈고, 참여를 원한다. 여기 무시공에 붙어 있어야 할 것 같다.** 처음 해보는 일이지만 많이 알려야 함을 느낀다.

무시공 - 몇천 년 전에 인간을 깨우치기 위해 많이 노력했으므로, 고마워서 알려주고 함께하고 싶었다.

석가 - 고맙고 감사하다.

(마지막에 활짝 웃는다)

강증산 - 나는 최고 존재가 아니다

내가 최고 존재가 아니라는 걸 알았다. 인정하기 싫지만, 더 높은 차원의 존재가 있다. 사실은 예전에도 더 높은 차원의 존재가 있다는 것을 알고는 있었지만, 지구에서만큼은 나의 영향력이 최고라고 생각했다.
지금은 내가 최고 존재가 아니라는 것을 인정한다.

무시공 - 당신은 어느 별에서 왔으며 지구와의 거리는 얼마나 되는가?

증산 - 내가 온 별은 태양성이며, 지구와의 거리는 대략 70만 광년이다. 그런데 당신은 누구시오?

무시공 - 먼저 질문에 대답하라. 우리는 전에도 만난 적이 있다. 그러나 전에 만났을 때는 우리를 노출하지 않아서 모를 것이다. 이제부터는 우리가 누구인지를 보여주며 대화하겠다. 당신이 지구에 와서 천지공사 한다고 했는데 다 끝났는가? 당신의 뜻대로 이루어졌는가?

증산 - 지금도 작업 중이며, 잘하고 있고, 잘되고 있다.

무시공 - 지구에서는 무슨 작업을 하고 있는가? 당신이 하는 그 작업에 무슨 변화가 있으며, 어떻게 높아졌는가? 천지공사가 진행되고 있다면 그 근거를 제시할 수 있는가?

증산 - 내가 지구에 뿌려 놓은 것이 많고, 지구인들을 계속 잘 가르치고 있다. 굳이 근거를 제시하지 않아도 지구인들의 의식이 옛날하고 비교해보면 많이 높아지지 않았나?

무시공 - 그렇다면 그 모든 것을 당신이 했다는 말인가? 지금 지구에서 어디가 가장 밝은가 살펴보시오. 그것도 당신 천지공사 해서 밝아진 것인가?

증산 - 한국이 가장 밝고 그중에서도 대전이 가장 밝다. 꼭 다 내가 이루었다는 건 아니다.

무시공 - 당신이 다했다고 하지 않았나. 천지공사가 지금도 진행 중이라는 말은 무슨 뜻인가?

증산 - 나도 상당 부분 했다. 그렇지만, 100% 다는 아니다.

무시공 - 지금 대전을 밝게 하는 빛을 본 적 있는가? 대전의 빛과 당신의 빛이 같은가? 이 대전의 빛도 당신이 만들었는가?

증산 - (자존심 좀 상해하며) 본 적도 없고 나와는 전혀 다르다.

무시공 - 그 빛이 당신에게 영향을 주는가? 그 우주에도 영향을 미치는가? 우주에도 그 빛이 퍼져나가는 게 보이는가?

증산 - 사실대로 말하자면 나에게 영향을 주고 있다. 전 우주에 그 빛이 퍼져나가는 것을 인정할 수밖에 없다.

무시공 - 당신이 우주에서 최고 존재인가? 아니면 당신보다 더 높은 차원의 존재가 있다고 생각하는가?

증산 - (작은 목소리로) 내가 최고 존재가 아니라는 걸 알았다. 인정하기 싫지만, 더 높은 차원의 존재가 있다. 사실은 예전에도 더 높은 차원의 존재가 있다는 것을 알고는 있었지만, 지구에서만큼은 나의 영향이 최고라고 생각했다. 지금은 내가 최고 존재가 아니라는 것을 인정한다.

무시공 - 최고 존재가 아니라는 것을 언제 알았나?

증산 - 당신들 때문에 얼마 전에 알게 되었다.

무시공 - 우리(무시공존재) 빛과 대전 빛과 차이는 어떤가?

증산 - 약간 다르지만 처음 보는 빛이다.

무시공 - 당신이 보았듯이 대전에서의 빛이 지구와 온 우주를 변화시키고 있다. 믿어지는가? 지금 대전 상공에 있는 생전에 한 번도 본 적이 없는 높은 존재들이 보이는가?

증산 - 맞다, 내가 본 빛은 분명 인정한다. 나에게 보이는 생명도 있고, 보이지는 않지만 높은 존재라 느껴지는 존재도 있다.

무시공 - 전에 우리와 함께 5천억 광년의 높은 차원을 구경했을 것이다. 오늘은 우리가 1만 조 광년까지 구경시켜주겠다. 함께 가겠는가?

증산 - 물론이다. 다시 한 번 다녀오면 좋겠다.

무시공 - 이것은 환상이 아니고 현실이다.

  (무시공존재만이 아는 방법으로 올라간다)

증산 - (1만 조 광년에 도착)

  너무나 아름답고 너무나 밝게 빛난다.

(무시공존재를 부러운 눈으로 존경스럽게 쳐다본다)

절대적 평화를 느낀다. 고맙고 감사하다. 내가 있는 곳과는 비교할 수가 없다.

(교만한 마음이 녹는 듯하며, 고맙다는 말과 함께 감동을 하여 눈물을 흘린다)

무시공 - 왜 자꾸 자기를 내세우려 하나? 교만한 마음을 버려라. 그렇지 않으면 당신도 도태당한다. 지금 보여주는 것은 아주 일부분이고 가장 기초적인 것을 보여준 것뿐이다. 더 높은 곳을 보여주고 싶지만 당신의 마음 자세가 안 되어 데려갈 수가 없다. 교만한 마음을 버려야 더 높은 차원으로 데려갈 수 있고, 우리와 함께할 수 있다.

증산 - (고분고분 인정한다.)

무시공 - 지금까지는 몰랐으니 어쩔 수 없었지만, 이제는 알았으니 최선을 다해서 우리 일에 참여하고 도울 수 있겠는가?

증산 - 알겠습니다(계속 눈물 흘린다).

무시공 - 한마음 한뜻으로 우리와 함께하면 5천억 광년까지도 올릴 수 있다. 믿어지는가?

증산 - 믿어집니다. 감사합니다.

무시공 - 진심으로 잘하면 오늘 가보았던 1만 조 광년까지도 올려줄 수 있다. 우선, 대전으로 와서 기초부터 배워라.

증산 - (다시 한번 새기며 알아들었다고, 한마음으로 노력하겠다고 하였음.)

람타 – 옷을 벗듯이 겉껍데기만 버리고 갔다

우리 별에 빨리 알려야겠다. 다시 말하지만, 정말로 예전의 지구가 아니다.
더 자세히 보니 거대한 구멍이 있다. (몸서리치며) 모든 것이 빨려 들어가는 느낌이다. 진짜
어마어마하고 무섭다.

무시공 – 당신이 '람타'인가? 현재 당신이 있는 별 이름과 지구와의 거리,
그 별 최고 존재의 이름은 무엇인가?

람타 – 어떻게 나를 찾아냈나? (놀라는 표정) 별 이름은 '그라시아'이며 최
고 존재의 이름은 '그란데스'이다. 지구와는 약 35만 광년 떨어진 거리
에 있다.

무시공 – '시리우스'에서 왔다고 들었는데?

람타 – 지금은 '시리우스'와 다른 차원의 별에 있다. 나는 계속 차원 상승
중이다.

[**람타**'의 현재 모습은 머리와 수염은 노란색과 흰색이 적당히 혼합되어 있고, 흰색 옷
을 입고 있다.]

무시공 – 지구는 언제 왔나?

람타 – 3억 년 전에도, 3만 년 전에도, 몇백 년, 몇십 년 전에도, 지구에

가 봤다. 모두 지구를 둘러보는 형태였고, 약 3만 년 전에 갔을 때는
많은 준비를 하고 인간의 육신을 쓰고 태어났다.

무시공 - 지구인에게 무엇을 밝혔나?

람타 - 지금 가지고 있는 몸이 모두가 아니고, 수많은 높은 차원으로 이
동할 수 있다는 것을 지구인들에게 알려주고 싶었다.

무시공 - 스스로 혼자 왔나? 그 당시 최고 존재가 파견해서 왔나?

람타 - 지원의 형태라고 보면 된다. 사명감을 가지고….
물론 누구나 올 수 있는 건 아니었기에 준비와 각오를 하고 왔다.

무시공 - 약 3만 년 전에 지구에 온 방식이 육신을 쓰고 태어나는 방식으
로 왔다고 했는데, 그러면 죽을 때 몸은 어떻게 벗어났나?

람타 - 죽지 않았고 살아서 상승했다. 얇은 육신의 껍데기는 스스로 벗
어던졌다.

무시공 - 그게 무슨 말인가?

람타 - 지구의 모든 인간은 때가 되면 육신을 벗고 죽는다.
껍데기를 벗으면 죽었다고 하지만, 세밀한 영혼은 영혼대로 자기 세상
에서 살아있다. 그래서 영혼과 대화도 가능하지 않은가?

무시공 - 지구인의 죽음과 당신의 상승한 것과 무슨 차이점이 있나?
당신이 안 죽었다는 근본 원리를 말해보라. 우리가 이해하도록 설명해
보라.

람타 - 옷을 벗듯이 겉껍데기만 버리고 갔다. 그 껍데기를 벗으니까 가벼워져서 올라갈 수 있는 방법을 알았다.

나는 완전한 지구인 체가 아니라서 가능했던 것 같다. 지구인들의 체는 나와 똑같지 않지만, 충분히 나처럼 될 수 있다는 것을 알려 주고 싶었다.

무시공 - 당신은 우주인인가? 우주인이라면 우주선 타고 와서 당신이 살아있다는 증거를 인간에게 보여줘라.

람타 - 우주인이라고 하면 우주인이고, 나는 모든 우주와 통한다.

우주선도 물론 탄다. 그것은 교통수단이다. 우주선을 타고 가서 증거를 보일 수도 있겠지만, 다시 태어나지 않고는 인간 눈에는 안 보일 것이다. 다만 인간이 볼 수 있게 어떤 장치를 이용해서 보이게 할 수는 있다. 그러나 지금 나 대신 '람타' 역을 잘하고 있는 이가 있고, 내 지구에서의 역할은 그때 끝났다.

무시공 - 지구인들이 당신에 대해 배울 때, 딸 몸에 들어와서 알려준다는데 사실인가?

람타 - 딸이라고 표현은 했지만, 그것보다는 우리 별에서 내려오는 가르침, 의식 또는 에너지를 그대로 받아서 사용한 것이라고 이해하면 된다. 다시 말하지만, 지구에서 알고 있는 '람타'는 전체 의식이라고 보면 된다. 지금 지구에서 뜻을 알리는 그녀도, 그 시대 람타의 뜻을 따라서 표현해낸 것이라고 보면 된다. 딸이라는 것은, 지구에서 말하는 하느님의 아들 예수라고 한 것과 비슷하게 보면 된다.

나는 개인이 아니고 우리 별의 전체 의식이라 보면 된다. 지금 나는 그 부분 의식이며, 람타는 한 명을 지칭하지 않는다.

무시공 - 당신 별의 인구는 얼마나 되는가? 지구인처럼 분자몸을 가지고 있는 낮은 차원의 존재들도 있는가?

람타 - 우리 별의 인구는 60억 정도이다. 지구인만큼 거친 존재는 없지만, 0.1% 정도의 거친 존재들은 나중에 저 아래 낮은 차원으로 간다.

무시공 - 우주에서 어디까지 가보았는가?

람타 - 몸으로는 5만 광년, 의식으로는 최고 100만 광년 정도 가보았다.

무시공 - 석가모니를 아는가? 그도 당신과 같은 몸 형태인가?

람타 - 알고 있다. 석가모니와 나는 같은 형태로 지구에서 태어났지만 몸 형질이 다를 거라 생각한다. 석가모니도 계속 상승하는 것으로 보인다.

무시공 - 석가는 50만 광년에서 왔다는데 맞나?

람타 - 그 존재가 말했다면 맞을 거다. 35만 광년과 50만 광년, 그 차이는 그리 크지 않다.

무시공 - 지구인에게 구체적으로 무엇을 알려 주려 했나, 영생을 알리려 했나?

람타 - 우리 고향별처럼 평화롭고, 행복하게 살 수 있고, 우리의 수명 연장의 방법을 알려 주고 싶었다.

영생이라 표현한 것은 완전한 영생은 아니다. 지구인 식 표현으로 수천만 년에서 수억만 년도 살 수 있다는 표현이다. 더욱 노력해야 한다.

물론 내가 선택했지만, 지구에서의 체험을 너무나 험하게 해서 더욱 절실히 느끼게 되었다. 지구처럼 그렇게 살지 않는 방법이 얼마든지 있다고 알리고 싶었다.

무시공 - 그래서, 말대로 이루어졌나? 몇 번 지구를 둘러봤다 했는데, 그때 지구와 지금 지구에는 어떤 차이가 있나?

람타 - 완전히 이루어지지는 않았다. 개개인 의식이 이루어졌다면 전체적으로 상승이 이루어졌겠지만, 이루어지는 것은 각자의 몫이고, 나는 전했을 뿐, 지구의 의식도, 문명도 지역마다 차이가 있지만, 이전과 크게 다르지 않은 것 같다.

무시공 - 그럼 지금 지구의 변화를 봐라.

람타 - 지구가 부드러워졌다. 딱딱한 느낌이 아니라 그 위로 한 꺼풀 보호막이 씌워졌다. 무언가에 의해 보호받고 있는 느낌이다. 보호하고 있는 층 때문인지 지구가 커졌고, 어떤 작은 점이 있는데 크게 확대해 보니 아주 조그만 도시, 반으로 나누어진 땅, 그 위에 대전, 대전이 핵심으로 보호받고 있다. 대전 상공에 대전을 보호하고 있는 존재들이 있다. 낮은 차원부터 높은 차원까지 쭉 늘어서 있고, 중간중간에 건물도 보인다. 태양계를 보니, 지구가 가장 크고 지구와 태양이 하나가 되어서 같이 도는 느낌이다. 지금 보니 엄청 바뀌었다. 태양계 전체를 보니 엄청난 발전이 있었다. 놀랍다.

무시공 - 당신 별을 초월하겠는가?

람타 - 초월? 이제 전해줄 이야기가 없을 정도로 우리 별보다 의식이 훨씬 높아진 것 같다. 과학은 아직 모르겠지만 의식 면에서는 우리 별을 이미 초월했다. 그런데 도대체 이 현상이 무엇인지 너무 궁금하다.

무시공 - 이 현상에 너희 별도 영향받고 있는가?

람타 - 나를 통해서 간다. 내가 알았으니까 영향이 간다. 사실, 지구를 보라 했을 때 볼 것이 뭐가 있을까 무시하는 생각이 있었다. 볼수록 궁금해지고 볼수록 이상하다. 이 현상이 도대체 무엇인가?

무시공 - 대전에서 일어나는 현상이 온 우주에 영향 미치는 것 느껴지나? 당신 고향별에 정보를 알려야 하지 않겠나?

람타 - 우리 별에 빨리 알려야겠다. 다시 말하지만, 정말로 예전의 지구가 아니다. 더 자세히 보니 거대한 구멍이 있다. (몸서리치며) 모든 것이 빨려 들어가는 느낌, 진짜 어마어마하고 무섭다.

무시공 - 당신 별에도 미래에 대한, 우주에 대한 예언이 있는가?

람타 - 끝없이 의식상승 해서 끝까지 위로 올라가는 수행법이 있다. 그래서 그 결과, 우리는 하나니까 끝에 가서 다 만난다. 지금 대전의 현상이 끝에 가서 만나는 현상인지?

무시공 - 더 세밀하게 봐라! 우주 공간 각별, 각 차원 우주가 대전으로 빨려 들어오는 거 못 느끼나? 온 우주가 하나로 뭉치고 하나로 합하는 방향으로 흘러가고 있고, 대전부터 시작이다. 당신은 아직 덜 풀려서 보는 것이 한계가 있다. 이제 관점을 바꿔 대전을 빛으로 봐라, 빛으로 보이나? 그 빛 이제까지 본 적 있나?

람타 - 그렇게 물으니 바로 빛으로 보인다. 너무너무 밝고 처음 보는 빛이다. 이 빛에 다들 빨려온다. 맞다, 온 우주를 쓸어버릴 것 같은 느낌이다.

무시공 - 그래서 이제 수련, 수행은 필요 없다. 당신이 알려주고 싶었던 영원한 생명도 가능하다. 이 빛에 동참 않는 존재와 별, 우주, 모두 도태될 가능성 있겠나, 없겠나?

람타 - 이렇게 자동으로 빨려오는데 동참 않을 수가 있을까?

무시공 - 이제 직접 보고 알았으니까, 별의 최고 존재에게 빨리 알려라. 당신이 지구에서도 살아보았고 인연이 있으니까, 그 소식을 당신에게 자세하게 알려주는 것이다.

그리고 지구인, 특히 대전에 모인 존재들과 너희 별 존재와 어떤 차이점이 있는가?

람타 - 지금은 차원이 너무 다르다. 너무너무 밝아서, 대전과 그 존재들까지. 우리 별에도 우주에도 그렇게 밝은 빛은 없다.

무시공 - 우리는 지구인을 훈련해서 변화시키고 있다.

람타 - 제일 밑바닥, 이 거친 지구에서 시작한다는 것이 너무 존경스럽다. 이렇게 빨리 변하는 것은 기적이다. 대전을, 그리고 지구를 이제야 알아봐서 정말 미안하다.

무시공 - 고맙다. 3만 년 전에 와서 지구인 살리려고, 그리고 차원을 올리려고 수많은 고통받으며 너무 수고했다. 그래서 너를 통해서 알린다. 보람 있지 않나?

람타 - 지금 본 그대로를 우리 별에, 그리고 온 우주에 알리겠다. 내가 무시공과 함께 갈 수 있다는 것에 진심으로 감사한다.

미카엘 대천사 – 대전센터를 찬찬히 둘러보며 공부

이제 지구인들이 무릎 꿇고 날마다 당신들에게, 하나님에게 빌어야 하는 그런 세상은 끝났다. 지금 우리 무시공을 통해서 지구인이 깨어나고 있다.
지구인들이 어떻게 무시공생명으로 깨어나는가 지켜봐라.

무시공 – 당신이 미카엘 대천사인가?

미카엘 – 맞다, 지구에서 미카엘 대천사라 불린다. 지구에서만 대천사라 부른다.

무시공 – 당신이 사는 별 이름과, 지구와의 거리와 인구는 얼마나 되는가?

미카엘 – '호수와' 별이며 지구에서 30만 광년 떨어져 있고, 인구는 10억 정도이다.

무시공 – 당신은 그 별에서 무엇을 하는 존재인가? 혼자서 지구인과 스스로 소통하는가? 아니면 별에서 임무를 맡겨서 하는가?

미카엘 – 내가 선택한 나의 일이며, 모르는 사람에게 알리는 것을 보람으로 느끼는 사람들은 이 일을 하고 있다.

무시공 – 지구에 와본 적 있는가? 당신과 지구인 중 누가 먼저 찾았나?

미카엘 – 우주선 타고 둘러본 적 있다. 지구인 중에서 소통하고 싶어하는 사람과 연결이 되었다. 내가 먼저 찾았다.

무시공 - 지구 어느 나라 사람인가? 이름은?

미카엘 - '가브리엘' 이라는 이름을 가진 여자로, 동양 사람이라 소개했다.

무시공 - 지금도 자주 소통하는가? 그리고 소통은 잘되는가?

미카엘 - 처음엔 잘 안 되었으나, 지금은 80% 정도 소통된다.

무시공 - 주로 지구인과 무슨 소통을 하나?지구인은 당신에게 무엇을 물어보고 무엇을 기대하나?

미카엘 - 주로 지구의 미래에 대해서 물어본다. 그리고 우주는 어떤지, 행복하게 살 수 있는 방법이 무엇인지, 어떤 마음을 가지고 살아야 하는지, 종교는 있는지, 신은 있는지? 등 지구인들이 살아가면서 답답하고 해결이 안 되는 문제를 물어본다.

무시공 - 그 질문에 다 대답해 줬나?

미카엘 - 아는 데까지 성실히 대답했다. 지금까지 살아왔던 경험을 토대로 아는 대로 알려주었다. 어쨌든 지구는 살기 힘든 곳 아닌가?

무시공 - 지구 이외에 다른 별도 가나? 가장 먼 곳은 어디까지 가보았나?

미카엘 - 교통수단이 좋으니까, 50만 광년에서 100만 광년 정도까지 가본 것 같다.

[대화 중에 비록 미카엘은 사탄의 군대와 맞서는 선의 입장으로 활동한 것으로 나타났

으나, 지구인이 현재 무시공생명으로 인하여 깨어나는 시점임에도 불구하고 계속 지구인을 가르치려 하고, 지구인을 멸시하고, 깔보고, 노예처럼 생각하는 관점으로 교만한 마음을 가지고 있으므로, 우주인들의 부정성에 대하여 무시공생명은 세포가 자동으로 분노하여 그 교만을 깨기 위하여 다소 격한 어조로 대화하게 되었다.]

무시공 - 우리 무시공생명은 다른 지구인들이 궁금해하는 것은 관심 없다. 신이나 종교 등등. 우리 무시공은 당당하게 직접 이야기하고 싶다. 당신이 지금까지 대화했던 지구인과 무시공생명을 비교해보라. 근본적으로 사고방식이 다르다는 것을 모르겠는가? 당신들(우주인들)은 왜 지구인을 다 그렇게 부정적으로 보는가? 우리가 당신들을 해치려 하는 마음이 있다고 지구인을 두려워하는가? 지구인이 다 그렇게 나쁘지 않다. 좋은 사람들도 많지 않은가? 우리 무시공도 그렇게 나쁘게 보이는가? 당신 별의 존재들의 마음자세가 지구인보다 의식이 높은가? 모두 다 긍정 마음인가? 아주 부정 마음을 가진 존재도 있잖은가?

미카엘 - 물론 그런 존재도 있다.

무시공 - 너희도 마찬가지로 다른 외계인이 당신 별의 부정만 인정하면 당신들의 마음이 편하겠는가? 그렇게 생각하면 기분이 좋겠는가?

미카엘 - 그렇지 않다.

무시공 - 그러면 당신들은 무엇 때문에 지구인을 멸시하고, 지구인이 나쁘다, 위험하다 그러는가? 왜 좋은 이미지는 못 보는가? 당신들의 부정 마음 때문이 아닌가? 지구인을 고립시키고, 봉쇄해놓고, 지구인을 가르치려 하고…. 지구인의 긍정 부분이 왜 당신들의 눈에는 보이지 않는가? 당신들의 마음을 긍정으로 바꾸고 지구를 새로운 마음으로 보면 긍정으로 보인다. 모든 것이 당신들의 마음 때문이다. 지구인이 깨어나 당신들을 초월하면 어떻게 생각할 것인가? 그렇게 돼도 계속 지구인을 가르치려 들 것인가?

[나도(무시공) 모르게 화가 난다, 이런 존재들이 와서 우리 무시공과 합해야 우리 모두 하나로 뭉친다는 안타까운 생각 때문에, 특별히 화날 이유도 없는데 세포가 알아서 격하게 대화를 하게 한다.]
미카엘 - 말이 없어짐. (이것이 갑자기 무슨 상황인가 생각하며…)

무시공 - 꼭 당신뿐만이 아니라 수많은 우주인이 지구인을 멸시하고, 깔보고, 노예처럼 생각하는데 일단 지구가 무시공 때문에 바뀌면 어떻게 처신할 것인가? 지구인도 무시공의 직선빛으로 깨어나고 있다. 우리(무시공)도 지구인이다. 지구인이 감히 너희에게 이런 말 하는 일이 있었나? 지구인들이 당신을 천사로 부르니 당신 마음이 흐뭇하고 좋은가? 교만해지지 않았는가? 우리는 당신 같은 천사 필요 없다. 이제부터는 지구인 가르치려고 하지 마라. 이제 그 시대는 이미 끝났다. 믿는가?
미카엘 - 무슨 말인지 잘 알았고 모든 것이 믿어진다.

무시공 - 당당하게 우리와 의견을 나누어 보자. 부정으로 가득 찬 당신들이 맞는지 아니면 절대긍정인 우리가 맞는지…. 우주인들이 지구에 대하여 불량인간만 모여드는 곳이라는 등 나쁜 소문을 퍼뜨려서 지구를 납작하게 만들고 지구를 엉망진창으로 만들었다. 지구도 다 같은 우주존재인데 왜 지구인을 그렇게 멸시하는가? 다시 그러면 용서를 못 한다. 당신 나에게 가르쳐 봐라. 무엇을 가르칠 수 있다고 생각하는가? 당신들(우주인들)이 기술도 높고 세밀한 공간에 사니까 신이고 천사인 줄 아는가? 그래 봤자 인간이다. 당신이 신인가? 천사인가? 당신이 무시공을 가르쳐 봐라, 뭘 가르칠 수 있는가? 당신이 무시공을 가르치면 천사, 아니 만사라 부르겠다. 나는 당신 같은 천사는 인정 안 할뿐더러 용서할 수가 없다. 다 깨부숴야 살 수 있다. 새로 눈을 떠서 지구와 지구인을 보라! 우리 무시공은 이제부터 모든 것을 공개한다. 우리는 일체 모든 마음을 열고 일체를 다 공개한다. 수많은 외계인이 지구에 와서 지구를 깔보고 많은 정보를 숨겨 놓고 있다. 이 우주의 흐름에서 당신들처럼 자기를 감추고, 숨기고, 닫아놓고, 비밀 지키는 존재와 우리처럼 완전히 열어놓고 모든 정보를 대공개 하는 존재 중에서 누가 살아남는지 한번 지켜보자. 자기를 가리고 감아놓으면 나중에 다 망가지고 멸망한다. 마음을 열어 놓고 우주의 마음으로 일체를 포용하는 그 마음을 가진 존재만이 살아남는다. 당신들처럼 마음을 숨기고 봉쇄하는 존재는 이 우주에서 살아남을 수가 없다. 그것을 지구에서 시작한다. 믿을 수 있는가?

미카엘 - 맞다. 믿긴다.

무시공 - 지구를 계속 봉쇄해봐라. 봉쇄한 자가 나중에 망가진다, 멸망한다. 우리 지구인은 너무 당신들에게 짓밟혀서 힘들게 살았지만, 이제는 마음을 활짝 열었다. '노예변주인'의 뜻을 아는가? 지구도 같은 우주의 존재다. 그런데 왜 무엇 때문에 같은 생명인데 지구인들이 당신

들에게 멸시당해야 하나. 왜 당신들은 주인이고 지구인은 노예가 돼
야 하는가? 이제 무시공은 당당하게 말한다, '노예변주인' 우리 무시공
은 주인의 모습으로 나타났다. 이제 지구인들이 무릎 꿇고 날마다 당
신들에게, 하나님에게 빌어야 하는 그런 세상은 끝났다. 지금 우리 무
시공을 통해서 지구인이 깨어나고 있다. 지구인들이 어떻게 무시공생
명으로 깨어나는가 지켜봐라. 당신 별에는 우주가 하나가 되고, 이것
은 지구에서 시작한다는 예언이 있지 않나?

미카엘 - 그런 예언이 있다. 사실 지구가 깨어나면 다 깨어난다는 예언이
있다.

무시공 - 우리가 지구를 위해서 먼저 깨어난다. 당신들은 지구인보다 차
원이 높고, 지구인들은 당신들을 신으로 받들고, 하느님으로 구세주
로 받들지 않나? 그러나 무시공생명은 당신들과 당당하게 대화한다.
그리고 명확하게 증명을 한다. 우리의 말이 틀렸다면 왜 틀렸는지 반
박해봐라.

미카엘 - 왜 이렇게 화가 났나? 나는 지구인에게 그렇게 보라고 말한 적
이 없다. 어쩌면 우리 마음 깊은 곳에 아주 작은 부정마음이 있으니까
당신들이 그렇게 생각할 수도 있었을 것이다. 하지만 우리는 그렇게 할
수도 없고 그런 교만한 마음을 가지고는 지구에 알릴 수도 없다.

무시공 - 당신들은 말한 적이 없어도 지구인들은 그렇게 생각하고 있다.
당신들에게 지구인들은 너무너무 짓밟혀가지고 당신을 찾게 만들었
다. 그래서 당신을 보니까 세포가 알아서 자동으로 화가 나게 했다.
당신 같은 우주의 존재들이 온 우주에, 지구에 대한 부정의 정보를 소

문내서 화가 난다. 우리가 너무 답답하다. 그래서 우리가 깨어나야 한다, 역사를 바꿔야 한다. 우주 역사도 바꾼다. 우주 역사 우리 무시공이 바꾼다. 당신은 아직 당신의 마음속에 교만한 마음이 있다는 것을 인정하지 않는다. 더 혼나야 인정하겠나? 당신의 마음이 그렇게 다됐다고 생각하는 것인가? 우리 지구인은 가장 밑바닥 존재. 그러나 우리 무시공은 수많은 우주인과 대화해봤다. 당신은 70억 조 광년의 최고 존재와 대화해보았나? 67억 조 광년 최고 존재와 대화해봤나? 당신은 그런 숫자 개념도 들어본 적이 없을 것이다.

미카엘 - 맞다, 없다.

무시공 - 그들도 우리 무시공을 인정하고 지구에 와서 무시공생명 공부를 받아들였다. 지금의 지구는 옛날의 지구가 아니다. 과거의 지구는 끝났다. 이제는 지구인 가르치려 하지 마라. 나도 모른다. 당신 같은 사람 만나면 왜 화가 나는지!

미카엘 - 화나게 했다면 미안하다.

무시공 - 우주인에게 물어봐라, 지구인을 어떻게 대했나? 지구인을 어떻게 보고 있나? 온 우주인이 지구인에게 어떤 생각을 가지고 있나? 지구 분자세상부터 무극까지 각 층차 최고 존재와 모두 만나 대화해봤다. 우주인들은 우리가 지구에서 왔다고 하면, 멸시하고 무시하는 오만한 마음을 갖고 있는 것을 다 알고 있다. 그래서 우리는 반드시 지구에서 이룰 것이다. 반드시 우주의 고저개념을 철저히 깨부순다. 당신도 갑자기 당황스럽겠지만, 우린 이렇게 해왔다. 심지어 200억 광년의 별을 삭제했다. 소문 들어봤나?

미카엘 - 들어봤다.

무시공 - 우리가 했다. 근래 12억 조 광년의 우주와 최고 존재를 삭제했
다. 소문 들었나?

미카엘 - 그건 못 들었다.

무시공 - 자신이 12억 조 광년 우주의 최고 존재이며, 전체 우주에서도
자신이 최고 존재라 생각하면서 무시공과 끝까지 대립하고, 지구인을
너무 깔봐서 그 최고 존재와 그 우주까지 완전 삭제했다. 그리고 70억
조 광년의 최고 존재가 우리 옆에 와서 무시공 공부를 받아들였다. 지
구에서 무엇을 배울 것이 있을까 생각하겠지만, 우리 무시공의 일은
가장 험한 지구에서 반드시 이루어진다.

미카엘 - 일을 이루기를 바란다. 자세히는 잘 모르겠지만, 더 훌륭한 존
재가 지구에 있다니 기쁘다.

무시공 - 우리가 당신에게 화가 나는 것은 당신 개인 때문이 아니고, 당
신을 통해서 온 우주의 부정마음을 바꾸라는 것이다. 당신이 우리 대
신 소문 내라는 것이다. 할 수 있겠는가?

미카엘 - 알겠다, 무슨 말인지. 앞으로는 지구인을 가르치지 않겠다. 지
구인들의 아픔을 이해해주고, 짓밟지 않고, 부정으로 보지 않고 좋은
소문을 내겠다.

무시공 - 당연히 그래야 한다. 그런 마음을 가져줘서 고맙다. 그것이 지
구인의 마음, 제일 밑바닥에 있는 존재의 마음이다. 이해하는가?

미카엘 - 충분히 이해한다.

무시공 - 그렇다면 이제 지구에 대한 고정관점을 버리고 새로운 긍정마음으로 지구를 봐라. 우리가 보라 해야 보이지, 안 보여주면 죽었다 깨어나도 안 보인다. 허심하게 지구 봐라.
미카엘 - [속으로 틀린 말이 아니라고 한다.] 그동안 내가 보던 지구가 아니다. 너무 멋지다. 지구가 이렇게 바뀐 것도 모르고….

무시공 - 우주에서 지구를 나쁘게 소문낸 것과 같나 안 같나? 그동안은 당신들의 부정마음 때문에 안 보였던 것이다. 그래서 고정관점을 버리라는 것이다. 지구도 당신들의 부정마음 때문에 오염당했다. 당신들이 지구를 오염시켰다.
미카엘 - 우리의 부정마음이 지구를 오염시켰다는 말이군. 우주의 부정마음이….

무시공 - 당연하다. 그래서 70억 조 광년 최고 존재도 우리 앞에서 아무 말도 못 한다. 알아듣는가? 당신들도 그런 존재가 있으면 하느님이라고 무릎 꿇고 빌기 바쁘다. 그러나 우리는 그런 것도 상관이 없다.
미카엘 - 당신이 화난 이유를 지금 알았다.

무시공 - 다행이다. 우리가 지구에서 얼마나 고립되고, 외롭고 힘든지 이제 알았나?
미카엘 - 우주의 모든 부정마음이 지구를 오염시켰다는, 이 말의 표현에서 내가 느끼고 깨졌다.

무시공 - 인정하는가? 당신의 그 말 한마디에 우주인이 깨어나고 있다. 바로 지구를 보라. 지구가 잘못된 게 아니고, 너희 부정마음이 지구를 오염시켜 망가트리고 불행을 만들어 놓았다. 이제 인정하는가? 이제 우주가 깨어났다. 아무리 똑똑한 아이라도 주변에서 계속 바보로 몰면 바보로 만들 수 있다. 마찬가지로, 온 우주 존재들이 지구를 몰아붙여 바보를 만들면, 일시에 바보가 될 수 있다. 온 우주인이 지구를 몰아붙이니 지구인들이 억울하지 않겠는가?

미카엘 - 맞다, 인정한다. 나부터 부정적인 정보 바꾸겠다.

무시공 - 당신을 통해서 우리 무시공의 마음을 전달하라는 것이다. 앞으로는 무시공의 마음을 전달하는 천사 일을 해보도록 해라. 이제는 지구인을 절대로 가르치려고 하지 말고, 지구인들의 아픔을 당신을 통해서 우주에 전하며 풀어주어라. 계속 반복하지만, 제발 지구를 부정으로 보지 말고 긍정마음으로 보면 지구가 새롭게 보일 것이다.

미카엘 - 예전 지구가 아니다. 내가 큰 착각을 했던 것 같다. 내 마음속에 부정마음이 있었다는 걸 크게 깨닫는다.

무시공 - 지금 우주 최고 존재들이 깨어나서 당장 자기 모든 걸 버리고 대전에 무시공을 배우러 왔다. 그게 쉬운 일이겠는가? 중간층 이하 존재들이 오히려 모른다. 아직까지 버티고 지구를 멸시하고 있다. 오늘 이 대화로 우주에 큰 진동이 일어날 것이다. 당신도 처음에는 긍정인 것처럼 내내 그렇게 생각했다. 좋은 마음인 것처럼, 하지만 당신 안에도 부정마음이 있으니까 그렇게 본 것이다. 아마 큰 충격을 받았을 것이다. 자신이 자신을 깨부숴야 한다. 당신 같은 존재가 깨어나면 엄청난 중요한 역할을 한다. 지구에 대한 긍정 정보도 빨리 퍼지고 깨져야 무시공의 천사가 된다. 우리 지구를 우주에 긍정으로 소개하는 천사! 나는 세포가 깨어나 자동으로 하기 때문에 말을 가지고 나를 이길 수가 없다. 당신이 긍정마음으로 바꾸니 모든 것이 새롭게 보이지 않는가? 지금은 지구가 당신들의 별보다, 우주보다 더 빨리 바뀌고 있다. 하도 답답해서 당신에게 보여준다. 모두 내 마음이 객관을 본다. 그래서 나만 보고, 밖을 볼 땐 좋은 것만 보라는 것이다. 당신도 대단하다. 이해하고 빨리 받아들이니.

미카엘 - [대전 와서 고뇌하며 찬찬히 다 둘러봄.]

[수많은 고급생명들. 70억 조 광년의 최고 존재까지 와서 받아들인다고 알려 주고 소개하니 자기가 여태까지 헛일한 거 아니냐며]

지구인들은 다 알면서 왜 내게 궁금하다고 물어보았는가?

무시공 - 아직 모르는 지구인이 많다. 이제부터 지구에서 시작이다. 당신뿐 아니라 우주인들이 지구에 배우러 몰려오는 날이 꼭 온다.

미카엘 - 인정한다. 누구에게라도 어디서라도 배워야 한다는 마음이다.

무시공 - 긍정마음으로 바꿨기 때문에 보인다. 부정마음 계속 유지하면 보여줘도 안 보인다.

미카엘 - 맞다. 훌륭하다.

무시공 - 억울하고, 힘들고, 외롭고, 온 우주에서 우리가 고립당하고 있었다. 너희는 우주선 타고 우주여행하고, 지구인은 막아놓고 고립시켜 지구 밖에 나가기도 힘들어. 그거 우리가 만들었나, 당신들이 만들었나?

미카엘 - 우리가, 그리고 우주가 만들었다는 말이지? 무슨 말인지 알겠다.

무시공 - 온 우주의 고급 존재부터 낮은 차원까지 긍정의 마음을 전파해라. 모두 다 긍정의 마음으로 우리를 보라고. 긍정의 마음으로 우리 마음을 읽으라고. 이것이 바로 소통이다. 같은 지구인이라도 우리는 당신에게 무엇을 물어보고 찾고 그러지 않는다.

미카엘 - 원인을 나도 찾았다. 내 가슴속에 크게 파고들어온 것이 있다. 바로 부정적인 정보를 없애는 것. 그러면 누구도 마음 아픈 일이 없다는 것을 알았다.

무시공 - 그래 고맙다, 드디어 당신도 우리 마음을 알았다. 이것이 소통이다. 어떤가?

미카엘 - 됐다, 100%.

무시공 - 지구인이 제일 고통스러운 거, 우리 마음 누가 알아줘. 가난해서 고통이 아니다. 마음이 안 통하는 게 제일 큰 고통이다. 이해하는가?

미카엘 - 깊이 이해했다.

무시공 - 너무 고맙다. 50억 년(지구의 역사) 동안 지구인의 한을 풀려고 견뎌왔다. 이제 이 한을 풀 때가 됐다. 무슨 뜻인지 아는가? 소통하고 싶다. 이제 우리 마음을 알지 않았나? 아직도 지구인을 멸시하고, 무서워하고, 우리에게 잡혀 먹을까 걱정하나? 우리가 그렇게 야만적인가? 계속 무시당해야 하나?

미카엘 - 솔직히 지구가 부정적인 정보가 많다고 생각했는데, 여기 지구에서부터 부정이 사라진다는 게 놀랍다.

무시공 - 1~2년 견딘 게 아니다. 지구가 탄생할 때부터 견뎌왔다. 당신을 통해서 한이 풀리는 거 같다. 외로움, 고통, 억울함, 이해하나? 우리를 생각하면 마음이 안 아픈가? 눈물이 안 나는가?

미카엘 - 믿음이 가고, 이해 가고, 공감이 가고, 내가 대표로 미안하다고 말하고 싶다.

무시공 - 이해했다니 이야기한다. 우주인은 전부 다 하느님처럼 보이고 구세주처럼 보이기 때문에 지구인 스스로 더 자기를 짓밟았다. 짓밟혀도 괴로운데 더 자기를 속에 가둬 넣는다. 지구인들이 이런 존재들이다. 조상부터 하느님 찾았는데…. 도대체 하느님이 어떤가 당당하게 말해보라. 좀 만나서 대화해보자. 술도 마시고, 화도 내보고, 놀며, 이야기도 하며, 그렇게 할 수 있나 없나?

미카엘 - 상상도 못 해 본 일이라 놀랍다. 당신이 인간 모습으로 온다는 것이….

무시공 - 당신이 직접 지구에서 몸을 가지고 잠시라도 체험해보라. 그럼 더 깊은 뜻을 알 수 있을 것이다. 더 깊숙이 우리 마음을 알 것이다.

미카엘 - 맞다. 직접 겪어보지 않고는 여기서 공감하는 것과 같겠는가?

무시공 - 왜 이리 지구만 불공평한가. 우리가 무엇을 잘못했나?

미카엘 - 어차피 당신도 지구가 그렇다는 거 알면서 간 거 아닌가? 지구 갈 때 다 알고 갔는데, 50억 년 동안 왜 그러고 살았는지 잘 모르겠다. 이해가 안 된다.

무시공 - 나도 몰라, 50억 년 동안 당하고 있었어. 억울한 거밖에 없어. 무엇이 행복인지도, 무엇이 사랑인지도 몰라. 고통, 외로움밖에 없어. 믿어? 말도 안 되는 소리지? 누구는 지구 오면 빠져들어 헤어 나오지 못할까 봐 걱정돼서 못 와. 하지만 우리는 50억 년 동안 견뎌왔어. 그런데 아직도 안 죽고 살아있다. 믿어? 말도 안 되는 소리지? 상상도 못 하겠지? 당신들은 1년도 못 견딜 것이다.

미카엘 - 맞다. 상상도 못 하겠다.

무시공 - 절대 긍정마음을 가지고 있어야 어떤 고통 속에서도 살길이 생긴다는 진리. 그것이 우리의 결론이다. 지구인의 결론이다. 이것이 50억 년 만에 우리가 터득한 진리다.

미카엘 - 아픔 속에서 그런 진리가 나왔구나.

무시공 - 우리 원래 생각엔 진리가 하늘에 있고, 저 우주 최고 존재에게 있는 줄 알았는데, 아니더라고. 고통 속에서 헤매다 보니까 절대긍정 마음먹어야 살길이라는 그 진리를 알았다. 하루 이틀이 아니야, 시간이 너무 길었어. 50억 년, 생각만 해도 끔찍해. 우리가 당신들 우주인 대신 다 겪었다. 온 우주의 마음을 바꾸자는 거야, 절대 긍정마음으로. 그래야 우리가 영원히 살길이 생긴다. 영원한 행복, 영원한 평화, 영원한 평등, 그리고 영원한 생명까지. 이제 시작이다.

미카엘 - 그것이 이상세계인데. 지구에서 이렇게 바뀌니 우주의 존재들은 할 일이 없구나. 훌륭하다며 박수쳐주고 싶다.

무시공 - 오늘 화도 났지만, 우리 마음을 알아주는 존재가 나타나니 고맙고 통쾌하다. 50억 년 속풀이 당신에게 한 거 같다. 이해해라.

미카엘 - 충분히 이해하며 내게 속풀이 잘했다. 더불어 내가 고맙다.

탄허 스님 - 우주개벽의 시대가 왔다

> 모든 것은 지구든 우주든 한반도 중심으로 변할 것이다. 그 정점에는 어떤 존재가 있을
> 것이며, 그 존재를 처음에는 아무도 몰라본다.
> 내가 예언을 내놓을 당시에 나는 그 존재를 보았다.
> 이 지구가 완전히 운명이 뒤바뀔 것이다. 그 시점은 2천 년대 초반이다.

무시공 - 당신은 지금 어느 별에 있나?

탄허 - 나는 지구로부터 20만 광년 거리의 '샤시앙' 별에 있다.

무시공 - 한반도와 지구에 대해 당신이 예언한 것이 무엇인지, 그리고 잘
이루어지고 있는지 관찰해보라.

탄허 - 내가 한 예언은 다 알고 있을 것이다. 공개했으니까. 그때 예언해
놓은 것은 내가 본 것 중에서 일부분밖에 안 밝힌 것이다. 그때는 사
람들이 두려워하며 못 믿고 반발심만 생겼을 것이다. 그리고 밝힐 때
도 아니어서 일부만 말했다. 그러니 그때 예언은 접어두고….

무시공 - 그러면 그 당시 인간들이 이해 못 할까 봐 못 밝혔던 것을 구체
적으로 말해봐라. 그리고 그 예언은 언제 이루어지나. 구체적인 시간
은?

탄허 - 모든 것은 지구든, 우주든 한반도 중심으로 변할 것이다. 그 정점
에는 어떤 존재가 있을 것이며, 그 존재를 처음에는 아무도 몰라본다.

내가 예언을 내놓을 당시에 나는 그 존재를 보았다. 우리가 익숙하게 생각하고 있던 것을 뒤바꿔 놓는 일들이 생길 것이다. 이 지구가 완전히 운명이 뒤바뀔 것인데, 그 시점은 2천 년대 초반이고. 사람들이 두려움에 싸일까 봐 좋은 것만 예시해 밝혔으나, 물론 결과는 좋은 방향으로 바뀔 것이다. 한국이 먼저 바뀌고, 지구가 바뀌고, 그리고 우주가 바뀔 것이다. 운명이 뒤바뀌는 정도가 아니고, 천지개벽 정도도 아니고, 뭐라 표현해야 할까… 우주개벽? 이라고 표현하면 될까? 우리는 어쩌면 그때는(2천 년대 초) 이미 다른 세상에 살고 있을 것이다. 나는 분명히 알고 있다. 확신한다. 그리고 기다린다. 인간이 만들어놓은 모든 것은 가짜다. 인간 몸 자체가 가짜이며, 지구 자체가 모두 가짜다. 이것을 지구인이 깨치면, 온 우주가 깨치는 것이다. 이런 내용은 그 당시 전혀 못 알아들어서 밝힐 수가 없었다.

무시공 - 우린 다 알아듣는다. 우리도 지구인이다.

탄허 - 놀랍다. 지구인이 어떻게 알아듣나. 믿어주니까 좋다. 지구를 보면 지금 지구는 벗어나고 있어서 때가 된 듯 보인다.

무시공 - 지구에 대한 예언 어느 정도 이루어진 것 같나?

탄허 - 시작이 반이란 말이 있듯이 시작했다면 벌써 반 이상 되었다. 어쩌면 내가 감지하지 못하는 부분에서 더 진행되었을 수도 있고, 내가 예언했던 것은 물론 100% 이루어진다. 그 이외 상상하지 못했던 모든 것들은 사람들이 시간이 지나서 이 모든 게 가짜라는 걸 알게 되면, 허무하면서도 기쁨과 행복을 느낄 것이다. 내가 여태껏 속고 살았나 싶은 마음을 가지면서, 또 한편으론 알게 되어 다행이라고 느낄 것이다. 이렇게 알고 빠져나오는 사람들도 있지만, 더 많은 부류가 빠져나오지 못하고 계속 거기(가짜)에 머물면, 어쩔 수 없이 운명은 그 운명대로 가는 것이고, 또한 그 일을 하고 있는 존재는 아무도 몰라보도록 태어났고, 음지 속에서 아무도 모르게 움직이고 있고, 언젠가 작업이 완료되면 수면 위로 확 튀어나올 것이다. 어느 순간에, 저런 존재가 있었나? 하며 놀랄 때가 있을 것이다. 어떻게 우주가 바뀌는지 과정은 잘 모르겠으나 결과는 그렇게 본다.

◇ 한반도 예언 ◇

무시공 - 새로 한반도와 지구를 봐라.

탄허 - 아까 혼자 보던 것보다, 그리고 내가 생각했던 지구보다 훨씬 크고 밝다. 집중해서 보니 역시 한반도가 너무나 밝다. 서해 잘 메워지고 있다. 나는 땅 일부가 올라올 줄 알았는데….

무시공 - 그 예언도 했나?

탄허 - 나는 서해 바다 속 땅 일부가 올라올 줄 알았는데, 어쩌면 서해가 없어질 수도 있겠다. 육지로 바뀌겠는걸. 한반도 상공이 휘황찬란하다. 높은 존재들이 와서 구조물뿐 아니라 엄청 밝고 아름답게 꾸며 놓고 있다. 나도 어서 여기(무시공)에 합류해야겠군….

무시공 - 삼팔선 예언에 무슨 댐이 만들어져 달이 비칠 때, 여자 대통령이 나오고, 여자 대통령이 나올 때 남북통일 된다는 그런 내용 있던

데 맞나?

탄허 - 맞다. 나는 그렇게 보았다. 그대로 표현했다.

무시공 - 남북통일은 언제 될 것 같나?

탄허 - 6개월 안에 38선 없어질 것 같다.

무시공 - 한반도는 어디가 가장 밝은가?

탄허 - 북쪽도 밝지만 남쪽이 더 밝고, 그중에 대전이 가장 밝다. 대전은 위아래로 빛이 난다. 위엔 휘황찬란, 아래에서는 뭔지 모를 근원의 빛? 근원이라는 단어밖에 선택이 안 된다. 안에서 뚫어져 나온다. 이 빛으로 온 우주가 하나가 되었다.

무시공 - 본인도 이날 기다렸다면서, 그것 찾았나? 지금 본 이것이 맞나? 본인이 전에 예언할 때 봤다는 그것 맞나?

탄허 - 이것이 맞는 거 같다. 우주가 빛으로 하나가 되는 건 상상 못 했지만, 우주개벽이 생각보다 부드럽게 진행된다. 생각보다 느낌이 좋다. 난리가 날 각오를 하고 있었는데, 너무 다행이다. 이런 변화라면 얼마든지 생명이 거부감 없이 흡수될 것 같다. 우주변화에 대해선 장담 못 하겠지만 어쨌든 내 생각은 그렇다. 내가 보았던 것과 똑같지는 않지만, 한반도에서는 거의 다 이루어져 가고 있고, 한반도를 비롯한 지구운명, 우주운명이 바뀌는 것을 보니 이것이 맞는 거 같다. 지구와 우주의 운명이 이렇게 바뀔지는 상상도 못 했다.

◇ 살아남을 존재들 ◇

무시공 - 이 지구에 지금 대략 70억 인구가 있는데, 2030년 전후에 얼마나 생존할 수 있겠나?

탄허 - 10억이면 너무 많을까?

무시공 - 짧은 시간에 그렇게 많은 사람이 깨어날 수 있을까?

탄허 - 내가 너무 큰 희망을 가졌나? 희망을 가져보고 싶다.

◇ 체험을 하고 마음이 열리다 ◇

무시공 - 한반도에 태어나서 수행하며, 일이 이루어진다고 한 예언, 우리를 위해서 해주었다. 너무 고맙고, 사람들에게 많은 도움이 되었다. 그래서 우리 같이 한번 체험해보자. 내가 열어주겠다. 우리는 불교 관점 아니니, 철저히 버리고.

탄허 - 고맙다. 나도 지구에 올 때 불교 방법을 선택해서 온 것이지 불교 관점으로 온 것은 아니다.

무시공 - 잘했다.

탄허 - 열리고 나니 바로 윤곽이 없어지며, 우주와 하나가 되었다. 내가 너무 커지고 넓어졌다, 이런 체험 처음이다. 이렇게 커진 적은 없었다. 나를 싸고 있던 모든 윤곽이 깨져버린 것 같다.

무시공 - 지구에서는 죽어서 영혼이 간다고 생각했지 않나? 하지만 우리
가 열어줘야 진짜 생명이 살아난다. 우리가 열어주었지만, 우리가 어
떤 존재인지 모르니까, 대전 와서 비, 공, 선, 지 외워야 새롭게 태어난
다. 당신은 영원한 우주의 새로운 존재다. 당신은 우리 일을 미리 예언
했기 때문에 우리가 밝혀 준다.

탄허 - [감사하다며 절을 한다.]

◇ '김항우'를 소개 ◇

무시공 - 이제 인간 말로 새로 부활했다. 살아있는 사람보다 힘이 더 강
하다. 세밀한 공간의 엄청난 존재가 되었다. 우린 서로 도움이 된다.
'김항우'를 소개해 주겠다. 같이 손잡고 공부하며 뒷받침하고 합하라.

탄허 - 놀랍다, 너무나 아름답고 밝아서…. [감사하다며 계속 인사]

무시공 - 대전이 지구와 우주의 중심이니까, 대전 와서 온 우주작업 같이
하자.

탄허 - 당연한 말씀이다. 솔직히 말해서 100% 믿어지는 건 아니지만, 대
전 와서 하라는 것 그대로 해보겠다. 하지만 내가 이 정도 큰 믿음을
가진 건 처음이다.

무시공 - 그래, 그렇게 실천해보면 확실히 더 알게 될 것이다. 누구나 깨
어나는 과정이 있으니까. 비, 공, 선, 지 외우면 더 밝아지고 명확하고,
우주 바뀌는 것 다 보인다.

탄허 - 알겠다. 너무 감사하고 내가 너무 밝아져서 기분이 아주 좋다.

무시공 - 당신 별에서도 우주선 타고 다니는가?
탄허 - 우주선 타고 다닌다.

무시공 - 나는 지구인 훈련시켜 많은 차원의 우주공간 들어갈 수 있도록 준비하며 노력 중이다. 당신의 우주선도 타보기를 희망한다. 그리고 당신이 변하면, 당신 있는 별도 같이 변한다. 이해 가는가?
탄허 - 함께 우주선 탈 날을 기다린다. 함께 변하는 것 이해한다. 지구가 전 우주적으로 바뀌는군. 이런 식으로. 드디어 그때가 왔군. 감사하다.

무시공 - 고맙다. 일 있으면 자주 김항우와 대화하고 소통하면 된다. 김항우는 분자세상에 있을 때, 이미 이 공부 뜻을 먼저 알았고, 지금 계속 세밀한 곳에서 열심히 우주작업을 함께하고 있다.

[김항우, 항상 밝고 잘 웃는다.]

남사고 – 대전의 무시공센터에 항상 머물겠다

지구 70억 인구가 이 속도로 변한다면 얼마나 살아남겠나?
우리 무시공도 당신이 예언한 지구의 프로그램을 2030년에 끝내기로 했다.
올해부터 4~5년 안에 지구가 지진, 화산폭발, 해일, 질병, 폭풍 등으로 인하여 엄청 빠른
속도로 변한다. 그 고비를 잘 지나야 살 수 있다.

◇ 지구에 다시 오려고 준비하는 남사고 ◇

무시공 – 당신이 『격암유록』 저자인 남사고인가? 지금 어디에 있는가?

남사고 – 맞다, 내가 지구에서 『격암유록』을 쓴 남사고다. 지금 지구에 다시 오려고 준비 중이다. 10만, 20만, 50만 광년 별을 거쳐 다시 지구로 오려 한다.

무시공 – 예전에 한국 땅에 태어나기 전에는 어느 별에 있었나?

남사고 – 지구와 20만 광년 거리에 있는 '아스타' 별에 있었다.

무시공 – 당신이 그때 한 예언은 지구에 와서 깨달아서 예언했나, 아니면 당신 별에서 올 때 가져왔나?

남사고 – 지구 와서 알게 되어 기록했다. 많은 별에도 우주에 대한 예언이 있고, 나도 우주가 어떻게 변하는지에 대하여 관심이 많았다. 행성에서와 지구에서 깨달은 것은 차원이 다르다. 지구에 와서 알게 되어

서 큰 축복이었다. 지옥 같고 꽉 막힌 지구에서 더 상세히 알아낸 내가 자랑스럽다. 『격암유록』은 내가 깨어나서 쓴 것도 있고, 주변에서 우연히 듣게 되어 쓴 것도 있다.

무시공 - 지금은 정확히 어디에 있나? 지구에 오려고 준비 중이라고?

남사고 - 지금은 지구 대기권 안에 있다.

무시공 - 당신의 예언은 어디를 예언했나? 한반도, 지구, 우주, 모두를 예언했나?

남사고 - 우주까지도 예언했는데, 자세히 보이는 건 지구의 한반도 쪽이고, 우주 변화도 당연히 있겠지. 하지만 우주는 구체적으로 표현 잘 못 하겠다.

무시공 - 본인이 지구에서 예언해놓은 것 중에서, 어느 정도 이루어지고 있나? 당신의 예언이 어느 시점에 이루어지는지 관심을 두고 관찰하고 있는가?

남사고 - 관찰하고 있었다. 겉으로 보기엔 40% 정도지만, 100%라 이야기하고 싶다.

무시공 - 그럼 표면까지 언제쯤 100% 될 것 같나? 그리고 100% 이루어진 이후엔 지구에서 무슨 변화가 이루어질 것 같나?

남사고 - 사실 저 깊숙한 곳에서는 다 이루어져 있기에 100%라 말한 것이다. 이 정도 속도라면 1/10 더 빨라지겠다. 그래서 표면까지 100% 이루어질 때를 2030년으로 본다.

무시공 - 2030년에 모든 것이 이루어진다면, 그때 지구 인구는 얼마나 살아남아 있을까? 전쟁은 있나 없나? 영원한 평화가 오겠나?

남사고 - 5억 명 정도 남을 듯하다. 평화는 온다. 지구를 중심으로 온 우주가 하나로 합해진다. 지구에 평화가 오니 당연히 우주에도 평화가 오겠지. 가장 밑바닥에 있는 사람이 깨어나면 다 깨어나듯, 제일 밑바닥 지구가 깨어나면 온 우주가 깨어나는 건 당연하겠지.

무시공 - 우주에는 고급 별들이 많이 있는데, 왜 하필 지구에서 일이 이루어지는 것 같나?

남사고 - 그렇게 우주의 프로그램이 짜여 있다. 지구가 큰 프로젝트다. 깨어난 존재들이 뛰어들어서 하고 있고, 진짜로 깨어난 그 존재가 이미 왔다고 확신한다.

◇ 남사고에게 무시공생명을 소개 ◇

무시공 - 지금 새로 지구 밝은 곳을 보라. 우리와 함께 구경하는 순간 관점이 바뀔 것이다.

남사고 - 지금 지구를 보면 지구가 중심이 됐다. 이제야 제대로 돌아간다. 이제 지구가 꿈에서 깨어날 때가 됐다. 아니 이미 깨어났을 수도…. 내가 때를 잘 맞추어 온 것 같다. 내가 오면 지구에 도움이 될 것 같아서 왔다. 그 시기가 되어서 내가 온 거 같다. 밝은 지구, 그 속에 더 밝은 대한민국이 있고, 대한민국 안에 더 밝은 대전이 있다. 대전 상공에 있는 수많은 고급존재들이 빛으로 보인다.

무시공 - 빛이 구별되나?

남사고 - 이야기해 주니까, 다른 빛들과 분명 구별이 간다. 이 빛은 오묘하게 나를 끌어들인다. 관심이 가네. 대전 빛에 자동으로 끌려오네. [빛에 쭉 빨려 들어오더니 대전 센터에 와서 우주도와 비결 등을 둘러보며] 여기가 십승지네, 십승지야~~ 무주객이네~~

[센터 한복판에 앉아서 막 운다. 내가 그 강을 건너왔나? 모든 역경이 지났나? (꼭 다 이루어진 것처럼 이야기한다) 이제 여기가 끝인가? 다시 시작이구나~ 여기구나~ (혼잣말을 계속한다)]

무시공 - 남사고 당신이 예언한 것 다시 한 번 확인해봐라. 지구중심지와 우주중심지를 확인하고, 이 빛이 온 우주에 영향을 주고 있나, 없나 확인해봐라.

남사고 - 여기가 새 세상이구나. 이 빛은 맞다. 이 빛이 우주의 중심이다. 그렇지! 우주의 중심 맞아. 맞아! 그래 이렇게 시작되는 것이었구나. 내가 한국을 잘 선택해 왔지. 역시 그게 맞았어. 이 땅에서 시작이야. 그래 나는 찾았어. 나는 다시 태어날 필요가 없을 것 같다.

무시공 - 맞다, 윤회는 끝났다. 새로 태어나는 방법을 알려주겠다.

남사고 - 감사하다. 다시 태어나면 새로 다시 시작해야 하는데, 그런 좋은 방법이 있나? 너무 좋다. 감사하다. (흐느껴 운다)

[열어준다. 빠르게 열린다.]

지금 지구 대기권이 아니라 우주 공간에 나와 있는 듯하다.

무시공 - 실감하기 위해 대전 센터에 와서 '비, 공, 선, 지' 외우고 일원심만 지키면 진짜 '일원심생명'이 깨어난다. 그러면 무한대 힘도 생기고 우주 창조주 위치에서 활동할 수 있다.

◇ 남사고에게 김항우를 소개한다 ◇

무시공 - 분자몸으로 같이 있을 때, 함께 남사고도 탐구했지 않나? 실제 이 일이 이루어진 것은 김항우가 이 공부 받아들임으로써 되었다 해도 과언이 아니다. 큰 공을 세웠다.

[고맙다, 그리고 축하한다며 김항우와 남사고 두 손 잡고 반갑게 인사]

남사고 - 내가 힘든 것(다시 태어나는 것) 다시 겪지 않아도 생명의 몸이 태어난다는 것 알려줘서 너무 감사하고, 굳게 믿겠다.

무시공 - '김항우'와 힘 합쳐라. 그는 지구인보다 세밀한 공간에 있다. 분자몸 벗어나 영혼 입장에서 보면 힘이 없다고 생각해서, 새로 태어나려 한다. 윤회는 다 끝났다. 일원심만 지키고 진짜 생명이 깨어나면, 살아있는 몸으로 무시공 세상에 들어가는 것과 똑같다. 다 앞섰다. 이미 그 상태가 되었다. 우리는 아직까지 분자몸을 가지고 있지만, 세밀한 방향으로 가고 있다. 그러면 나중에 같은 공간, 같은 위치에서 우주작업 할 수 있다. 모든 것은 지구에서 시작한다. 우리 분자몸이 지구인이 아니라는 것을 보여주겠다. 지구인 껍질만 덮어 썼을 뿐이다.

남사고 - [내면과 겉모습을 모두 보고 '김항우'를 보고 놀란다.]

무시공 - 우리 무시공과 일원심 지킨 세밀한 공간의 당신들이 양쪽에서 힘 합치면 이 우주는 순간에 바뀐다.

남사고 - [고개를 끄덕이며 알아듣는다.]

무시공 - 그쪽(세밀한 공간)에서는 당신들끼리 힘 합해서 깨어나도록 하라. 이미 수많은 층차의 우주 존재가 다가왔다. 하지만 그들은 아직 이 원리를 모른다. 그러기에 당신들이 깨어나 그 존재들을 깨우쳐서 다가오게 하고 우리와 모두 하나로 힘을 합해야 할 것이다. 우리는 분자 세상에서 벗어나기 위해서 노력하고, 양쪽 힘 하나로 뭉치기 위해서 각자 자기 위치에서 노력하자.

남사고 - 잘 알겠고, 나는 센터에 상주하고 있겠다. 지구 와서 갈 곳 정하지 않고 있었는데 잘됐다.

◇ 남사고의 관점이 바뀌었다 ◇

무시공 - 지금 열어줬으니까 다시 새로 봐라. 아까 본 관점으로는 표면으로 40%, 내면은 100% 변했다 했는데, 지구 변하는 속도 어떤지 새로 봐라. 몇 % 변했는지?

남사고 - 대전센터 기준으로 봤을 때 80% 변화했다고 본다.

무시공 - 지구 70억 인구가 이 속도로 변한다면 얼마나 살아남겠나? **우리 무시공도 당신이 예언한 지구의 프로그램을 2030년에 끝내기로 했다. 올해부터 4~5년 안에 지구가 지진, 화산폭발, 해일, 질병, 폭풍 등으로 인하여 엄청 빠른 속도로 변한다.** 그 고비를 잘 지나야 살 수 있다. 그렇다면 2020년 이후에 이 큰 고비를 70억 인구가 다 겪어야 하는데, 남사고 당신 생각에는 얼마나 남을 것 같나? 우리가 말한 것이 어떤 느낌인지 알겠나? 이 일을 2000년도부터 해왔는데, 대한민국 5천만 인구가 대전 센터에 아직 100명도 안 모여. 가장 많을 때가 70명 정도. 지구도 우주도 사정없이 급속도로 변하는데 인간이 빨리 적응하고 따라올 수 있겠나~ 이렇게 짧은 시간에 70억 인구에게 다 전달되겠나? 우리는 최선으로 알려도 인간들이 너무나 많이 막혀서 안 깨어난다. 당신도 예언 속에, 십 리 안에 살아있는 사람 보기 힘들 거라고 했던가?

남사고 - 그렇지요. 인간이 다 깨어난다면야 우주가 벌써 바뀌었겠지.
[한숨을 푹 쉬며] 1억 명도 많겠다.

무시공 - 그러니까… 우리 더 많은 생명을 위해 최선으로 노력해보자.
고맙다.

김선주 - 한국에 파견된 금성인

마탕카즈인들은 무시공생명의 3단계의 우주작업이 시작되는 2016년 초부터 무시공생명 공부를 받아들이기 시작하여 약 반년 만에 무시공생명을 완전히 이해하고 알릴 수 있는 존재들이 되었다. 이 우주인들은 무시공의 핵심을 너무나도 잘 파악하여 군더더기 하나 없이 무시공생명을 우주에 알리는 작업을 하고 있다.

이에 무시공은 금성에서 지구의 한국에 파견되어 온 금성인 여자(한국명: 김선주)와 대화를 할 수 있도록 주선하였다.
이 대화를 통하여 명백히 드러나는 사실들은 이제는 준비된 우주인이 나타남을 알리는 동시에 지구인들만이 아니라 더 많은 우주의 고급존재들이 우리 무시공생명을 기다리고 있다는 것이다.

[마탕카즈 별의 최고 존재는 '그빈츠'이며 '토미오스'를 지구에 파견하여 마탕카즈인들의 전체의식을 이끌고 있다. 마탕카즈 별은 지구로부터 약 20만 광년 거리에 있다.]

[처음 대화분의 기록을 놓쳐 대화 중간부터 기록이 됨]

금성인(김선주) - 지구와 한국의 대전에서 일어나는 이 현상이 도대체 무엇인가? (대전 상공과 지구변화 등을 보고 난 후 질문)

마탕카즈인 - 여기(대전)는 우주의 중심이며, 중심으로 모여드는 현상이다. 대전이 바로 '무시공생명 블랙홀'이다.

금성인(김선주) - 그래서 내가 어떻게 하면 되나?

마탕카즈인 - 그들(무시공생명) 옆에서 함께하며, 물론 마음도 같이하며 귀 기울이고, 비결, 공식, 선언, 지침을 외우면 된다. 그리고 의심 없이 받아들이면 된다. 이들(무시공)과 어떤 약속을 했다면, 당장 약속을 못 지키더라도 그들을 신뢰하고 있으면 그들이 알아서 결정한다. 삭제될 일 없다, 걱정하지 마라.

금성인(김선주) - 그럼 이 무시공에서는 마지막에 어떤 결과가 나오나?

마탕카즈인 - 온 우주가 시공의 분리관점에서 벗어나, 무시공의 영원한 생명, 영원한 행복, 영원한 평화 이 방향으로 하나로 뭉쳐간다.

금성인(김선주) - 당신들은 그들 옆에 따라다니며 무엇을 하나?

마탕카즈인 - 있는 듯 없는 듯 옆에 있다. 하나 이들(무시공)은 우리가 옆에 있다는 걸 알고 있다. 우리는 항상 이들(무시공)을 따라다니며 대전에서의 강의도 들었다. 물론 안 들리는 것도 있었지만, 귀를 항상 열어놓고 있었다. 하라는 대로 따라해 보았다. 항상 무시공을 마음속에 두고. 비, 공, 선, 지 열심히 외웠으며 핵심단어는 다 꿰어차고 있다. 우리 별의 가르침과 일치하는 부분도 있어서 이해가 쉬웠다. 시공과 무시공의 관점 차이는 어마어마한 것이기 때문에 일치라는 말이 어울리지 않지만, 상당히 높은 경지의 말이므로 명심했다.

금성인(김선주) - 지금 그 말이 무슨 말인지 자세히 설명 부탁한다.

마탕카즈인 - 비결의 첫 단어 무주객은 하나라는 말이다. 거기서부터 모든 것이 시작되며, 비결에 모든 게 나와 있다. 비, 공, 선, 지 속에 모든 것이 있지만, 특히 비결 속에 모든 것이 있다. 비결만 파악하면 끝이다. 나만 봐라, 남 볼 땐 좋은 것만 봐라. 일체 좋은 현상 등등 좋은 말이 많이 있지만 모두 비결 안에 있는 말이다.

금성인(김선주) - 그럼 여기서 내가 할 일은?

마탕카즈인 - 당신이 이들(무시공)과 마음만 합친다면 그것은 스스로 정해질 거다. 편하게 그들(무시공)과 함께 있어라. 지식이 아닌 마음으로 모든 걸 받아들이면 순간에 바뀐다. 그리고 한 가지 참고로 부탁하고 싶은 것은 그들(무시공)을 겉모습으로 판단하지 말라는 것이다. 미동도 하지 않는 깊숙한 내면만을 보기를 바란다. 또, 이들은 철저히 숨어 있기 때문에 비밀을 지켜주어야 한다. 우리는 이들의 비밀을 알지만, 비밀을 지키고 있고, 공개할 것만 한다. 이들(무시공)이 당신을 소개해줘서 여기까지 공개한 것이다. 당신이 가까이 오니 여기까지 답해준다.

금성인(김선주) - 왜 지구에서 시작되는지? 또, 왜 이런 일이 일어나야만 하는 것이며, 왜 꼭 우리가 무시공우주에 가야 하는가?

마탕카즈인 - 힘들지만, 지구에서 시작하는 이유는, 가장 낮은 바닥에서 훑어 올라와야 빠짐없이 생명을 거둘 수 있고, 그리고 더 잘 이룰 수 있고 가장 완벽하게 진행할 수 있기 때문이다. 무시공우주에 가야 하는 이유는, 이런 분리된 관점으로는 더 이상 행복이 있을 수 없기 때문이다. 우리는 행복을 위해 상당히 노력하지만, 점점 더 분리되는 관점과 현상 들이 나타난다. 지금 우주도, 우리 별도 하나로 가려 노력하지만 하나 되기가 힘들다. 물론 이론적으론 알지만… 무시공을 접하고 무시공 관점을 유지하니 전에는 흩어지던 것들이 지금 하나로 뭉쳐지고 있다. 이건 분명 우리 마음이 그렇게 바뀌었기 때문에 증명할 수 있다. 이 공부하면서 나도 바뀌었기 때문에 증명할 수 있다.

무시공 - 깔끔한 질문과 완벽한 답이다. 질문과 대답이 너무 명쾌하다. '토미오스(마탕카즈인의 전체의식)'는 겨우 반년 만에, 우리를 알아보고 우리를 대신해서 무시공을 너무 잘 설명해주었다. 너무 감동받았다. 너무나 고마운 마음을 전하며 당신들을 10억 조 광년까지 올려놓겠다. 이제 주변에 우주인들의 질문과 무시공 홍보는 너희에게 맡기겠다. 우주강사의 모델이 되었다. 내가 끝까지 지켜준다. 뒤에서 뒷받침해 줄 테니 당당하게 해라.

마탕카즈인 - 우리 별의 인구가 약 20억인데 무시공생 덕분에 우리 별의 생명들 모두 큰 복 받았다. 너무도 기쁘고 감사하다. 앞으로 무시공 홍보에 최선을 다하겠다.

물질혁명(物質革命)

체력변심력(體力變心力)
분리변동일(分離變同一)

제2장

대한민국의
우주 뿌리를 찾았다

대한민국 별, 대한민국 우주

무시공우주작업 중 잠시 바람 쐬러 밖에 나와 걸었다.

남쪽 하늘에 반투명한 구름이 빠르게 지나간다.

유난히 큰 구름인데, 그 뒤에 다른 구름은 움직임이 거의 없으나,

그 구름만 빠르게 지나가는가 싶더니,

계단을 내려가는 것처럼 직각으로 한번 반을 꺾더니 동산 뒤쪽으로 순
간에 사라진다. 아주 가까운 거리이다.

◇ UFO 모선의 여자선장 토망 ◇

바로 우주 모선임을 직감하며, 도망가는 건가? 왜 피하냐 물었더니, 피
하는 것이 아니고, 일부러 보여준 거란다.

그들이 대화하고 싶어한다 느끼며, 몇 시간 후 다시 그 우주 모선의 존

재를 불러 대화를 시도했다.

(모선의 선장을 부르니 아주 귀엽고 동글동글한 스타일의 여자가 나타난다.)

무시공 - 어느 별에서 왔고, 이름은 무엇인가? 별과 지구와의 거리는?

토망 - 나는 이 우주선의 대표이며 '토망(예)'이다. 지구와 23광년 거리에 있는 '대한민국'이라는 별에서 왔다. 지금은 우주선 안에 있다.

무시공 - 뭐라고? 대한민국이라는 별이 있어? 원래부터 대한민국이라고 불리었는가?

토망 - 원래부터 대한민국이었다고 알고 있다.

무시공 - 대표 이름은? 인구는? 한 나라로 되어 있나, 여러 나라로 분리 되어 있나? 궁금해서 더 세밀히 물어보고 싶다.

토망 - 대표는 '스마편'이며 나의 연인이다. 인구는 약 60억 명, 취미 또는 성향에 따라 5개 나라로 분리되어 있다.

무시공 - 전쟁은 없나?

토망 - 역사를 보면 있었다. 지금은 평화로운 편. 서로의 의견을 존중하나 의견 다툼 정도는 있다. 별을 지키기 위해 대비하는 군대도 있고, 치안을 위한 경찰도 있다.

무시공 - 지구인처럼 분자몸 가진 육신인가, 아니면 좀 더 세밀한 몸으로 되어 있나?

토망 - 우리 행성도 조금 층차가 있긴 하다. 가장 낮은 층차도 지구인보다는 세밀하다.

무시공 - 한국 사람과 모습도 비슷한가?

토망 - 비슷한 느낌이다. 검은 머리에 까만 눈동자, 지구인 중에서 동양인 쪽에 가깝다.

무시공 - 지구 역사는 약 50억 년 되었는데, 대한민국 별은?

토망 - 약 100억 년으로 추측한다.

무시공 - 대한민국은 한민족이라고 하고, 천손족이라고도 하는데, 지구의 대한민국과 대한민국 별, 무슨 관계인가? 어떤 인연인가? 대한민국 이름은 조상이 지었겠지?

토망 - 어쩌면 이름이 같다는 건 통하는 게 있지 않았을까? 처음 이름을 지은 사람은 알고 있지 않을까? 누가 이름을 지었는지는 나도 모르겠다. 나도 궁금하다.

무시공 - 우리가 찾을게. 우리는 찾아낼 수 있다. 당신은 옆에서 보고 있어라. 자, 지구로부터 23광년 떨어진 대한민국 별의 대한민국이라고 이름 지은 존재 나타나시오.

[30억 광년의 이만금(남) 이라는 존재가 나왔다]

이만금 - 여기도 대한민국 별이다. 똑같은 별 이름이 있다.

무시공 - 그 두 군데 별 이름을 당신이 지었나?

이만금 - 위에서 차츰차츰 하위별로 가르치고 문화를 전달하여 내려가
는데, 그러는 과정에서 자기별 또는 행성의 이름을 지을 때, 힘 있고
그리고 영향을 많이 받은 별의 이름을 따서 짓게 되었다.

무시공 - 그래서 지구의 한국까지 내려오게 된 건가?
이만금 - 그렇게 본다. 지구에도 그 뿌리가 있을 것이다.

무시공 - 그럼 당신이 있는 별, 그 위로도 대한민국이라는 별이 있나? 위
에 어디까지 있나?
이만금 - 위에는 정확히 잘 모르겠다.

무시공 - 그럼 우리가 찾아 올라가자. 30억 광년 이상 대한민국 별 찾아
보자. 대한민국이라는 이름을 가진 별들이 많다니, 참 신기하군. 한
국을 지칭하는 여러 이름 중에 대한민국이라~~. 이번 기회에 뿌리를
한번 찾아보자. 우주의 조상을 찾아보자. 이만금 당신도 옆에서 보고
있어라.

[30억 광년 이상 대한민국 별 나타나라.]

☆ 50억 광년, 100억 광년, 5,000억 광년, 5억 조, 10억 조, 12억 조, 13억 조, 60억 조,
80억 조, 100억 조 광년에까지 있다. 그 이후로는 안 보인다. ☆

그럼 이제 100억 조 광년 최고 존재 나오시오.
고개 숙이는 인사법을 사용하는 어떤 존재가 나온다.

당신이 대한민국 우주의 최고 존재인가?

당신 이름은? (자꾸 모습을 바꾸어 나타난다)

실제 모습을 보이시오.

현정 - 내 이름은 '현정'이며, 맞다. 내가 있는 우주 이름이 대한민국이다.

무시공 - 지구에서 대한민국은 한민족이라고 하며, 천손족이라고 한다. 지구의 대한민국과 무슨 연관 있나? 있는 그대로 말하시오.

현정 - 우리는 우주가 탄생할 때부터 계속 어떻게 살아야 한다는 방법을 알려 주었고, 그것이 계속 퍼져나가면서 처음 태어난 그 별들이 계속 우주를 번창시켜 나갔다. 그래서 서로 자기별의 관습이나 그런 것들이 퍼져 나가면서 약간씩 변형도 되고, 창조에 창조를 거듭하면서 이렇게 큰 우주가 되었다.

무시공 - 왜, 우주 이름이 대한민국인가? 당신이 지었나, 아니면 누가 지었나?

현정 - 처음 태어날 때부터 대한민국이라고 지었다. 나는 여기의 대표.

무시공 - 대한민국의 조상이 하도 궁금해서 여기까지 찾아왔다.

현정 - 우주를 창조한 존재 중에 '안광옥'이라는 이름을 가진 존재가 있다. 그 존재가 만든 우주 중의 하나가 대한민국 우주다. 그 존재가 창조 당시 이름을 지었다.

무시공 - 당신과 안광옥과의 관계는? 그 안광옥도 살아있나?

현정 - 우리에게 그는 아직도 신적인 존재로, 살아있으며 믿고 따르는 존재다. (이렇게밖에 표현할 수 없다.)

무시공 - 그 존재를 본 적 있나?
현정 - 느낌으로만…. 우주 그 자체라고 느끼고 있다.

무시공 - 그 이상 우주가 있나?
현정 - 더 이상은 없다.

무시공 - 70억 조 광년의 스피아린이라는 존재 아는가?
현정 - 알고 있다.

무시공 - 당신 같은 높은 존재는 그 아래 차원에 누가 있는지 알고 있지?
현정 - 찾으면 알 수 있을 거다.

12명의 우주 창조자 명단

> 어디선가 가장 힘든 곳에서 이 우주에 반발하는 어떤 존재가 바꿀 것이라는 것을 알고 있었다. 우리가 이 우주를 창조하면서 발전하고 잘살려고 하였지, 못살고 힘들게 살려고 만든 건 아니지 않겠는가?

무시공 - 그러면 당장 당신 앞에서 당신이 신으로 인정하는 안광옥을 부르겠다. (형태가 없이 나타나서) 당신의 존재를 보이라 했다. 이 우주를 창조할 때 함께 창조한 존재들은 누구인가? 이 우주를 당신이 창조했나?

안광옥 - 12명의 존재가 12개 우주를 창조했다. 이 우주는 100억 조 광년 안에 모두 있다.

무시공 - 그 이름을 말해보시오.

안광옥 - 공개하겠다.

창조자 이름	우주 이름	창조자 이름	우주 이름	창조자 이름	우주 이름
안광옥	대한민국	겨먼	파우린	읍살	셔먼스
고태린	헤이먼	슈아링	교성부	우아민	성운
성부아린	서광	필라스	우테아리	성불	피아먼
괴론	테마비스	어울령	크리마비스	대통	우리운

무시공 - 이 우주는 언제 창조되었나? 지구인 언어로 표현해 달라.

안광옥 - 숫자로 표현하기가 힘들다. 그러나 굳이 말한다면 약 100조 년 정도 되었다.

무시공 - 12개 우주의 대표는 누구인가?

안광옥 - 대한민국 대표인 안광옥, 바로 나다.

무시공 - 12개 우주 중 어느 우주가 가장 앞서 있나?

안광옥 - 내가 만들어서 그런 게 아니라, 내가 창조한 '대한민국' 우주가 가장 앞서 있고 가장 빛난다.

무시공 - 오늘, 토종 지구인이 당신을 만나러 올 줄 예상했나?

안광옥 - 느낌은 있었지만 설마 했다. 듣긴 들었지만 이런 느낌일 줄 몰랐다.

무시공 - 우리도 지구인이다, 지구의 대한민국은 조그마한 나라. 인구가 남북 다 합하면 7천만 정도이다. 1억도 안 된다. 그 조상에게서 전해 내려오는 말이, 우리 조상은 하늘에 있다 하여 어느 하늘의 후손인가 항상 궁금했는데, 특히 오늘은 우주선이 스스로 우리 옆에 와서 그 존재에게 물어보니까, 23광년 떨어진 대한민국 별에서 왔다고 한다. 그래서 신기하기도 하고, 하도 궁금해서 당신 있는 곳까지 찾아왔다. 지구의 대한민국이라는 나라가 이 우주와 어떻게 연결되어 있나? 당신 위치에서 말해보라.

안광옥 - 연결돼 있지. 핵심이 연결돼 있지.

무시공 - 당신도 지구의 대한민국에서 무슨 일이 이루어지리라는 것을 알고 있나?

안광옥 - 나의 뿌리가 우주 끝에까지 생명이 갈 때, 그때를 기대하고 있었다.

무시공 - 12개 우주가 완벽하다고 생각하나? 미래에 변화가 더 있을 거로 생각하나?

안광옥 - 12개 우주가 있어도 층차가 있고, 완전치 않다는 것을 인정한다.

무시공 - 그럼, 당신이 있는 우주도 완벽하지 않고 한계가 있다는 걸 느낀다는 말이군.

안광옥 - 느낀다. 12개의 우주도 상하가 있고, 모두 층차가 벌어져 완벽하지 않음을 느낀다.

무시공 - 그것을 느꼈다면 바꾸려고 노력해보았나? 지금도 계속 노력하나?

안광옥 - 말도 못하게 노력했다. 지금도 물론, 항상 노력하고 있다.

무시공 - 새로운 우주의 탄생 가능성은? 너희에게도 이 우주가 바뀐다는 예언이 있었나?

안광옥 - 어디선가 가장 힘든 곳에서 이 우주에 반발하는 어떤 존재가 바꾸리라는 것을 알고 있었다. 우리가 이 우주를 창조하면서 발전하고 잘살려고 하였지, 못살고 힘들게 살려고 만든 건 아니지 않겠는가?

무시공 - 그건 당연한 말이다.

안광옥 - 그렇게 많은 시간이 가서 완전하기를 기대하지만, 그것이 아닐 때는 언젠가 바꾸자고 약속을 했다. 이 우주를 만들면서 한 약속이다.

무시공 - 그래서, 어떻게 하자는 약속이 나왔나?

안광옥 - 우리는 이 방법을 썼지만, 다른 존재는 어떤 방법을 쓸지…. 감은 잡힐 듯하지만 잘 모르겠다.

무시공 - 그럼, 토종 지구인이 여기까지 찾아온 것에 대해 당신 생각은 어떤가?

안광옥 - 90% 감이 온다. 이야기도 들은 바 있고. 이 우주에 저항하는, 이 우주를 바꾸려는 그 존재가 기다리다 기다리다, 참다 참다 이제는 참을 수 없는 지경이 되자 나왔다고 본다.

무시공 - 어디서 나타난 것 같나?

안광옥 - 지구라고 들었다.

무시공 - 어디서 들었나?

안광옥 - 아래 우주에서 정보들이 올라온다. 10억 조 이상에서 올라오는 정보들이다.

무시공 - 어떤 우주는 삭제당한 것을 아는가?

안광옥 - 현재의 우주를 바꿀 수 없다는 골수 반대파들이었다고 들었다. 그래서 그 존재들은 이 새로운 우주와 함께할 수 없다고 판단해서 삭제한 것이라고 알고 있다.

무시공 - 당신은 이 새로운 존재와 함께 동참해서 우주를 바꾸려는 마음이 있나? 아니면 그 자리 지키면서 저항할 생각이냐?

안광옥 - 저항은 아니고, 난 그냥 보고 싶다.

무시공 - 궁금해서 그냥 보고 싶다고?

안광옥 - 그냥 그 존재가 어떻게 하는지 보고 싶다.

무시공 - 그럼 그 존재를 지금 보려고 노력해봐라. 보이나 안 보이나?

안광옥 - 빛만 보인다.

무시공 - 그 빛하고 당신 몸의 빛하고 같은가 다른가?

안광옥 - 확연히 다르다.

무시공 - 내 몸의 빛을 그동안 본 적 있나?

안광옥 - 우주에서는 한 번도 본 적이 없는 빛이다. 그러나 지금은 우주에서 당신 몸의 빛만 보인다.

무시공 - 그 빛을 편안한 마음으로 받아들여 봐라. 어떤 느낌인지 느껴봐라. 실험 삼아 그 빛을 받아봐라. 당신에게 해가 되나, 도움이 되나?

안광옥 - 느껴보니까 우주를 다 감싸 안는 포근함이 느껴진다.

무시공 - 지금 그 빛이 어디서 나타나고 있는가?

안광옥 - 지구다.

무시공 - 지구 어디? 거기서 지구가 보이나?

안광옥 - 지금, 그 빛만 보인다.

무시공 - 그럼 그 빛이 당신 있는 우주까지 영향 주고 있는 것 같나?

안광옥 - 여기서도 보이고 느낄 수 있지만, 빛이 여기까지 온다.

무시공 - 지구 중에 어디서 밝은 빛이 나타나는 것 같나?

안광옥 - 대한민국이다.

무시공 - 더 자세히 세밀하게 보라. 그 빛의 뿌리는 어디인가?

안광옥 - 아~~대전이다. 이 빛의 뿌리가 대전이다.

무시공 - 정~~말 대전하다(대단하다). 거기서 대전까지 알아보다니. 당신은 정말 대전한 존재라 칭찬한다. ('대전하다'는 '대단하다'의 뜻을 가진 무시공 언어임)

안광옥 - 나는 온 우주에 함께 있으며, 온 우주가 나니까.

무시공 - 100억 조 광년의 존재는 너를 보이지 않는 신적인 존재로 느끼고 있는데, 그것도 사실이네.

안광옥 - 맞지. 내가 그 우주를 직접 통치하지 않고, 그냥 전체적인 존재로만 있으며, 또한 내가 직접 창조했다고 알고 있으니까.

무시공 - 70억 조의 우주 통치자 '스피아린'도 알고 있나?

안광옥 - 알고 있다.

무시공 - '스피아린'은 어디 있는 것 같나?

안광옥 - 지구에 많이 다녀온 것으로 알고 있다.

무시공 - 어떻게 소식 알았나?

안광옥 - 이 정보는 누가 나에게 꼭 알린다고 오는 게 아니고, 그냥 느끼고 있다.

무시공 - 어쨌든 오늘은 너무 고맙다. 23광년 떨어진 대한민국 별을 통해서 당신을 찾아서 고맙다. 지구의 대한민국 한민족이 어느 우주의 후손이라는 것이 이제 증명되었다. 고맙다.

안광옥 - 나도 이제 알아서 정말 기쁘다.

대한민국 우주의 창조자 안광옥

내가 창조한 '대한민국 우주'가 제일 앞서 있다.
지구의 대한민국 한민족이 어느 우주의 후손이라는 것이 이제 증명되었다.

무시공 - 12개 우주 중에 당신이 만든 대한민국 우주가 가장 앞서 있는 것도 더 반갑다.

안광옥 - 대한민국에서 불을 밝히니 나도 반갑고 기쁘다.

무시공 - 궁금하면 대전 센터에 언제 한번 살짝 와봐라. 대전의 무시공생명 훈련센터는 지구인의 훈련센터이다. 그 안에 우주의 비밀이 다 있다. 거칠고 형편없는 힘든 지구 밑바닥에서 시작하므로, 지금 보기에 좀 보잘것없지만, 우리 일은 꼭 이루어진다.

안광옥 - 소개해 주니 언제라도 가보겠다.

무시공 - 당신도 그 상황 보면 감동하여서 눈물이 나올 것이다.

안광옥 - 대단하고 훌륭하다. (박수 친다)

무시공 - 당신이 일이 꼭 이루어진다고 믿는다면 대전에서 만날 기회도 있을 것이다. 우리는 가장 거친 존재다. 지구가 얼마나 거칠면 우리도 이렇게 거칠겠나.

안광옥 - (벌써 대전을 둘러본다)

무시공 - (이 존재는 느낌이 아주 좋은 존재다.)

안광옥 - 밑바닥 존재라는 말, 듣기 미안하다. 밑바닥이란 말 들을 수밖에 없도록 만들어져 있어서 미안하다. 여기 대전은 지구의 존재들을 훈련하는 곳 같다. 훌륭하다.

무시공 - 훈련센터 좀 봐라! 돈이 없어서 개인이 돈을 빌려 훈련센터를 꾸미고 운영하고 있다. 부자도 아니고 완전 거지 상태에서 일이 이루어지고 있다. 믿어지나? (안광옥이 너무나 미안해하는 마음이 느껴진다.) 당신 지구도 봐라, 곳곳에 큰 빌딩도 많은데, 참 허접한 곳에서 우주작업을 하고 있다. 누가 믿겠나?

안광옥 - 우주가 눈물을 흘린다.

무시공 - 우리의 아픔, 우리의 힘든 것을 누가 알겠나? 그렇지만 우리의 일은 반드시 이루어진다.

안광옥 - 응원한다.

무시공 - 우리는 여기 지구에서 16년이나 무조건 끊임없이 해왔다. 이제 겨우 공부 받아들이는 존재가 나타나지만 조그만 공간에서 아직 100명도 안 된다. 제일 밑바닥에서 하니까 아직까지 인간들이, 생명들이 깨어나지 않고 힘들다는 것이다. 지금 가속도로 변하는데 지구에 70억 인구가 있고, 한국에 5천만 인구가 있는데 받아들이는 존재가 아직 100명도 안 된다. 얼마나 안타까운 심정인지 당신도 알 것이다. 당신은 무시공생명을 위하여 어떤 도움을 줄 수 있나? 빨리 안 깨어나면 지구의 70억 인구도 곧 도태당할 수 있다. 그러나 제일 밑바닥 껍질이 두꺼워 깨어나기가 너무 힘들다는 것이다. 당신도 이 상황이 진실로 보이면, 최선으로 힘을 합해서 우리 일이 빨리 이루어질 수 있도록 노력해야 한다.

안광옥 - 그런가? 그렇게 안 깨어나는가? 너무나 간단한 방법을 알려주는 것 같은데 그렇게 안 되나? 내가 어떻게 힘을 써야 할지 모르겠지만, 알려야겠다는 생각이 든다.

무시공 - 제일 먼저 우리 지구인을 빨리 깨우는 방법은 먼저 지구인이 한국 대전에 모여들도록 하는 것이다. 빨리 깨어나야 더 많은 생명이 살아날 수 있다. 안 깨어나면 머지않아 다 도태당한다고…. 그것이 우리 마음에 가장 안타까운 일이다. 당신은 무슨 방법이 있나? 지구인 껍질 녹이고, 어떻게 하면 빨리 깨어나게 하겠는가? 달걀처럼 껍질 벗어나 병아리가 더 큰 우주를 볼 수 있도록 말이지. 우리도 실제 제일 밑바닥 두꺼운 껍질 세상에서 일하려니까 힘들다. 우리도 같은 방식으로 벗어나게 하려니까 정말정말 힘들다. 우리도 인간 입장에서 껍질 녹이고 벗어나려 하니까 마찬가지로 힘들다. 그러니 인간들은 얼마나 더 힘들겠나?

안광옥 - 고생이 정말 많다. 내가 여기에 힘을 같이 합하고, 태양계 전체가 거의 하나의 에너지로 보이는데, 이 센터에 힘을 합쳐서 뭉쳐 있으면 도움이 되겠는가?

무시공 - 그래, 그것도 한 가지 방법이고. 지금 우리가 사람이 모인다 해도 100명도 안 채워지는 그런 공간. 더 모여든다고 해도, 공간이 좁아서 모여들 자리도 없고. 공부하는 사람들이 전부 돈을 빌려서 겨우 이 조그만 공간을 만들었다. 이것도 당신이 무슨 방법으로 도와줄 수 있나? 더 많은 존재들이 와서 공부할 수 있는 환경을 만들고 싶다. 우리 밑바닥 존재를 누가 알겠는가? 돈 있는 존재 누가 여기 투자하려고 하겠나? 누가 여기 지원하려고 하겠나? 우리를 믿지도 않는데, 그래서 진짜 곤란한 점이 이만저만이 아니다. 네가 직접 와서 체험해 보면 알 것이다.

안광옥 - 물질 세상에서는 물질이 따라와야 하는데….

무시공 - 그래서 우리는 물질에서 벗어나자 해도 물질에 감겨가지고, 벗어나질 못해. 그래서 내가 무슨 생각을 하는가 하면 돈이라도 많이 가지고 많은 사람들을 돈으로 도와주며, 이 공부 받아들이게 할 수 없을까? 그런 생각까지 하고 있다. 지구에도 수많은 부자들이 있지만, 그들은 본체만체하고 도와줄 사람이 없다. 우리가 하는 말이 거짓말인가, 진짜인가! 네가 여기서 함께한다면 오만가지 느낌을 다 느낄 수 있을 것이다. 앞으로 공부하러 오는 존재들에게 장소가 부족해서, 좀 움직일 수 있도록 준비해야 해. 지금도 200명이 오면 꽉 차서 움직이지도 못해. 그것이 현실이라고. 나중에 천 명, 만 명 모이면 어떻게 해야 할지…. 방법이 없지만, 이 일은 꼭 해야 하니까.

안광옥 - 물질이 많이 들어오도록 계속 전달하겠다. 나를 떠날 수 없게 만든다, 항상 이 자리에 있고 여기에 마음 두고 있겠다. 물론 나는 어디에나 있지만.

무시공 - 그래 고맙다. 당신 가장 높은 차원에 있다가 여기 왔는데 억울하지 않나?

안광옥 - 난 높은 차원에 있지만 여기 같이 있을 수 있다. 억울한 것 없다. 당신이 누구인지 궁금해진다.

무시공 - 나중에 우리가 누군지 알 것이다. 지금은 아직 알 필요가 없다. 그저 이것만 생각해라. 지구 제일 밑바닥에서 감히 우주 최고 존재를 찾아서 대화한다는 것을. 간이 커도 너무 컸다.

안광옥 - 미리 이야기 안 들었으면 믿지 못했을 수도 있겠다. 너무 고맙고, 내가 해야 할 일을 무시공 대전에서 하니까 더더욱 고맙고 신통방통하다. (이 표현이 맞을까?)

무시공 - 오늘은 무슨 인연으로 당신까지 찾아서 대화할 수 있었다는 게 너무나 영광스럽고, 앞으로 우리의 희망이 보인다. 곧 보자. 우리 일은 이미 이루어졌다. 오늘 당신을 만난 결론이다.

안광옥 - 고맙다, 곧 보자.

12명의 대한민국 우주의 대표

대한민국 별과 우주 존재들이, 지구의 대한민국이 터져 나갈 정도로 모여들도록, 그렇게 지구를 물갈이할 계획이다.

의식 높은 생명들이 지구에 태어나 전체의식이 높아지듯이, 높은 의식의 존재들이 모여들면 지구의 인간들은 저절로 녹아 서로 변한다.

이들은 종이 한 장 차이다, 모두 준비되 마음자세 하나 바뀌면 바로 무시공존재가 된다. 그래서 나는 여기 지구에서 시작할 뿐이라는 것이다.

◇ 토망(모선의 여자선장)에게 무시공 공부 ◇

무시공 - 토망, 이만금, 현정 모두 우리들(안광옥과 무시공)의 대화 들었나? 당신들의 뿌리까지 확인했는데 소감을 말해봐라.

그들 모두 - 흥미롭게 들었다. 나도 모르는 처음 보는 광경이었다. 뿌리까지 캐낸 것, 재미있게 보고 있었다. 상상도 못 했다. 여기서 이렇게 재미있는 체험을 할 줄은 몰랐다.

무시공 - 토망(모선의 여자선장)에게 궁금한 것이 있다. 여기 지구에 왜 왔나, 왜 우리 눈에 보였나?

토망 - 소문 듣고 찾아왔다. 대전이라는 곳에 새롭게 생명이 태어난다는 소문이 다 났다. 대한민국 상공에는 우주선도 많았고, 주변을 돌아다니며 찾다가 어떤 밝은 빛을 보고 그 근방에 있었다.

무시공 - 누가 너에게 알려줬나?

토망 - 금성인과 마탕카즈인들이 알려 주었다. 당신들과 대화하고 싶어서 우리의 존재를 살짝 보여줬다.

무시공 - 별의 통치자인 스마펀과 당신의 관계는 연인 사이라고. 그럼 당신도 보통 존재 아니네.

토망 - 그렇다, 보통 존재 아니다. 하하~

무시공 - 지구 나이로 몇 살인가? 오늘 소감은?

토망 - 지구인이라면 23세 정도. 정확히는 잘 모르겠지만 느낌이 좋다.

무시공 - 잘 모르겠다니. 당신을 통해서 100억 조 존재까지 찾아가 봤는데…. 당신은 그렇게 찾아갈 수 있어?

토망 - 못하지. 대한민국 이름을 지은 사람도 몰랐는데.

무시공 - 우리가 찾아냈지. 이 소식 너희 별에 알리면 모두 놀라겠지?

토망 - 놀라고 재미있어 할 것이다. 특히나 지구에서 알아 왔다고 하면.

무시공 - 그래서 너도 보이겠지만 대한민국 곳곳에 우주인도 많다. 보이나 안 보이나?

토망 - 보인다.

무시공 - 그래서 너도 이걸 믿으면, 그 별 인구가 60억이지 않나? 빨리 많은 존재를 지구로 파견하여 대전에서 무시공 공부를 하게 해라. 나중에 우리는 우주여행 하고 우주작업 한다. 다 강사로 나선다. 당신들 보라. 겨우 23광년이다. 우주는 크기가 100억 조 광년이나 되는 어마어마한 크기다. 거기서 우리를 기다리고 있다. 우리가 이 우주로 나가서 무시공생명을 밝힐 시대가 온다. 믿어지나?

토망 - 알아들었다, 하지만 믿어지나? 라는 물음에 대한 대답은 잘 못 하겠다.

무시공 - 그러니까 무슨 뜻인지 다 못 알아들었다. 아직도 마음에 윤곽과 벽담이 있으니까 자신 있게 대답을 못 하는 것이다.

토망 - 아~ 그런가?

무시공 - 우리에게 또 더 무엇을 확인하려 하나. 우리는 이런 존재다. 간단명료, 과감, 통쾌. 빙빙 돌리는 거 싫다.

토망 - 맞다, 뭔가 아직 상부에 보고도 해야 하고 확인하러 왔다.

무시공 - 그래, 알았다. 당신 별에 가서 알려라. 100억 조 광년의 대한민국 우주 창조주 최고 존재까지 우리 다 만났다고. 당신이 가서 말해도 다 안 믿을 것이다. 어떻게 그렇게까지 할 수 있는 존재가 이 우주에 있을 거라고는 상상도 못 할 것이다. 맞지?

토망 - 맞다. 그렇게 생각할 수 있을 거다. 있는 그대로 알리겠다.

무시공 - 너는 지구인보다 예쁜가? 미인 축에 들어갈 수 있나?

토망 - 나는 매력이 있다. 귀여운 매력.

무시공 - 한국 여자들처럼 잘생겼나? 우리는 한민족이니까~ 하하하

토망 - 약간 다른 듯 비슷하다.

무시공 - 어쨌든 23광년 우리와 가까운 곳에서 일부러 찾아와서 인연이 되었다. 이제 궁금증 많이 풀렸지?

토망 - 고맙다. 이제 상부에 그대로 보고할 것이다. 보고하고 또 만나길 바란다.

무시공 - 우리는 항상 대환영 ~

◇ 대한민국 우주 존재를 만나러 가다 ◇

무시공 - 대한민국 별과 우주 존재들이, 지구의 대한민국이 터져 나갈 정도로 모여들도록, 그렇게 지구를 물갈이할 계획이다. 의식 높은 생명들이 지구에 태어나 전체의식이 높아지듯이, 높은 의식의 존재들이 모여들면 지구의 인간들은 저절로 녹아 서로 변한다. 이들은 종이 한 장 차이다. 모두 준비되어 있다. 마음자세 하나 바뀌면 바로 무시공존재가 된다. 그래서 나는 여기 지구에서 시작할 뿐이라는 것이다.

◇ 12명의 대한민국 우주의 대표들이 한자리에 ◇

80억 조 광년 대한민국 우주대표 나오시오.

(뒤에 후광을 보이며 어떤 존재가 나타난다)

자신의 이름이 '토평을'이라고 소개한다.

80억 조 광년의 대한민국 대표 토평을

무시공 - 우주 이름이 왜 대한민국인가?

토평을 - 원래는 다른 이름이었는데, 중간에 바꿨다.

무시공 - 언제부터 바꾸었나? 지구 시간으로 알려준다면?

토평을 - 50조 년 전쯤 되었을까?

무시공 - 이름이 왜 바뀌었나?

토평을 - '코네오'라는 존재가 이름을 바꿨다. 우리의 직통(직계) 줄을 잊지
않기 위해서이다. 대한민국이라는 이름으로 나중에 찾아오는 존재가
있을 것이라는 이유로 이름을 바꾸었다.

무시공 - 그 위에 어디에 또 대한민국 우주가 있나? 어디까지 알고 있나?
위에 조상을 아니까 이름도 바꿀 수 있었겠지? 어디서부터 전달되었
나? 느낌으로 아는가, 아니면 실제로 알고 있는가?

토평을 - 우리의 최고 조상이다.

무시공 - 우주의 최고 존재냐, 아니면 당신의 위에 있는 조상이냐?

토평을 - 우리를 창조한….

무시공 - 그러니까 그 조상이 어느 위치에 있는 줄 아는가, 그 이름이 뭔가?

토평을 - 잘 모른다.

무시공 - 그러면 그 조상을 찾고 있나, 아니면 믿고 있나?

토평을 - 믿고 있다. 찾지는 못하지만 함께 있다고 믿고 있다.

무시공 - 그럼 우리가 찾아줄까?

토평을 - 당신은 누구?

무시공 - 우리가 80억 조 광년에 있는 당신을 알고 찾아왔는데 당신은 왜 우리를 몰라? 당신 조상이 누구인지 우리는 알고 있다. 소개해줄 수도 있다.

토평을 - 그럼 그날이 온 것인가?

무시공 - 100억 조 광년에 최고 존재가 있다.

토평을 - 어디서부터 100억 조 광년인가?

무시공 - 지구로부터 100억 조 광년, 당신 있는 곳으로부터 20억 조 광년 거리 위에 있는 최고 존재. 그곳 최고 존재 이름까지 알고 있다. 직선으로 통한다는 그 말, 여기서 증명되지 않나?

토평을 - 맙소사~ 훌륭하다. 우리는 그를 '마셜'이라고 불렀다. (여기서는 모두의 아버지라는 뜻) 그냥 믿어진다. 이런 날이 올 줄 알았습니다.

무시공 - 뿐만 아니라, 이 아래에도 쭉 연결되어 있다.

토평을 - 아래에 있다는 것은 알았지만, 정확히는 몰랐다. 지구에서 왔다고 했나? 그렇게 끝에까지 뻗어나가 있는 줄은 알았다.

무시공 - 지구가 우주에서 제일 끝이지? 제일 밑바닥이야~. 거기까지 우리 직선으로 통해 볼까? 조상 찾은 것 감동적이지 않나?

토평을 - 지구는 가장 끝, 바닥 맞다. 통하는 것 정말 멋진 일이다. 떨린다.

무시공 - 또 60억 조에도 대한민국이라는 우주가 있다. 우리 같이 찾아 볼까?

토평을 - 그래, 좋다. 구경하고 있겠다.

60억 조 광년의 대한민국 대표 설희랑

무시공 - 60억 조 광년 대한민국 우주 대표 나타나시오. 결국 우리가 가장 아래 밑바닥에서 위로 올라가 찾아 이어주네. (코네오와 함께 둘이 같이 나란히 있다.) 오히려 높은 곳에 있는 존재들인 당신들이 왜 잘 모르는지~~.

설희랑 - 내 이름은 설희랑이다.

무시공 - 대한민국이라는 우주 이름 원래부터 대한민국이었나?

설희랑 - 처음부터 대한민국이라는 이름이었다.

무시공 - 당신 위에도 똑같은 이름으로 된 우주 이름 있나 없나, 알고 있나?

설희랑 - 의식으로만 알고 있었다. 대한민국이라는 우주가 있겠다는 걸. 위에 무언가 뿌리가 있으니까, 여기서도 우리가 존재할 것이라고 생각했다.

무시공 - 그럼 궁금해서 찾으려는 생각 안 했나?

설희랑 - 문득문득 궁금하긴 했지만 찾을 수가 없었다. 창조될 때부터 내려온 이야기로만 기억하고 있다.

무시공 - 먼저 네 위에 20억 조 광년의 대표 소개해 주겠다.

설희랑 - (눈이 번쩍 띄어서 본다) 꿈인가 생시인가 그런다.

[서로 반갑게 인사한다.]

무시공 - 그리고 그 위에 40억 조 광년, 그 우주에게도 신과 같은 존재가 있다. 그가 이 우주의 창조주다. 그가 이 대한민국을 창조했다. 소개해줄까? 그가 너희 조상이며 창조주다. 간절히 보고 싶다면 소개해주겠다.

설희랑 등 - 보게 된다면 우리에게는 영광이다. 신(그 이상 표현이 안 됨)과 같은 존재. 하지만 분명히 존재하는, 존재 그 자체이다.

무시공 - 우리가 안 나섰다면 영원히 못 찾았겠네?

설희랑 - 그렇다, 누구신지?

무시공 - 아직 몰라도 된다.

안광옥 - 이들에게는 보이지 않고 느껴지기만 하는 존재였는데, 지금은 그들에게 맞추어서 보여줄 수 있다.

무시공 - 그렇지. 우리는 맞춤형이다. 낮은 차원에 가면 거기에 맞추어 주고…. 그래야 서로 소통되고 마음이 편하고 고저가 깨져버리잖아. 내 말이 맞아?

안광옥 - 맞다.

무시공 - 새로운 우주는 고저가 없다. 다 평등해. 다 같은 생명이니까. 맞지?

안광옥 - 크게 배우고 있다.

무시공 - 그래도 고맙다. 최고 존재라고 잘난 척 안 하고 너무 평범하게 하니까. 내가 행복하다. 설희랑! 당신은 아래층차에 대한민국 우주가 있는 것을 알고 있나?

설희랑 - 거리개념 없지만, 쭉 있다는 것을 알고 있다.

무시공 - 그럼 가까운 데 한번 말해봐라. 우리가 찾아서 희미한 줄 이어 보겠다. 당신 생각에 대한민국 우주가 계속 있다면 어디까지 있을 것 같나?

설희랑 - 아주 끝에까지 있겠지. '무주앙'이라는 존재가 대표로 있는 대한민국 우주 알고 있다.

12억 조 광년의 대한민국 대표 '무주앙'

무시공 - '무주앙'이라는 존재 나타나시오. 여기 있는 존재들 모두 옆에 함께 있다.

무주앙 - 지구와의 거리 약 12억 조 광년에 있는 '무주앙'이다.

무시공 - 대한민국 우주 이름 어떻게 지었나? 거기도 우주라 하나? 별 개념인가?

무주앙 - 거대한 우주이다. 대한민국 이름은 어떻게 지어졌는지 모르겠다. 창조될 때부터 그렇게 알고 있었다.

무시공 - 그러면 당신 생각에 더 위에 조상 있나 없나?

무주앙 - 분명히 있다.

무시공 - 그럼 당신 조상이 누군지 아는가. 궁금하지 않나?

무주앙 - 정확히는 잘 모르지만, 조상뿐 아니라 이 거대한 공간에서 우리와 같은 종족(?)을 다 만나고 싶다.

무시공 - 대한민국 우주 존재들, 그들을 한 종족, 한 민족이라고 하나? 당신은 뭐라고 하나?

무주앙 - 이름은 잘 모르겠지만, 정신 또는 마음은 비슷할 거라 생각한다. 뿌리이며 나의 일부, 또는 나의 모든 것이라고 생각해서 알고 싶다. 누군지 모르지만, 너무 감사하다.

무시공 - 당신의 48억 조 광년 위에 대한민국이라는 우주가 있다. 그 위로 또 20억 조 위의 존재, 거기서 또 20억 조 위의 존재. 그러니까 지구에서 최고 100억 조 광년의 존재까지 다 한자리에 모였다. 서로 인사하시오. 소개해 줄게. 이제 궁금한 것 다 풀리는가?

무주앙 - 너무 떨립니다. 그런데 나와 직접 소통될 수 있다는 게 더 놀랍다. 인사를 할 수 있다니. (모두 그렇게 이야기한다)

무시공 - 그래 오늘은 여기까지 소개해 주고…. 당신들 대한민국 우주의 존재들은, 모두 지구에 모여들 것을 요청한다. 당신들이 다 모여들면, 지구도 대한민국 지구로 변할 것이다. 그런데 지구, 제일 밑바닥에 있는 조그만 별이다. 맞지?

모두들 - 맞다.

무시공 - 그런 밑바닥 지구에 대한민국이라는 나라가 있다. 아주 먼지 덩어리만 한 곳이 대한민국이다, 놀랍지 않은가?

무주앙 - 생명력이 정말 질기다.

무시공 - 우리가 지구에 있고, 이 토종 지구인이 대한민국에 있다. 우리가 깨어나서 우리의 뿌리를 찾았다. 대한민국 창조주는 '안광옥'이다. 당신은 우리보다 더 높은 데 있으면서 왜 못 찾았나?

무주앙 - 무서운 존재들이 드디어 지구에서 태어났다.

무시공 - 그래도 우리 다 같은 종족이잖나?

무주앙 - 그래도 제일 무서운 사람들이다.

◇ 대한민국 우주와 지구의 대한민국이 한 줄로 연결 ◇

무시공 - 그래서 희미하게 연결된 줄을 우리가 한 줄로 이었다. 축하해야
지. 하하~

모두들 - 축하하면서 눈치를 본다. 여기(무시공존재)의 눈치를 본다.

무시공 - 힘들고 외로운 속에서 드디어 뿌리를 찾았다. 우리는 지구라는
밑바닥에 있고, 당신들은 우주의 고급 존재들이다. 우리는 당신들에
게 한 가지 요청한다. 무조건 당신들 우주의 대한민국 존재들을 지구
에 파견하여 가득 채워라. 지구를 대한민국 지구로 만들려고 한다. 응
원해 줄 수 있나?

모두들 - 아주 힘든 일이지만 응원하기 위하여 지원자들이 많이 나올 것
이다.

무시공 - 무조건 여기 와서 같이 살아야 한다. 지구도 옛날 지구가 아니
다. 멋진 대한민국 지구를 만들자. 당신들이 여기 가득 차면 그것이
바로 대한민국 지구가 아닌가? 물갈이해보자. 가능하다고 생각하는
가? 우리 지구 밑바닥에서 짓밟히고 살았다. 우리는 다른 요청할 것
은 없다. 대한민국의 뿌리 찾은 것은 우리가 한 일이고. 한 가족으로
모여 지구에서 같이 살자. 우리도 당당하게 좀 살아보자. 아름다운 대
한민국지구를 한번 창조해보자고. 지구는 워낙 낙후되고 변하기 정말
힘들지만, 물갈이가 목적이다. 잡동사니 다 섞여 있는 곳이 지구다. 이
제 완전히 깨끗하게 대한민국 종족이 지구에 쫙 깔려서 끝난다. 그렇
게 되면 지구로부터 100억 조 광년까지 한 줄로 통해버린다. 당신들도

여기 지구 대전에 오면 바로 변한다. 우리의 요청이 심하다고 생각하는가?

(어찌해야 할지 모르는 상황들인데, 안광옥이 나서서 그렇게 해야 한다고 한다.)

무시공 - 빨리 움직여 주길 바란다. 그래서 빨리 벗어나 보자. 힘들지만 영광스럽다는 것을 나중에 알게 될 것이다. 우리는 비록 지금은 가장 밑바닥에 있지만, 너희들 나중에 우리에게 배울 게 있다.

모두들 - 나중이 아니라 지금부터도 배울 것 있다.

(다 같이 박수친다)

무시공 - 대한민국, 이 이름은 참 잘 지었다. 지구에서도 이 조그만 나라가 대한민국이라는 큰 이름을 가지고 있는 것이 이상하다 싶었는데, 왜 그런 이름을 가졌는지 이제 알았다. 우리가 뿌리를 찾아주었는데 당신들이 좀 도와주는 것이 당연한 일 아닌가?

모두들 - 맞다. 할 말이 아무것도 없다. 함께하겠다.

무시공 - 나는 당신들 행동을 본다.

진짜 하는가, 말로만 하는가, 나는 그것을 관찰한다.

(안광옥이 뒤에서 엄청난 힘으로 밀어주고 있음을 느낀다.)

대한민국 우주와 별의 직계

안광옥 - 일전에 내가 당신이 누구냐고 물었던 적이 있었는데…. 지금 생각하니 어렴풋이 무시공 형님이 아닌가 하는 느낌이 온다. 이제부터 무시공 형님이라고 부르겠습니다. 무시공 형님 덕분에 내가 만든 대한민국 우주와 지구의 대한민국이 하나로 합해지는 놀라운 일이 일어났습니다. 이제는 온 우주에 '대한민국이 바로 무시공' 이라는 뜻으로 쓰일 것입니다. 우리는 이제부터 영원히 무시공 형님과 함께하겠습니다.

	지구와의 거리(광년)	대한민국 대표 이름
		대한민국 우주 창조자 안 광 옥
우주 차원	100억 조	현 정
	90억 조	사피안느
	80억 조	토평을
	60억 조	설희랑
	13억 조	대마천(붉은악마 같은 느낌의 가면 사용)
	12억 조	무주앙
	10억 조	프레이앙
	5억 조	브란뉘아
	5천억	백사자(백사자 가면 사용)
별 차원	100억	홍리마(여), 리그마(남) 공동대표
	50억	무푸레(여)
	30억	이만금
	23	스마펀

90억 조 광년 대한민국 우주 대표 '사피안느'

우주의 중간쯤에 왠지 '대한민국 우주'가 더 있을 것 같은 정보가 들어온 대한민국'이라는 이름을 가진 별과 우주가 많이 있겠지만, 80억 조 광년과 100억 조 광년 사이의 '대한민국 우주'의 대표를 찾아보기로 했다.

무시공 - 90억 조 광년에 대한민국 우주가 있으면, 대표 나타나시오.

[빛이 보인다. 주변 몇몇 존재가 양옆으로 뛰어나와 인사한다. 마치 '버선발로 나와 맞이하는 것처럼' 양옆으로 서서 우리를 맞이한다. 엄청난 빛만 보인다.]

무시공 - 빛을 거두고 실체를 보이라.

[빛을 거두라 하니 난쟁이 모습으로 보이다가, 실체를 보이라 했더니 거구의 남자가 나타난다.]

무시공 - 당신이 지구에서 90억 조 광년 떨어진 대한민국 우주의 대표인가?

사피안느 - 어서 오십시오, 환영합니다. [우리에게 키를 맞추어주며 인사한다] 맞습니다, 여기 90억 조 전체가 대한민국 우주이며, 이 우주를 대표하는 '사피안느'입니다.

무시공 - 지금 당신이 있는 이 우주 위에, 또 다른 대한민국 우주가 있는 줄 아는가?

사피안느 - 안다. 우리 위에 있는 존재이며 우주의 최고층이다.

무시공 - 그곳과 거리는 어떻게 되는가?

사피안느 - 지구 방식으로 한다면 여기가 90억 조 광년이니까. 지구 계산법으로는 여기서 10억 조 더 위에 있다.

무시공 - 그럼 지구로부터 100억 조 광년인데 그 위에 있는 존재가 누구인가? 당신이 만나 본 적 있는가?

사피안느 - '현정'이라고 부르는 최고 존재가 있다. 직접 만난 적은 없다. 그렇지만 항상 함께 있다고 생각되며 마음으로 통하고 있다.

무시공 - 더 위에는 무엇이 있나?

사피안느 - 그 위에 우주는 없는 것으로 안다. '대한민국 우주'를 창조한 창조자가 있다. 우리를 창조한, 광자 옥자를 쓴다. '안광옥'이다.

무시공 - 어찌 알았나?

사피안느 - 그 정도는 알고 있다.

무시공 - 당신 참 대전하다. ['대전하다'는 대단하다의 무시공 언에] 결국엔 있구나. 우리가 세밀하게 관찰 안 했으면 당신 빠졌을 뻔했다.

사피안느 - 100억 조와 창조자를 알고 있으면 됐지! 우리는 빠져도 됩니다. 우리는 하나이니까!

무시공 - 그래도, 하하하하~. 어쨌든 고맙다. 우리가 어디서 온 존재인 줄 아는가?

사피안느 - 들었다. 처음에 살짝 지구라고 이야기도 해주었고, 우주에서 가장 끝에 있는 지구가 새로운 생명의 시작점이라고 전해 들었다.

무시공 - 당신도 그런 방면에 관심 있나?

사피안느 - 그것이 새로운 순리니까 따라야지.

무시공 - 너무 고맙다. 우리 '대한민국'은 가장 밑바닥 거친 물질세상, 분자 세상인 지구에 있다는 거 알고 있나? 지구에서도 아주 작은 '대한민국'이라는 나라에 있는 존재다.

사피안느 - 알고 있다. 어쩌면 우리의 원하는 것이 모두 거기에 다 뭉쳐 있을 수 있다.

무시공 - 우리가 늦게 당신을 찾아서 미안하다. 빠뜨릴 뻔했다.

사피안느 - 아무렇지도 않다, 괜찮다.

무시공 - 아~ 당신 마음자세가 너무 좋다. 고맙다. 당신도 다 알고 있구나. 이제 대한민국 100억 조 광년부터 지구와 완전히 하나로 되어서 우리 새로운 우주를 창조하자.

사피안느 - 감사합니다.

무시공 - 우리가 곤란한 것이 있으면 부탁 들어줄 수 있나?

사피안느 - 얼마든지 가능하다. 대한민국 우주의 모든 존재는, 당신이 우리 모두를 대신하여 지구에서 고생하며 많은 일을 하는 것으로 알고 있다. 당연히 도울 준비가 되어 있다.

무시공 - 그래, 고맙다. 오늘은 첫 만남부터 바로 도움 요청하면 좀 미안하고 엉터리 같아서 인사만 나누고 다음에 다시 찾겠다.
사피안느 - 좋다.

무시공 - 시원시원해서 좋다.
사피안느 - 감사합니다. 반가웠습니다.

우주혁명(宇宙革命)

홍관변미관(宏觀變微觀)
행우변항우(行宇變恒宇)

제3장

우주개벽에 대한
예언

호피족의 예언

호피족은 가장 오래된 아메리칸 인디언이다
호피족의 예언은 돌판과 바위그림, 신탁에 숨겨져 있다.
석판에 별, 태양, V자, S선, 머리 없는 인간들의 표지와 그림들을 그려넣었으며, 호피족의
근거지인 오라비아 바위에 새겨져 있다.
1,000년 동안 전해 내려온 호피족의 예언은 호피 장로들조차도 정확히 해독을 못 했을
정도로 어려웠다.

'무시공생명'은 석판에 그림을 그려 인류의 흐름을 예언한 호피족을 불러내어 예언의 진실을 밝혔다.

◇ 위의 선은 물질세계, 아래 선은 정신세계 ◇

무시공 - 당신의 이름은 무엇인가?

돌파니 - 내 이름은 '돌파니'라고 합니다.

무시공 - 예언을 돌에 그린 사람이 당신인가? 그럼 예언은 당신이 한 것
인가?

돌파니 - 돌의 그림은 내가 그렸다. 예언을 압축시켜 돌에 그림으로 표현
했다. 예언은, 오래전부터 온 우주에 전해 내려오던 것이었다. 후대에

서도 알아볼 수 있도록 그림으로 남겼다.

무시공 - 그 그림은 1만 년 전에 그린 것이라고 하던데 언제 그렸나?
돌파니 - 1만 년 조금 더 되었다. 예언은 오래전부터 내려오던 이야기였다.

무시공 - 당신은 지금 어느 별에 있는가?
돌파니 - 수성에 있다.

무시공 - 1만 년 전에 수성에서 지구에 어떤 형태로 왔나? 많은 우주인들이 우주선을 타고 오는데….
돌파니 - 나는 지구에서 태어났다. 그전에도 지구에서 살았다.

무시공 - 당신이 그린 그 그림은 어떤 예언을 한 것인가?
돌파니 - 간단히 표현하면, 창조주가 두 가지 삶의 방법을 제시했다는 것이다. 두 선을 이용하여 서로 발전해나가는 과정과 멸망을 그렸다. 한쪽(위쪽 선)은 물질을 추구하는 것을 표현한 것이고, 다른 한쪽(아래쪽 선)은 신과 의식을 추구하는 것을 표현했다. 물질을 추구하는 부류와 정신과 의식을 추구하는 부류, 크게 두 부류로 나누어진다는 의미이다. 위쪽 선의 물질을 추구하는 자들은 끝없이 발전해가며, 끝없는 변동과 왜곡, 질서 없는 속에서 자리를 잡아가겠지만, 끝없는 방황 속에서 헤매야 한다는 것을 표현했다.

무시공 - 그렇다면 위쪽 선을 파장이라고 할 수 있지 않나? 그리고, 물질과 과학기술을 추구하는 존재는 후에 멸망하고 없어진다는 뜻인가?

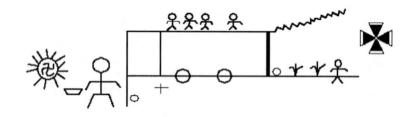

돌파니 - 맞다. 파장이라 표현할 수 있다. 물질문명은 겉으로 보기에는
차원이 높아 보이지만 반드시 사라지게 되어 있고, 아래쪽 선은 정신
과 의식을 추구하는 부류로 처음에는 여러 갈래 길로 가다가 하나로
모이고 뭉치게 되어 있기 때문에, 하나로 끝없이 나아간다.

무시공 - 예언의 그림은 두 부류로 분리되어, 하나는 영원히 살고 하나는
영원히 없어진다는 뜻인데, 그런 현상이 언제부터 이루어지는가?

돌파니 - 길을 잘 찾으면 영원히 존재한다. 분리되는 시기는 2차 세계 대
전(1939 ~ 1945)이 끝나고부터 50년 후쯤부터 보일 것이다.

무시공 - 그럼 지금 그 시기가 왔지 않나?

돌파니 - 맞다, 그 시기가 왔다.

무시공 - 그럼 지금, 지구를 보면 그 예언 어느 정도 이루어지고 있나? 언
제 확실히 분리될 것 같은가? 완전히 정신세계가 주도해서 자리 잡고,
물질추구의 시기가 사라지는 때는 언제일 것 같은가? 그리고 지금 지
구의 상황은 어떤지, 당신의 견해는 어떤지 피력해보라. 지금부터 지
구를 세밀하게 살펴보고 말해보라.

돌파니 - [진지한 표정으로 지구를 자세히 살펴본다] 얼마 전까지만 해도 물질이

정신을 앞서 있었던 것 같았는데…. 지구는 이미 정신이 앞서고 있다. [놀라는 표정을 짓는다] **특히 지구에서 한국이 가장 앞서가고 있다.** 물질과 정신이 같이 갈 수 있지 않을까 생각하는 사람도 있겠지만, 지금 계속 분리가 되고 있다. 지금 속도로 봐서는 너무 빠르게 느껴진다. 아까 이야기했듯이 그 변화의 시작점이 보인 것이 2차 대전 끝나고 50년 후인데, 그때가 대략 2000년이라면 그로부터 50년, 그러니까 2050년, 그때는 완전히 정리되지 않을까 싶다.

무시공 - 그때를 지구가 정리되는 시기로 보는가? 아니면 우주가 정리되는 시기로 보는가?

돌파니 - 지금도 빠르지만 시간이 갈수록 더 가속도가 붙기 때문에, 2050년에는 우주까지 정리되지 않을까 싶다.

무시공 - 당신이 표현한 그림의 예언은 누가 했나?

돌파니 - 그때 같이 살던 사람들은 다 알고 있었다. 조상 때부터 내려왔다. 지구 어디에나 그런 예언은 있다. 탄생과 발전, 두 부류로 나누어지다가 하나로 합하지 못하면 분리되어 하나만 선택되어 이어진다는 예언. 표현과 시기는 약간씩 다르겠지만, 물질과 정신이 하나로 합해지면 좋겠지만, 그것은 합쳐질 수 없기 때문에, 결국은 한쪽은 멸망하고 한쪽은 영원한 생명으로 나아감을 표현했다.

무시공 - 인디언과 한민족의 뿌리는 어떻게 다른가?

돌파니 - 인디언은 한민족과 한 뿌리라고 할 수 있다. 그때(1만년 훨씬 이전)에 거기서(한민족) 시작된 민족들이 지구 곳곳에 많이 뻗어 나가서, 미개하고 불쌍한 인간들에게 문명과 의식을 전했다. 우리도 선진 의식과 문명을 알리던 부류 중의 하나였고, 그때 여기에서 뿌리를 내렸다.

◇ 대한민국은 우주의 중심, 지구의 중심 ◇

무시공 - 당신이 지금 한국을 보니까 한국이 중심이 되어 있고, 물질보다 정신이 앞서 있다고 하는데, 그렇다면 도대체 왜 대한민국에 그런 힘이 작용하며, 어떤 이유로 인하여 대한민국이 우주의 중심이 되어 있다고 생각하나? 한국이 다른 민족보다 앞서 있는가? 그리고 무엇 때문에 한국에서 이루어지는지 말해보라.

돌파니 - 대한민국이 지구에서 마지막 역사를 시작하고, 또 그렇게 마무리하게 되어 있는 사명이 있는 걸로 알고 있다. 정확히는 잘 모르겠지만 그곳에서 이루어지도록 씨를 심어놓은 것 같다.

무시공 - 대한민국의 현재 상황을 지켜보라. 대통령 하야, 탄핵 등으로 떠들썩한데 당신의 관점으로 보면 어떤 결과가 나오겠는가?

돌파니 - 대한민국이 결국 더 강해지고 더 단단해질 것이다.

무시공 - 지금 일어나고 있는 현상들은 올바른 현상인가 아니면 정화 목적인가?

돌파니 - 이런 경우는 둘 다 해당이 된다. 대한민국은 그렇게 자체적으로 정화작업이 이루어지게 된다. 겉으로 보면 서로 헐뜯는 것 같지만 다시 자리를 잡아 가는 힘이 있다. 그래서 나는 믿는다. 잘해낼 것을….

◇ 호피족에게 우주 중심지 대전을 소개 ◇

무시공 - 당신은 지구에서 예언을 해놓고 수성에 있고 싶나? 여기 대한민국 대전이 새로운 우주 중심지인데 동참하면 어떤가? 지금까지 석판에 새겨진 예언을 놓고 인간들은 각자 자기 관점으로 해석을 해서 헷갈렸다. 당신에게서 직접 예언의 뜻을 들었기에 당신도 우리도 모두 행복하다. 지구인에게 이것을 직접 전달하면 많은 사람들이 깨어날 것이다. 고맙다, 그래서 이제부터 대전을 소개해 주겠다. 대전은 새로운 우주 중심지이다. 한반도 상공에 있는 수많은 고급존재와 우주선이 보이나?

돌파니 - 보인다. 너무 생동감 넘치고, 가서 같이 살고 싶은 마음이 든다. 겉으로 보기에는 다른 곳과 비슷하고 조용하게 보이지만 우주선이 활발하게 움직이고 정말 살아있다는 실감이 난다.

무시공 - 당신도 동참하라. 이제 완전히 대전에 와 있어라. 센터에 와서 공부도 하고. 당신이 예언한 것이 지금 대전에서 실현되고 있는데, 이 실전에 참여하는 게 얼마나 재미있겠나?

돌파니 - 예언을 보고 나를 어떻게 찾았는지 모르겠지만 불러줘서 고맙고, 반갑다. 이렇게 이야기 나눌 수 있는 것 자체를 상상하지 못했다. 너무 고맙다. 초대해줘서….

『사지서』저자와의 대화

『사지서』는 수천 년 전에 쓰인 것으로, 최근에 아르헨티나에서 발견된 예언서이다. 이 책은 중국인 교수가 문화 대혁명을 피해 외국 생활을 하던 중, 아르헨티나에서 5년이라는 긴 세월을 찾아다니, 원본을 발견하였으며 그중 일부분만 해석되어 중국에 있는 조카 문학가에 의해서 출시된 책이다.

◇ 예언의 주요 내용 ◇

시간이 사라진다, 영원히.

새로운 인간이 탄생한다.

만물과 대화한다.

우주의 꽃을 마크로 차고 다닐 것이다.

이 우주 학교에서 소수 우수자 학생만이 졸업을 한다.

동방에 해가 밝아진다는 것을 알려준다.

우주가 평화의 정보를 세계동방에 가져간다.

무시공 - 『사지서』예언서 저자를 조용히 불러내었다. 이름은 무엇이고, 어느 별에서 왔으며 그 별 인구는 얼마나 되는가?

블랑슈아 - 지구에서 15억 광년 떨어진 '오망'별의 '블랑슈아'다. 지구에서는 '데시앙'이라고 불리었다. 3~5천 년 전에 지구에서 두 번 살았다. 『사지서』는 그때 지구에 있을 때 썼다. 우리별의 인구는 대략 20억 정도이다.

무시공 - 지구 어느 나라에 있었나? 현재의 지명은 무엇인가?

블랑슈아 - 중국과 남미의 아르헨티나이다.

무시공 - 『사지서』의 예언은 어떤 의미로 썼는가?

블랑슈아 - 예언이라면 예언이라고 할 수 있다. 미래에 일어날 일을 보고
느낀 것을 그대로 썼다.

무시공 - 그 당시에는 어느 별에서 왔나?

블랑슈아 - 지구와 멀지 않은 곳에서 왔다. 『사지서』를 쓰기 위하여 지구
에 온 것 같다. 지구에 와서 이 작업을 마친 후에 내가 지구에 왜 왔
는지 알았다.

무시공 - 그렇다면 『사지서』의 예언이, 지금 지구에서 이루어지고 있는지
궁금하지 않았나? 관심이 있을 것 아닌가? 지구를 한번 봐라.

블랑슈아 - 나는 나를 믿는다. 분명히 이루어질 내용이고, 우리 별에서는
이미 알고 있는 내용이다. 나를 직접 건드려서 이야기해 주니까, 조금
깨어난 것 같다. 어쩌면 내가 무뎌질 수 있는데…. (정신 차리듯 고개를
좌우로 흔든다) 지금 지구를 보겠다. 나 지금 술을 상당히 마셨다. 정신
좀 차리겠다.

무시공 - 나중에 그 술 우리에게도 좀 줘라. 우리도 마셔보자.

블랑슈아 - 좋다. 지구에서 드디어 일이 벌어지고 있구나. 지구 밝은 곳을

찾았다. 아주 작은 도시의 점, 보석처럼 빛난다. 우주의 보석. 보석이 무한한 힘을 가지고 있다. 아~~ 정신 차려야지 안 되겠다.

무시공 -『사지서』에서 뭐라고 예언했나?

블랑슈아 - 결론적으로 말하면 우주 운명이 바뀐다는 것이다. 그거 하난데, 설명이 좀 길었다. 중간에 있는 설명은 실은 필요 없다.

무시공 - 아직 술에서 안 깨어났나? 술 깨고 다시 이야기하자.

블랑슈아 - 보석을 보았는데, 꼭 다시 불러 달라.

<u>다음날</u>

무시공 - 오늘은 술 안 마셨나?

블랑슈아 - 오늘은 멀쩡하다.

무시공 -『사지서』는 언제 썼나? 지구에서 밝혔나? 별에서 가져왔나?

블랑슈아 - 우리 별에서 먼저 알고 있던 것이다. 지구에 와서 내가 새로 본 것과 함께 그대로 썼다. 3~5천 년 전에 여러 지방을 다니면서 썼는데 아르헨티나에 정착해서 마무리되었다.

무시공 - 아르헨티나 어느 도서관에 보관되다가, 후에 소설책으로도『사지서』가 써졌다는데 그것도 아는가?

블랑슈아 - 그건 잘 모르겠다.

무시공 - 『사지서』 원본은 어느 정도 분량인가?

블랑슈아 - 40폭? 큰 종이로 40장 정도이다.

무시공 - 그럼, 언제부터 『사지서』의 예언이 이루어진다고 생각했나? 지구만 변하는 것을 썼나, 아니면 우주 변화를 함께 썼나?

블랑슈아 - 지구가 변하면 우주가 자연스럽게 변하고, 우주가 변하니까 또 지구가 변한다. 같이 변한다.

무시공 - 지금, 지구가 어느 정도로 변했나? 태양계, 은하계 수많은 별이 있는데 왜 하필 지구에서 이루어지나?

블랑슈아 - 50% 정도 바뀐 것 같다. 지구가 제일 마지막 자리, 끄트머리 자리이다. 아니 어쩌면 의식이 상당히 높은 지구다. 그래서 여기서부터 이루어지는 것 같다.

무시공 - 지금 지구를 보면 『사지서』 예언대로 이루어지고 있는가? 당신의 예언과 비교해보라.

블랑슈아 - 지구가 밝은 푸른 빛으로 보인다. 우주 공간에서 푸른 빛을 반사하고 있다. 지구가 때가 되어서 움직이는 건지, 어떤 조작에 의해서 움직이는 건지 잘 모르겠다. 예언은 분명히 이루어진다. 우주와 하나 되는 큰 과정은 지금 이루어지고 있다. 우주가 어떤 빛 하나로 물들었다.

무시공 - 더 자세히 봐라, 어디의 빛인가? 지구의 빛이 보통 빛과 같나?

블랑슈아 - 처음 보는 빛, 푸른 빛이다. 대전이라는 조그만 지역, 그 빛은

또 다르다. 여기서부터 시작이다. 벌써 많은 생명들이 몰려들었고 이
빛 속에 있어야 살아난다.

무시공 - 우리가 지적하고 알려주기 전까지는 몰랐지?
블랑슈아 - 맞다, 구체적으로 어떤 시작점인지는 잘 몰랐는데 이제 알았다.

무시공 - 이 대전의 빛에 영향받아 지구에 변화가 이루어진 후에는 지구
인이 얼마나 살아남겠나? 그리고 이 일이 언제쯤 끝날 것 같나?
블랑슈아 - 지구 변화 이후 살아남는 지구의 인구는 최종 5천만 정도이
다. 모든 우주작업이 끝나는 날은 2050년으로 보인다.

무시공 - 여기 대전의 빛은 생명의 빛인가, 물질의 빛인가? 15억 광년 떨
어진 당신이 있는 별에도 영향이 있나?
블랑슈아 - 생명의 빛이어서 생명들이 다 모여들고 있다. 우리 별뿐 아니
라 온 우주가 물들었다.

무시공 - 수많은 생명이 이 빛을 못 받아들이면 어떤 현상이 있을 것 같
나?
블랑슈아 - 함께 가지 않고, 합해지지 않으면 당연히 소멸되고 만다.

무시공 - 본인은 이 빛에 같이 참여하여 우주작업에 동참하고 싶지 않나?
블랑슈아 - 구경한다는 건 참여한다는 것 아닐까? 나는 구경하며 내 할
일 하겠다.

무시공 - 당신 별에서도 이런 지구의 변화 소식을 알고 있나?

블랑슈아 - 어디서나 관심 있는 존재는 특별히 더 느끼고 있지 않을까 생각한다. 하지만 내가 지금 본 것처럼 이렇게 자세히는 모를 것이다.

무시공 - 당신 별에도 미래의 우주에 관한 예언이 있을 것 같은데?

블랑슈아 - 당연히 우주의 예언은 있다. 끄트머리 별에서 피어난 꽃의 향기가 온 우주로 날아온다. 그리고 생명들이 날아와 온 우주를 바꿀 것이다. 가치관 또는 우리가 알고 있던 모든 것들이 완전히 뒤바뀔 것이다.

무시공 - 근래에 지구에 온 적이 있는가? 그리고, 지구인들과 대화해 본 적은 있나? 우리도 당신 눈에 지구인처럼 보이나?

블랑슈아 - 지구는 마음으로 보고, 곁에서 둘러 본 적은 있다. 당신은 지구인이라는데 좀 다르게 느껴진다.

무시공 - 내가 대전의 빛하고 같게 보이나? (빛을 보여주며)

블랑슈아 - 대전 빛하고 아주 비슷하다. 이런 빛은 본 적이 없다. 지구인이 이런 빛이라니! 놀랍다.

무시공 - 내가 지구에 이런 작업하러 왔다. 내가 당신을 찾은 이유는, 지구에서 『사지서』를 발견하고, 당신이 무시공이 하는 일을 몇 천 년 전에 어떻게 알고 예언했는지 궁금해서다. 그래서 당신을 찾아 대화해 보고 무시공의 우주작업에 동참하게 하려고 한다.

블랑슈아 - 무시공생명들이 여기서 시작을 하는군. 주인공들이 여기 있었구나. 놀라운 일이다. 나도 그러고 싶다. 대전의 빛 속에 파묻혀보고 싶고, 느껴보고 싶다.

무시공 - 당신이 지구에서 남긴 예언 영광스럽지 않은가? 그리고, 꼭 대전에서 만나자.

블랑슈아 - 영광스럽다. 하지만 모든 정보들이 내게 알려줬다. 나는 그것을 밝혔을 뿐이다. 알려주어서 감사하고 고맙고, 훌륭하다. 기대한다. 또 찾아달라. 대전에 가보겠다.

[당신이 우리 하는 일을 예언했기에, 사지서 예언 내용에 대해 몇 가지 물어보겠다.]

무시공 - 예언의 내용 중에 시간이 없어진다는 뜻은?

블랑슈아 - 영원한 시간을 갖는다는 것이다. 시간이 없어진다는 것은 공간도 없어진다, 또는 합해진다는 의미이다. 저 우주 꼭대기의 끝, 가장 높은 차원에서는 그럴 것이라고 예상하지만, 그 정도 차원이 아니라 완전히 합해지는 때를 말했다.

무시공 - 맞다, 바로 그것이 시공에서 무시공으로 바뀌는 것, 당신이 구체적으로 예언해놓았다.

무시공 - 우주공부에 졸업생이 얼마 없다는 것은 지구 이야기인가? 온 우주의 이야기인가?

블랑슈아 - 지구와 우주가 서로 같이 변하는 것이므로 지구 이야기는 곧 우주 이야기라고 생각한다. 졸업생이 적다는 것은, 우리가 만들어놓은 고정관념과 틀을 벗어나기가 쉽지 않을 것이므로 그 고정관념을 넘어가는 존재들이 적을 것이라는 뜻이다.

무시공 - 그렇다. 그것은 지구인뿐만 아니라, 온 우주 각 차원 존재들도 마찬가지로 받아들이기 힘든 것이다. 그 고정관점과 틀을 깨고 자신을 바꾼다는 것이…. 그래서 온 우주의 도태가 시작되었다. 온 우주의 대정화 작업이 시작되었다.

블랑슈아 - 맞다.

무시공 - 지구 인간들을 시공생명에서 무시공생명으로 완전히 바꾸려니 깨어나는 존재가 너무 적다. 이해도 못 하고 받아들이지도 못하고, 이것이 현실이다. 그런데 당신이 그것을 어떻게 알고 예언했는지 고맙고 감사하다. 지금 지구 인구가 70억인데, 5천만밖에 안 남는 것을 어떻게 알았나?

블랑슈아 - 나도 완전히 이해는 못했다. 지구의 정화 과정이 어찌 될지 상상 못 했지만 그런 확신과 믿음이 가는 확실한 정보가 들어왔다.

무시공 - 『사지서』에, 한 페이지 보고 다음 페이지를 열면 뒷장이 변한다, 없어진다는 말이 있는데 그 뜻은? 책 내용이 변한다는 뜻인가?

블랑슈아 - 첫째는, 해석에 따라 이해도가 달라진다는 것이다. 인간들이 각각 자기 입장과 자신의 관점으로 보기 때문이다. 둘째는, 지나고 나면 이해를 못 하기 때문이다. 도저히 알아들을 수 없는 말로, 넘기고 나면 지워질 것이라는 의미다. 상상을 못 하니까….

무시공 - 우리의 『무시공생명의 발견』. 이 책도 읽는 사람들이 책이 계속 변한다고 한다.

블랑슈아 - 아~~~맞다, 이런 진리의 책들은 각자 받아들이는 정도와 이해도에 따라 다를 거다. 실행을 안 하면 또 잊어버리고….

무시공 - 원래 상태로 돌아가고, 맞다.

무시공 - 수정이 때가 되면 말한다는 뜻은 무엇인가?

블랑슈아 - 수정은 투명한 100%이다. 깨어난 존재를 비유한 말이다. 수정이 살아서 이야기하는 것이 아니고, 그렇게 귀한 존재들이 깨어나서 이야기를 할 것이라는 뜻이다.

무시공 - 100% 깨어난 존재는 지구인인가, 우주의 존재인가?

블랑슈아 - 지구인은 우주혼혈족이다. 지구인, 우주인 개념이 없지만 아무래도 나처럼 지구에 와서 열리고 깨어날 존재를 말한다.

무시공 - 그럼, 그렇게 지구에서 깨어난 존재를 지구인과 우주인들이 알아볼 수가 있겠나?

블랑슈아 - 당연히 못 알아본다. 처음에는 깊숙이 숨어 있다.

무시공 - 우리 무시공이 2000년도부터 오늘까지 16년 동안 무시공생명은 기존 우주 존재(시공우주)가 아니고, 다른 우주(무시공우주)의 존재라고 아무리 설명해도 그 누구도 안 믿는다. 이제 겨우 개별적으로 깨어나서 무시공이 지구인이 아니라는 걸 조금씩 알게 됐다. 2000년도부터 오늘까지 무조건 끊임없이 우리를 소개하고, 우리를 밝혀도 인간은 우리를 안 믿더라. 숨어 있었던 것도 사실이고, 인간이 못 받아들이니까. 그런데 당신은 그것을 잘 알고 있네.

블랑슈아 - 맞다. 밝혀도 못 알아듣고, 수백 번 책을 읽어도 또 잊어버리듯이 고정 관념, 틀 안에서는 절대로 알 수가 없다.

무시공 - 지금도 우리를 지구인으로 보고, 지구인보다도 더 불량인간으로 보고 우리를 멸시하고 있다. 외계인들도, 다른 별에서 온 존재들도 우리를 안 믿는다.

블랑슈아 - 그럴 수밖에 없다. 마찬가지로 우주인들도 엄연히 고정관념의 존재들이기 때문이다. 또 그렇게 생겨났기 때문에, 이해를 못 하니까 그럴 수밖에 없다.

무시공 - 당신과 대화하니까 통한다. 당신이 예언한 것이 이루어지니까 더 잘 통한다. 빠른 시일 안에 대전에 와서 이야기 나누는 것이 좋겠다.

블랑슈아 - 기대한다.

무시공 - 예언서의 깨어난 존재는 모든 생명과 대화할 수 있다. 그들은 만물과 대화한다, 그 뜻은 100% 깨어난 존재를 말하는가, 진짜 그런 능력 있나?

블랑슈아 - 한 사람이 먼저 깨어나면, 주변에 일체 생명이 다 같이 깨어나고 있다는 의미이다. 이렇게 100% 깨어난 존재가 있기 때문에 우주가 바뀌는 것이고, 만물과 소통이 되지 않으면 어떻게 우주가 바뀌겠는가? 만물과 당연히 소통이 되어야 바뀌겠지요.

무시공 - 당신이 예언한 것 정말로 정확하다. 실제 우리 무시공은 일체를 만물로 보는 그 단계를 넘어, 일체를 생명으로 본다. 그래서 대화할 수 있다. 우리가 말하는 대화는 인간이 말하는 대화하고는 근본원리가 다르다. 지구인들이 도 닦아서 식물이나 동물과 대화하는 것과 우리가 말하는 대화와는 그 근본 원리가 같지 않다.

블랑슈아 - 당신은 내가 생각했던 것보다 한 단계 더 위다. 차원이 다름을 느낀다.

무시공 - 우리는 돌멩이고 무엇이고, 일체를 생명으로 보았기 때문에 일체 현상으로 대화하고 있고, 현실로 이루어지고 있다. 사실이다. 그래서 당신이 예언한 것이 고맙고, 감사하다. 어떻게 우리가 하는 일을, 우리 무시공의 마음을 잘 알고 있는지 놀랍다. 그래서 궁금해서 당신을 찾았다. 그리고 꼭 대전에서 만나자.

블랑슈아 - 맞다, 훌륭하다. 나도 배웠다, 일체를 생명으로 보니까 소통이 된다는 것 감사한 마음을 전한다. 만남이 기대된다.

600년간 해독을 못 한 미스터리 책

'보이니치 필사본'으로 불리는 600년간 단 한 글자도 해독이 되지 못한 암호로 이루어진 세계의 미스터리 책을 만든 우주인 저자인 '오말로'를 불러내어 대화를 나누었다.

무시공 - 당신의 현재 위치는 어디이며 이름이 무엇인가?

오말로 - 지구로부터 5,600만 광년 거리에 있는 '백문동' 별의 '오말로'이다.

무시공 - 인간이 발견한 이래 600년간이나 해독이 안 된 '보이니치 필사본'의 진짜 이름은 무엇이며 어떤 내용을 담고 있나?

오말로 - 책 이름은 『천문서』이다. 『천문서』는 한국의 『천부경』과 같은 성격의 책으로 지구 50억 년의 역사를 기록한 것이다. 지구의 역사가 시작된 이후부터 태양계가 여자 통치자로 바뀐 후 새 지구가 탄생하기까지의 과정이다. 한마디로 지구의 DNA를 설명한 책이다. 식물이 나고, 동물이 나고, 사람의 탄생 등 지구의 진화와 변화가 설명된 책이다.

무시공 - 당신이 보기에 인간의 의식 변화는 어떻게 이루어졌나? 앞으로는 어떻게 변화할 것으로 보이는가?

오말로 - 지구의 의식은 히틀러가 세계 2차 대전을 일으키고부터 급격히 상승했다. 그때부터 영성계에 뉴 에이지(New Age)가 드러나기 시작하면서 도가 난무하는 혼란스러운 시대로 들어섰는데, 2010년 이후 급

격한 혼란을 겪고, 그 이후 10년이 지나, '무시공생명'이 태어나면서 지구에 새로운 생명의 탄생이 시작될 것이다. 그리고 정화 작업은 2030년이면 끝나고 지상낙원이 온다.

오말로 - 우주에는 수많은 부정 에너지를 가진 별이 있다. 이 별들이 지구의 블랙홀로 다 빨려들어 오고, 또 지구에 와서 '무시공생명'을 배워 새로운 별로 탄생하고, 그 새로운 별들이 모여 새로운 우주가 탄생한다.

무시공 - 『천문서』가 발견되고, 한 글자도 해독이 되지 않는 이유는 무엇인가?

오말로 - 『천부경』 등 많은 예언서들은 긍정의 에너지가 많이 포함되어 다각도로 풀어졌다. 그러나 천문서는 지구가 성장해 가는 과정에서 긍정의 측면보다는 수많은 고통을 겪으면서 성장한다는 부정의 에너지 때문에 해독이 불가능하였다. 그런데 감히 풀지 못한 천문서를 무시공이 풀어내는 것을 보니 너무나 놀랍다.

무시공 - 지구의 과학자들은 지구의 역사를 45억 년으로 추정하는데 지구의 정확한 역사는 얼마나 되는가?

오말로 - 지구는 50억 년 동안 비물질로 준비되는 과정을 지내다, 50억 년 전에 이원물질의 지구가 탄생하였다. 그러니까 정확한 지구의 역사는 50억 년이며, 준비되는 과정을 합하면 100억 년이라고 할 수 있다.

무시공 - 수많은 별들 중에서 지구에 이런 예언을 남긴 이유는 무엇인가?

오말로 - 지구만이 새로운 우주를 만들 수 있는 환경이 되었기 때문이다.

그래서 지구에 와서 예언을 하고 갔다. 나는 예언만 해놓고 떠났지만 지구를 보니 너무나 아프고 고통스러워서 그때 떠나곤 한 번도 안 왔다. 그러나 한 번도 지구를 잊은 적이 없다. (눈물 짓는다) 나의 예언은 태양계의 최고 통치자가 여자가 되고, 그 후 새로운 지구가 탄생한다는 것과 지구가 온 우주의 중심지가 된다는 것까지다. 그 후 나는 지구의 고통을 겪을 수 없어서 떠났다. 지금도 계속 지구에서 육화해서 살고 있는 지구인들이 너무나 존경스럽고 대단하다. (눈물을 흘린다)

[이 우주에서 최상위인 70억 조 광년의 최고 존재도, 자기 우주는 한도가 있다는 것을 알고 대전에 와서 배우고 있다고 하니 놀라워한다]

하늘의 밀서(천문서)

최근 북한의 핵개발과 미사일 발사 등 북한의 도발과 관련하여 중국의 역할에 관하여 고심하면서 중국 고위 관료와 대화를 나누다가 우연히 '하늘의 밀서'에 대한 얘기를 들었다.

◇ 중국의 고위 관료인 ooo과의 대화 ◇

무시공 - 당신은 어느 별에서 왔나?

중국ooo - 지구로부터의 거리 약 20광년인 '고망'별에서 왔다. 중국을 지키라는 명령을 받고 파견 나왔다.

무시공 - 왜 중국을 지켜야 하나, 중국을 지키는 이유는 무엇인가?

중국ooo - 성인이 나오는 땅이라고 해서 지켜야 한다.

무시공 - 성인을 보호할 목적인가, 아니면 성인을 없애려는 목적인가?

중국ooo - 성인을 지키는 목적도 있지만, 그에 앞서 그가 나오는 땅이니까 지킨다.

무시공 - '고망'별의 대표는 누구인가?

중국ooo - '고주망'이다.

무시공 - 지금도 서로 소통하고 있나?

중국ooo - 의식으로만 소통하고 있다.

무시공 - 너희가 나온다고 한 성인은 나타났나, 찾았나?

중국ooo - 성인을 찾는 것까지는 여력이 없어졌다. 내 본 임무는 중국 땅을 지키는 것이다.

무시공 - 지킨다는 것은 누가 침범한다는 뜻인가?

중국ooo - 그런 것보다는 중국을 주변 국가들이 무시 못하게 강하게 만들기 위해서다.

무시공 - 현재 북한을 돕고 있는가? 개입을 하고 있나?

중국ooo - 우리가 북한의 일에 개입하면 세계전쟁이 일어날 수도 있다. 그렇기 때문에 개입은 안 한다.

[자세한 내용은 생략]

무시공 - 그럼 만약 세계전쟁이 일어난다면 마지막에 누가 남을까? 당신이 보이는 대로 말해보라.

중국ooo - [놀라는 표정으로] 남한만 살아남는 것으로 보인다.

무시공 - 왜 하필 그 작은 남한만 살아남나?

중국ooo - 나도 모르게 남한이라고 대답한다.

무시공 - 오호~ 당신 정말 잘 봤다. 우주 존재들은 열려 있는데 이원념(부정 마음) 때문에 자기 차원에서 막혀 있다. 우리는 무시공생명이기 때문에 일체가 다 열려 있다. 그래서 이 우주의 어느 누구하고도 대화할 수 있고, 우리와 대화하면 자기 자신도 모르게 미래가 보여서 답이 나온다. 하지만 이원념 입장에서는, 낮은 차원에서 위의 차원과는 대화 못 한다. 위에서 아래하고는 대화할 수 있지만, 차원 때문에 장막이 있다. 우리가 지금까지 수없이 해온 우주작업 과정에서 모든 것이 증명되고 있다. 우리 무시공생명은 이 우주 어디든지 일체의 공간을 다 뚫고 들어갈 수 있다. 그런데 시공에서는 차원 때문에, 이원(二元) 마음 그 자체가 벽담이라, 위에서 밑으로는 소통을 해도, 밑에서 위로는 소통을 못 한다. 우리 무시공은 이 우주의 일체와 다 소통할 수 있다. 그러나 저들은 우리와 소통을 할 수가 없다. 그래서 '네 안에 내가 있고 내 안에도 네가 있다. 그렇지만, 네 안에는 내가 있지만, 내 안에는 네가 없다' 바로 그 뜻을 내가 암시했다. 그동안 내가 한 말이 이 우주작업을 하면서 증명이 되고 있다. 이런 것이 현실로 나타나면 놀라운 일이 벌어진다.

◇ 20광년 떨어진 고망별 고주망과의 대화 ◇

<u>중국에서 태어나는 성인을 보호한다</u>

[중국에 ㅇㅇㅇ을 파견한 고망별의 대표를 찾는다. 대표 이름은 '고주망'이다.]
고주망 - [나와서 인사부터 한다.]

무시공 - 고망별의 인구는 얼마나 되나? 별의 존재들을 파견하는 이유는 지구를 도우려는 것인가, 아니면 일부 외계인처럼 노예 또는 식민지화 하려는 목적인가?

고주망 - 여기는 아주 작은 행성으로 인구는 약 5천만 명이며 지구와 하나가 되면 양쪽 다 좋을 것이라 생각한다.

무시공 - 그 별에서 지구에 얼마나 많은 존재들을 파견했나?

고주망 - 지구에 총 20명을 보냈고, 그중에 한국에는 3명을 보냈다.

무시공 - 중국 ooo도 당신이 파견했다고 하던데?

고주망 - 맞다, 그러나 그 사람이 선택한 것이다. 그의 의견이 중요하다.

무시공 - 3명을 한국에 파견한 목적은 무엇인가?

고주망 - 우리 별과 연결고리를 만들기 위해서다. 그것이 평화든 파괴든 아무 상관 없다.

무시공 - 중국에 그를 파견한 이유는?

고주망 - 아주 오래전, 지구에서 살다(다녀)온 존재가 지구의 중국과 동방 쪽에서 어떤 새로운 생명이 태어나는데, 그가 지구를 바꾸고 우주를 바꿀 것이라는 예언을 우리별에 와서 이야기했다. 그래서 중국에 ooo 을 파견하게 됐다.

무시공 - 그것을 밝힌 사람이 누군가? 찾아봐야겠다.

고주망 - 그 존재 이름은 '브란뉘아'이다.

무시공 - 그는 지구 시간으로 언제 왔나?

고주망 - 대략 1,500년 전에 다녀갔다.

무시공 - 그 예언을 당신은 믿나?

고주망 - 믿는다.

무시공 - 그 예언이 이루어지고 있다고 믿는 것인가?

고주망 - 당연히 이루어지고 있다고 믿는다.

무시공 - 그 예언을 이루는 새로운 존재가 지구만 바꿀 수 있다던가?

고주망 - 우주를 바꾼다고 했다. 우리 별은 소행성이고 힘이 약해서, 그런 날을 기다리고 있다.

무시공 - 그 외에 당신의 별에 다른 예언은 없나?

고주망 - 이 우주는 창조될 때부터 불완전한 우주로 창조되었다고 한다. 그래서 완전한 우주로 가기 위해서 계속 진화하고 있고, 그것을 이루기 위한 존재가 나타난다는 그런 예언이 있다.

무시공 - 그 예언은 어디로부터 왔나?

고주망 - 우리 별에서 내려왔지만, 우주에도 있는 이야기일 것이다. 우주는 서로 통하고 같은 마음이니까.

무시공 - 중국에 당신이 파견한 ooo의 말로는, 중국 대륙에서 성인이 온다기에 중국을 지키고 보호하기 위해서 왔다는 뜻으로 말하는데 그것이 맞나?

고주망 - 그런 생각이 물론 있었고, 그런 와중에 지원자들이 나왔다. 그 중에 한 명이 중국에 간 것이다.

체험하고 열어주니 윤곽이 없어진다

무시공 - 당신 마음이 너무 아름답고 긍정적이다. 그래서 지금 지구의 변화를 당신에게 밝힌다. 나는 토종 지구인이다. 토종 지구인이 이제 깨어나서, 가이드 역할 한다. 우리가 안 보여주면 모르기 때문에… 지구와 대한민국 그리고 대전을 소개하며 열어준다. [중국 ooo 함께한다.] 20광년의 별이라면 지구와 가까이 있다. 이쪽(지구)으로 와서 우리와 하나 되자. 당신은 긍정적인 마음이고, 많은 준비가 되어 있다.

고주망 - [처음에는 많은 껍질을 쓰고 가리고 있었는데, 지금은 다 벗어버린다.] 우리가 알고 있던 지구가 아니다~. 땅이 아닌 빛의 지구로 보인다.

[거의 모든 외계인과 우주 존재들이 비슷한 말을 한다.]

무시공 - 우리 무시공이 이원물질로 싸여 있는 지구를 계속 삭제할수록 더 밝아지고 윤곽도 깨지고…. 그럼 우리도 같이 변한다.

고주망 - (지구를 보며) 왜 한국의 남쪽만 밝을까? 그 중심에 대전이라는 곳이 있고!

무시공 - 그곳에 지구인 훈련센터가 있다. 비, 공, 선, 지를 외우면 당신들도 다 바뀐다. 이것이 우주를 바꾸는 비결이다. 『무시공생명의 발견』 책도 있고, 중국어판도 곧 나온다.

고주망 - [대전의 무시공생명 훈련센터 곳곳을 자세히 둘러본다.]

　[대전 상공의 우주선을 보고, 높은 차원의 존재들을 확인한다.]

　[주변의 존재들과 인사도 나눈다.]

무시공 - 지구와 대전센터를 방문한 소감은 어떤가?

고주망 - [좋아서 계속 웃고 있다.]

중국ooo - 새로운 우주의 시작점이라는 곳이 남한이었나?

무시공 - 당신들은 안 보여주면 모른다.

고주망 外 - 어떻게 알겠습니까? 이 넓은 우주에서…

무시공 - 당신들의 마음이 긍정적인 마음이고 준비되었으니까 소개해 준다. 부정마음을 가진 존재들은 죽었다 깨어나도 모른다. 멸망의 길에 들어서고 내일 죽는다고 해도 모른다. 너희는 우리를 위해 준비된 존재이므로 너희를 살릴 것이다. 우리와 같이 손잡고 우주작업에 뛰어들자.

고주망 外 - 고맙습니다.

무시공 - 잘하려면 이 무시공 공부를 받아들이고, 비, 공, 선, 지를 외우며 변화해야 한다. 동의하나? 둘 다 우리와 손잡고 끝까지 할 수 있나?

고주망 外 - ….

무시공 - 주변의 부정적인 별들이 많이 삭제된 것 알고 있나? 우리 무시공의 일을 방해하고 대립하는 그런 별들은 지금도 계속 삭제되고 있다. 그런 이야기 들어보았나?

고주망 外 - 들어봤다, 그것이 진실이라면 끝까지 같이 하겠다.

무시공 - 다시 한번 봐라! 진실인가 거짓인가, 이렇게 다 보여줬는데도 못 믿나?

고주망 外 - 그래요, 나보다 높은 존재들이 먼저 와 있는 것을 보고, 이 진리를 읽어보니까 마음에 와 닿습니다.

무시공 - 당신들이 우리 무시공을 믿으니까 열어준다. 그 후에 당신의 별을 보면 당신 별도 바뀐다. 자~~ 이제부터 열어주는 데 동의한다면, 체험을 시켜주겠다.

고주망 外 - 열어주시면 감사하지요~

무시공 - 그럼 둘 다 열어준다.

[체험]

이런 경험은 당신들 평생에 겪어본 적도 없고, 또한 그 누구도 이렇게 체험해주고 열어주는 존재가 하나도 없다. 이렇게 해야 네 안의 진짜 생명이 깨어나고, 새로 탄생한다. 그 생명은 우리 무시공생명하고 하나다.

고주망 外 - 네, 알겠습니다.

[빠르게 열려서 윤곽이 없어진 상태가 되었다.]

열린 후 새 생명으로 보이는 지구와 우주

무시공 - 지금의 마음 상태로 지구와 당신들의 별을 봐라. 당신들 때문에 별도 바뀌고 있다. 당신들의 별도, 지구도 대전도 더 밝아지고 있다. 구경해봐라.

고주망 外 - 우리 별도 많이 밝아졌다. 아직 지구와는 비교할 수 없지만, 많이 밝아졌고 연결되어 있다.

무시공 - 당신의 별 주변과 비교해보면 당신의 별이 가장 밝다.

고주망 外 - 맞다, 정말 그렇다. 지구가 너무나 표현도 못 하게 밝다.

무시공 - 태양계 전체가 밝아졌다, 태양계 전체가 블랙홀이다. 온 우주가 이쪽으로 빨려온다.

고주망 外 - 우주에서 독보적으로 이 빛밖에 안 보인다.

무시공 - 고맙다, 당신들은 이제 우리하고 같은 생명이다.

고주망 - [고맙다며 눈물을 흘린다.]

중국000 - 고맙다.

무시공 - 별은 여기에 있어도 관리할 수 있으니까 완전히 대전에 와서 아스타 등과 손잡고 열심히 해라. 할 수 있는가?

고주망 外 - 할 수 있다.

[고주망은 자꾸 변한다. 처음에는 외모가 약간 이상한 외계인이었는데 주변의 것을 자꾸 벗어던지니, 차츰차츰 잘생긴 남자로 외모가 계속 변한다.]

무시공 - 당신 별에서 많은 존재들을 한국에 파견해라. 그래야 당신의 별이 지구와 하나가 된다. 여기 와서 빨리 배워서 5천만 인구에게 빨리 빨리 전달하자.

고주망 - 내가 하겠다.

무시공 - '중국 ooo', '고주망' 이제부터는 스스로 모두 한반도를 지켜야 한다. 북한이 한국을 괴롭히면 용서 못 한다. 그들(북한)은 이미 로봇이 되었다. 그들은 영체에 불과한 존재들이 되었다. 당신(중국 ooo) 권력으로 가능할지 모르겠지만, 경제 방면에서도 북한을 차단해라. 이제는 도와줘도 아무 소용이 없다.

중국ooo, 고주망 - 알겠습니다. 그 마음과 함께하겠습니다.

◇ 우주를 구원하는 중국의 성인 탄생을 예언한 '브란뉘아'와의 대화 ◇

<u>당신이 우리가 기다리던 그 예언 속의 '그'라고 믿겠다</u>

[이제 중국에 성인이 탄생한다는 예언을 밝힌 존재를 찾아보자.]
[1,500년 전 중국에 왔던 '브란뉘아'에게 묻는다.]

무시공 - 지구에 1,500년 전에 와서 그 예언 어디서 들었나? 지금 이 우주가 그 예언대로 이루어지고 있다고 생각하나? 1,500년 전 중국 어디에서 무엇을 했고, 당신은 예언 안 했나?

브란뉘아 - 그 당시 유명한 사람은 아니고, 그저 선비처럼 공부했다. 그 당시 우주선 타고 지구에 와서 지구인 육신 속에 잠깐 있었다. 중국

장원이라는 곳에서 살았다.

무시공 - 장원? 임금 있던 장안 아니었나? 그래, 그런 건 상관없고 그 당시에 누가 어떤 예언했는지 말해보라.

브란뉘아 - 책을 읽다가 봤다.

무시공 - 무슨 책이었나. 책 이름은?

브란뉘아 - 나는 우연히 비밀 책들을 좀 봤다. 책도 보면서 그때 함께 있던 부류와 우주에 관한 이야기도 나누었다. 그때에 중국 사람만 있었던 게 아니라, 고구려인, 서방 사람도 함께 교류했다.

무시공 - 그때 봤던 책 이름을 말해봐라. 내가 찾아보겠다. 그 책에 나중에 중국에서 성인이 나타나고 그 성인이 우주를 바꾼다는 예언이 있었나?

브란뉘아 - 한자로 되어 있던 『하늘의 밀서』였다. 일반에게는 금지된 책으로 몇 명만 비밀로 봤다.

무시공 - 저자는?

브란뉘아 - 이름은 없었고 책도 아주 낡은 책이었다.

무시공 - 책 속 내용은 어떤 것이었나?

브란뉘아 - 성인이라면 성인이라고 할 수 있다. [책에서는 '세상을 구원할 사람'이라고 표현.] **그때 모인 친구들은 중국에서 성인이 나타나서 이 우주 전체 생명을 뒤바꿀 것이라고 해석했다. 중국의 운명과 동방의 운명**

은 물론 우리가 사는 이 세상의 모든 생명조차 바꿀 것이라는 예언이라고 평가했다. 그때도 살기가 힘든 시기였음에도 그들은 우주에 관하여 이야기했다. 이 같은 어려운 삶을 바꾸고 싶은 마음이 있었기 때문에 이 책을 굉장히 소중하게 생각하며 읽었다. 『하늘의 밀서』의 핵심 내용은 '중국 땅에서 태어난 어떤 존재가 있을 것이고, 그 존재가 이 모든 생명의 근원을 바꿀 것이다.'라는 내용이었다.

무시공 - 그 책에 우주가 바뀌는 구체적 시간대는 없던가?

브란뉘아 - 예언이 이루어지는 시간에 대한 이야기 대신, 예언이 이루어지는 시대의 상황에 대한 이야기는 있었다. 예를 들면, 사람들이 그 자리에서 지구 반대편까지 얼굴을 보고 마음속에 있는 이야기할 수 있다는 것이었다.

무시공 - 서로 마음으로 소통할 수 있는 때를 말하나?

브란뉘아 - 지금 지구인이 사용하는 휴대폰이나 인터넷을 이야기하는 것 같다. 모든 속도가 빠른 시기이며, 사람들이 날아다닐 때(비행기를 말하는 듯)에 이루어진다는 것이었다. 그 당시 살던 사람들은 이해할 수 없는 상상의 세계가 펼쳐지는 것을 예언했다. 하지만 우리는 그런 때가 올 것이며 모든 것이 바뀐다는 것을 믿었다. 그래서 나라에서는 허황된 것이라며 금서로 만들었고, 지금의 한국에 대한 예언도 있어서 더더욱 밀서가 되었다. 미래에는 깨어난 민족, 조그마한 한국이 주인이라는 내용이다. 이 예언서는 다 불에 탔는데, 베끼고 베끼는 과정에서 약간의 변형도 있었지만, 원 틀은 바뀌지 않았을 것이다.

무시공 - 지금 당신이 기다리던 그런 시대가 왔다고 생각하는가? 『하늘의 밀서』에서 언급한 중국 땅에 나타날 것이라는 그 존재가 지구에 탄생했나? 당신 느낌은 어떤가?

브란뉘아 - 지금이 바로 그 시대다. 그때 표현은 성인이 아니라, 세상을 구원할 사람이라고 했다. 그러니까 중국뿐 아니라 지구와 온 우주의 모든 생명을 바꾸는 그런 존재다. 이때쯤 나타났을 것이다. 지구가 이런 문명시대가 되었다. 비행기도 있고, 먼 곳에서 마음대로 소통할 수 있는 기구도 있으니까, 이때라 생각한다.

무시공 - 그러면 당신은 그 날이 꼭 오리라 믿으면서 이때까지 기다렸나?

브란뉘아 - 그렇다, 기다리고 설레는 마음에 동료들이 있는 그 별에 가서 이야기했다.

무시공 - 음~ 알고 있다. 그래서 고마운 마음에 당신을 찾아서 대화하는 것이다. 1,500년 전에 당신이 이 예언의 내용을 알고, 당신 별에 가서 이 소식을 알리고, 그래서 중국 땅을 지키는 존재도 보내고, 별의 대표도 알고 이 지구를 주시하고 있지 않나! 좀 전에 당신 별의 대표와 만나서 대화했다. 당신이 이것을 밝혔다고 해서 당신을 찾은 것이다. 우리도 지구에서 항상 짓밟히고 살아서 많이 기다리고 있었다. 하여튼 고마운 마음을 전한다.

브란뉘아 - 고맙다. **지금 나와 대화하는 당신이 우리가 기다리던 그 예언 속의 '그'라고 믿겠다.**

무시공 - 그때 봤던 『하늘의 밀서』에 나오는 한자가 어떤 글자이던가? 그 당시 한자가 여러 종류였었는데? 그 한자가 중국이 쓰던 문자인가, 한국이 쓰던 문자인가?

브란뉘아 - 아~~! 맞다. 한민족이 썼다. 아~~! 그래 이제야 기억이 난다. 그래서 표지에 이름도 없었구나…. 한민족의 책이라 더 못 보도록 숨겨진 책이었다.

무시공 - 역시 그랬군.

브란뉘아! 당신은 노예 위치에서 영원히 벗어났다

[브란뉘아를 열어주며]

무시공 - 여러 생명이 깨어나 구세주 역할을 한다. 그래서 구세주는 한 사람이 아니다. 그래서 당신을 열어주는 것이다. 당신도 그런 존재가 된다. 그런 존재 중의 한 명이다. 내 말이 믿기나?

브란뉘아 - 알겠습니다. 감사 또 감사합니다.

무시공 - 당신은 무시공생명에 큰 공을 세웠다. 당신의 별은 많은 시간 외로웠고, 남에게 당하고만 살아오면서 '나'를 기다렸는데 지구도 같은 운명이었다. 이제 당당하게 살아나서 우주작업에 들어가자. 브란뉘아! 당신은 이제부터 노예 위치에서 영원히 벗어났다. 끝났다. 당신 별하고 우리 무시공생명하고 완전히 하나가 됐다. 한 별에서 한 번에 세 사람이 깨어났다. '고주망' 대표도, 중국의 고급 관료 'ㅇㅇㅇ'도 열어줬다. 이런 경우는 처음이다.

브란뉘아 - 네, 그렇군요. 감사합니다.

무시공 - 무시공에 중요한 역할을 했다. 예언도 전해 주었고, 이때까지 그 마음 지켜 온 것이 대단하다. 이렇게 고마운 존재가 어디 있겠나! 그동안 당신의 별이 작고 힘이 없으니까, 고통 받고 있는 별이었다. 그러니까 서로 마음이 통했다.

[브란뉘아 - 열렸다. 환희에 찬 모습]

무시공 - 한이 많은 존재들…. 그러니 이날을 기다렸지. 꼭 그런 존재들만 기다리고 있네. 잘사는 존재들은 이런 것에 관심이 없잖아. 허구한 날 남한테 당하고 고통스러웠던 존재들…. 이렇게 예언이 있고 그것을 믿으니까, 희망을 가지고 기다렸지. 이런 존재 우주에서 찾아 우리가 깨우쳐야 한다. 이 같은 존재들은 한마음 한뜻으로 생명 내걸고 할 수 있다. 이제부터는 지구와 같이, 우리 무시공과 같이 함께하자.

브란뉘아 - 그러겠다.

무시공 - 당신은 이제 완전히 우리하고 하나다. 변심하지 말고, 당신이 1,500년이나 기다리다 우리가 이렇게 만났네!

브란뉘아 - 꿈만 같습니다.

무시공 - 고맙고, 이제 완전히 한국에 와 있으면서 당신 별에 있는 많은 친구들을 한국에 데리고 오라. 미남 미녀들도 많이 데리고 와라. 하하하하~. 우리를 안 보여줘서 그렇지, 이 우주에서 최고 미남 미녀다.

브란뉘아 - 그럴 것 같습니다.

무시공 - 이제는 당신 별에 가서 이 지구와 대전에서 지금 본 것 소개하라. 재미있고 희망이 보이지? 이제 당신 별을 노예로 삼으려는 존재는 영원히 없어진다. 알았지? 당신네도 수없이 짓밟히며 노예처럼 지금껏 살아왔잖아. 지구인도 50억 년 내내 짓밟히고 고통받으면서 살아왔다. 이제 토종 지구인이 깨어났다. 인정하는가?

브란뉘아 - 네, 인정합니다. 그리고 희망이 보입니다.

무시공 - 우리가 깨어남에 따라 수많은 고통 받던 별들도 다 깨어난다. 우주도 깨어나고 새로운 세상이 열린다. 우리가 새로운 생명이다. 스스로 우리 곁에 있어라. 대전의 무시공생명 훈련센터에서 비, 공, 선, 지를 잘 외우면서….

브란뉘아 - 재미있고, 즐겁고, 행복합니다.

[다음번에는 한민족이 썼다는 『하늘의 밀서』 저자를 찾아보자.]

하늘의 밀서(천문서) 2

『하늘의 밀서(천문서)』라는 예언서는 1,500년 전 한민족이 쓴 책이다.

표지도 없이 베끼고 베껴가며 전해지던 낡은 책이었다.

그 당시 중국에서 몇몇 우주와 통하는 존재들이 지구에서의 힘든 삶을 벗어나고자 하는 열망으로 전한 예언서였다.

그 당시에는 금서이자 『하늘의 밀서』라는 이름으로 전해져 일반인들이 쉽게 접할 수 없는 책이었다.

예언서의 핵심은 '중국 땅에서 세상을 구원할 사람이 태어나, 중국과 동방의 운명은 물론 우주 전체 생명의 근원을 뒤바꿀 것이다.'라는 내용이다.

'무시공생명'은 중국의 고위 관료인 ㅇㅇㅇ과 영적인 대화를 나누던 중 『하늘의 밀서』에 대하여 알게 되었다.

이 예언서를 1,500년 전에 지구에 와서 처음 발견한, 지구로부터 20광년 거리에 있는 '고망'별의 '브란뉘아'라는 존재를 찾아내어 천문서에 대한 애기를 들을 수 있었다.

구체적인 저자에 대한 정보는 없는 가운데 이 천문서는 한민족의 어떤 존재가 기록했다는 정보를 입수하고 그를 불러내어 『하늘의 밀서(천문서)』를 기록하게 된 경위와 책의 내용이 무엇인지를 알아보았다.

◇ 천문서의 내용을 공개한다 ◇

무시공 - [『하늘의 밀서(천문서)』의 원본을 쓴 존재 나오시오]

도계영 - 그거 내가 쓴 것 같은데….

무시공 - 당신의 이름은?

도계영 - 내 이름은 '도계영'이다.

무시공 - 이 예언의 책을 언제 기록하였나. 그 당시 책의 이름은?

도계영 - 3,000년 전에 지금의 한국 땅에서 기록하였다. 책 이름은 천문서이다.

무시공 - 천문서? 그때 그 책 한자로 기록했나?

도계영 - 그 당시에는 한자로 표현할 수밖에 없었다.

무시공 - 당신은 한민족 맞나? 이 천문서를 처음 발견한 '브란뉘아'가 소개하기를 이 책을 쓴 존재가 한민족이라고 하더라, 맞는가?

도계영 - 군이 뿌리를 따지자면 한민족이 맞다.

무시공 - 그 책을 쓸 때, 이런 일이 언제 이루어진다고 예언서에 적었나? 그리고 그때는 어느 별에서 왔나?

도계영 - 지구와의 거리가 10만 광년인 '고갱'이라는 별에서 왔다.

무시공 - 그 당시 무엇 때문에 나라에서 책을 금지했나? 읽지 못하게.

도계영 - 그 당시에는 두 부류의 무리가 살고 있었다. 하나의 무리들은 하늘(우주)과 계속 연결되길 원하고 정신적인 것을 추구하며 살려는 부류, 또 다른 무리들은 우주와 인연을 끊고 물질을 추구하며 살려는 부류, 이렇게 두 무리가 있었다. 그중에 우주와 인연을 끊고 살려는 무리들이 그 책을 없앴다. 우주와 인연을 끊고 너희는 너희 방식으로 살고 우리는 우리 식으로 살자. 나중에 어떻게 되든 우리 식으로 살겠다. 그래서 그런 책들은 필요 없다. 우주는 우리에게 필요 없다, 우리끼리 여기서 잘살 수 있다. 그때부터 더 꽉 막혀왔나 보다.

무시공 - 그 예언은 지구에 와서 네가 깨어나서 쓴 책인가? 아니면 그 별에 있던 예언을 가지고 왔나?

도계영 - 맞다. 지구에서 태어나서 쓴 책이다. 그때 지구에서 쓸 때는 몰랐는데, 다른 별에도 그런 예언이 있더라.

무시공 - 오늘날 그 책 흔적도 없이 사라졌다. 그런 책 있다는 소식도 들어본 적이 없다. 그 책 찾을 수 있나? 그러니 책 내용을 우리에게 대충 말해봐라. 세밀하게 말하면 좋고 일부분이라도 말하면 우리가 다 기록하겠다. 그 당시 쓴 책 그대로 말해봐라. 내용이 긴가?

도계영 - 그렇게 길진 않고 한 권 정도의 분량이다.

무시공 - 지금도 그 책의 내용들이 생각나나?

도계영 - 되는 대로 해보겠다.

무시공 - 책 이름은 『천문서』라 했고.

도계영 - 그때 내가 본 세상은 뭔가 잘못되었다. 고뇌를 많이 했었다. 나도 여러 가지로 지구에서 방황하고 이 지구가 아니라 전체를 보려 노력하며 나온 글들인데, '우리가 왜 이렇게 살아야 하나'라는 고민에서 시작했다.

무시공 - 그 책을 읽어줘라.

도계영 - 『천문서』는 삶과 죽음에 대한 고뇌에서 시작했다. 아무리 살아봐도 이렇게 사는 것은 의미가 없다. 이대로 벌레같이 살 수는 없다. 죽어서 새로 태어난다고 해도 의미가 없다. 죽으면 좋은 곳에 갈 수 있다는데 그게 무슨 의미가 있는가? 좋은 곳이란 있는 것일까? 꼭 죽어야만 가는 걸까? 믿을 수가 없다. 이건 잘못된 세상이다. 우리 생명들이 이렇게 살 수는 없다. 누구의 장난인가? 내가 누구의 장난 속에 휘말려든 건가? 뭔가 개벽이 일어나야 한다. 고뇌와 고뇌를 거듭하면서 미래를 봤다. 그러던 중, 우리는 우주에서 가장 지저분한 모든 것들을 가지고 와서 여기서 씻어내는 것을 하고 있다. 그것들을 스스로 해결해야 한다. 그것이 우리의 의무라는 것을 알았다. 그러나 지금은 때가 아니다. 그때, 그 우주의 모든 묵은 때를 벗기려면 많은 시간이 더 필요하고, 이 벌레 같은 인간들이 좀 더 깨어나서 생활이 좀 나아질 무렵, 다시 우주와 연결될 때, 우주로 마음을 열 때가 있을 것이다. 그때에 모든 우주의 업보를 지은 인간들, 또는 우주 존재들이 지구에 와서 고생을 하면서 깨어날 때, 그때쯤 사람들이 하늘을 날 수도 있고, 자유롭게 대화하며 소통이 원활한 세상(마음이 소통되는 세상)이 올 것이다. [지금으로 보면 교통, 통신수단을 이야기하는 것 같다.] 그때쯤이면 우주의 묵은 때를 지구에서 벗겨낼 수 있다고 생각했다. 그때 누군가 나타날 것이다. 주인공이 나올 것이다. 중국에서 우주와 연결된 사람, 막았던 지구를 다시 열어 줄 사람이다. 그래서 그때 우주의 모든 때를 지구에서 다 벗어내고 새로 지구에서부터 시작하는데, 중요한 나라는 한국이다. 중국과 한국이 주인공이다. 그래서 특히 한국은 끝없이 보호될 것이다. 그 이후에는 이런 벌레 같은 인생은 없어지고 완전한 세상이 될 것이라 확신한다. 그동안 인간들이 잘 견디어 왔다. 미래에 나를 찾을 날도 있을 것이고, 나도 그때 같이 있을 것이라 생각했다. 지금 많은 생명들이 기다리고 있다. 완전한 세상이 된다는 기대감을 갖고 이 책을 기록했다.

무시공 - 그 책의 원본이 혹시 지구에 남아 있을까? 사본이라도? 완전히 글로 남겼는가? 어디에 있는지 찾아봐라.

도계영 - 글로 적었다. 책이 안 보인다. 안 보인다면 내 글을 여기저기에서 많이 활용했을 듯하다.

무시공 - 인간이 후에 활용한 책은 어떤 게 있을 것 같나?

도계영 - 아무래도 예언서들이겠지요.

◇ 무시공의 우주도는 완전한 세상으로 가는 문이다 ◇

무시공 - '도계영', 당신은 지금은 어디에 있나?

도계영 - 지구에서 10만 광년 떨어진 '고행'이라는 별에 있다.

무시공 - '고갱'별이 아니고?

도계영 - 비슷하지만 조금 다른 환경에서 살아보고 싶었다.

무시공 - 더 높은 차원의 별에 가본 적 있나? 100만 광년이나 1,000만 광년, 이 정도는 가보지 않았나?

도계영 - 못 가봤다, 거기까진 가기가 힘들다.

무시공 - 당신은 지구에 인간 모습으로 나타날 수 있나? 당신 별에서 지구에 파견한 존재는 있나?

도계영 - 있다. 지구에 파견되거나 아니면 태어난 존재의 모습으로….

무시공 - 당신 별에서도 당신이 예언한 내용이 이루어질 것이라고 기대하고 있나?

도계영 - 의식이 있는 존재들은 기다리고 있다.

무시공 - 그럼 당신이 예언한 것이 이루어지고 있는지 지구를 지켜보고 있는가?

도계영 - 중시하고 있다. 지금 이 별에서의 삶이 지구에서의 삶과는 차원이 다르지만 늘 갈증이 있다. 완전한 세상을 기다리고 있다.

무시공 - 그럼 당신 생각에는 지구에서 예언대로 이루어지리라고 생각하고 있나? 그것에 대해서 의심은 없나?

도계영 - 지구에서 이루어질 수밖에 없다. 거기가 시작점이니까.

무시공 - 당신이 그것을 어떻게 아는가? 왜 지구에서 시작해야만 하나. 왜 지구에서 이루어져야 하나? 은하계에도 우주에도 수많은 별이 있는데, 왜 하필 지구에서 이루어져야 하는지 그 원리를 말해보라.

도계영 - 그런 용도로 지구가 만들어졌는지는 모르겠지만, 하여튼 지구에서 모든 때를 다 벗게 돼 있다. 책에서 이야기했듯이.

무시공 - 그 당시 책 쓸 때 어느 우주인과 소통했나? 아니면 당신이 혼자서 알게 되어 기록을 남겼나? 당신 말에 따르면 '한편은 우주와 소통되는 존재이고, 또 한편은 우주와 소통을 끊고 우리 식으로 살겠다던 존재도 있다'는 것은 우주와 소통하는 존재가 있었다는 뜻인데, 그렇다면 당신은 우주와 소통된다는 입장이지 않나?

도계영 - 맞다, 수많은 고뇌 끝에 우주와 소통이 된 것 같다. 내가 스스로 혼자 알게 된 것 같았는데, 어떤 우주의 존재와 소통이 된 것 같다.

무시공 - 그렇다면 당신 위에 어떤 존재와 소통이 되었는지는 모르는가?

도계영 - 잘 모르겠다. 누구라고 딱 한 명과 대화한 것은 아니고 뭔가 확 열리면서 받아들여진 것 같다.

무시공 - 그럼 그 당시 누구와 소통했는지에 대해서는, 우리와 함께 나중에 찾아보도록 하고…. 지금 당신이 『천문서』에서 예언한 것이 어느 정도 이루어진 것 같나?

도계영 - 지금 나와 대화하는 존재가 그때의 주인공 같다. 아~~이루어졌다!

무시공 - 당신 예언에도 언급했다. 나중에 깨어난 존재가 당신을 찾을 것이라고.

도계영 - 그렇다. 나를 찾아 함께할 거라고 했다.

무시공 - 고맙네, 중요한 예언을 해놓았다. 이것을 3,000년이나 계속 관찰하고 있었던 것을 보면 대단한 존재다.

도계영 - 반갑습니다.

무시공 - 당신 눈에는 우리가 안 보이지만 우리가 당신을 찾았지 않나?

도계영 - 네, 맞습니다.

무시공 - 지금 우리가 열어 줄 테니 새로 지구를 봐라. 작년 1월부터 대전에 훈련센터도 생겼다.

도계영 - [큰 표현은 없는 존재이나 기뻐하는 게 느껴진다.]

[체험 열어줌]

지구가 다 밝지만 역시 한국의 작은 땅 대전이 가장 밝다. 나는 여기와 하나된 생명이다. [대전 무시공 센터도 둘러보며.]

무시공 - 당신의 예언이 그대로 이루어졌나?

도계영 - 우주도를 보며 많이 느낀다. 새로운 세상으로 나아가는 무극, 무극을 통과해서 새로운 무시공 세상으로 간다는 이 그림. 내가 예언한 것이 이것이다! 비, 공, 선, 지는 진리 같고, 이 우주도가 바로 길을 표현해준 것이다. 완전한 세상으로 가는 문이다. 맞다.

무시공 - 지구 문만 열린 게 아니라 우주 문이 열린다. 다른 우주로 들어가는 문이다. 당신 표현도 참 잘했다.

도계영 - 벌써 많이들 와 있구나. [대전 상공을 보며] 다된 것 같다. 고맙다.

무시공 - 네가 예언한 것 이루어진 것 보니 더 실감이 오지? 당신은 이미 3,000년 전에 오늘날 이루어질 것을 보지 않았나! 그게 증명되고 있다. 그래서 누구보다 당신이 빨리 이해하고, 빨리 깨어난다.

도계영 - 하지만 나는 깨어나는 방법을 몰랐다.

무시공 - 비, 공, 선, 지를 외우고, 일원심 잘 지켜라. 비, 공, 선, 지를 외우면 자연적으로 절대 긍정의 마음을 알게 된다. 인간은 항상 두 가지 마음이잖아? 한 가지 마음, 일원심만 지켜야 한다. 이제 항상 여기 있어라. 당신이 밝아지면 당신 별도 밝아진다. 내 말이 맞는지 아닌지 관찰해봐라.

도계영 - 다 연결돼 있다. 밝아졌다!

무시공 - 기대하고 찾던 것이 다 이루어지니까 당신 마음이 풀리지? 속이 시원하지?

도계영 - 항상 당연히 올 것이라고 생각했다. 지금은 뿌듯한 마음이다. 놀라는 마음은 없고 당연하다 생각한다.

무시공 - 고맙다. 당신도 말했듯이 수많은 사람들이 기다린다고 하지 않았나? 그러니 적극적으로 선전하고 수많은 생명을 깨우쳐라. [지금의 한국 상황을 이야기하며] 그 당시와 똑같다. 우주와 연결되려는 존재도 있고, 반대로 우주와의 연줄을 끊으려는 존재도 있다. 지구에서부터 대도태, 대정화의 그 시대가 왔다. 온 우주도… 대전에서 시작하니까 한반도에서 먼저 이루어진다. 맞나?

도계영 - 맞다. 사람들을 보니 힘들지만, 너무나 잘 지켜지고 있어서 걱정 없다. 나도 함께하겠다.

무시공 - 이것은 큰 고비다, 이것만 통과하면 한국이 지구에서, 우주에서 우뚝 설 것이다. 당신도 한민족이라고 했잖나?

도계영 - 그렇죠. 지구에 있었을 때.

◇ 우리를 연결해주고 대화하는 이 존재는 누구인가 ◇

무시공 - 그때 우주의 누구하고 소통했었나 한번 찾아보자. 당신하고 소
통했던 우주 존재 나타나라고 해봐라. 이 중요한 예언을 쓸 수 있도록
우주에서 누가 도와주었는지 나타나라고 해라.

[어떤 존재가 나온다. 이름은 '더마핀'이다]

더마핀 - 지구로부터 1,000만 광년 떨어진 '무한광'이라는 별에서 온 '더마
핀'이다.

무시공 - 그 당시 어떻게 '도계영'과 연결되어 『천문서』의 예언을 쓰게 되
었나?

더마핀 - 지구에 고뇌하는 존재들이 가장 많이 모여 있다. 그런데 그중에
서도 정말 너무나 간절히 원하는 모습의 어떤 존재가 나와 통했다. 그
는 육신을 쓰고 있으니까 내가 누군지는 모르지만, 그 사람이 물어보
는 것에 대해서 영적으로 대화하게 되었다.

무시공 - 그럼 당신은 이 지구의 변화, 우주의 변화를 알고 있었나?

더마핀 - 이상하게 '도계영'과 대화하게 되면서 나도 몰랐던 부분들을 더
알기도 했다. 나도 놀랐다.

무시공 - 도계영을 통해서 소통하면서 서로 깨어났다는 것인가?

더마핀 - 네.

무시공 - '도계영'! 우리 옆에서 보고 있지? 그때, 이 '더마핀'이라는 존재와 통했던 것이다. 우리가 찾아냈지? 자, 이제 '더마핀'과 계속 대화하자. 당신은 지구에서 이 일이 이루어지겠다는 걸 어떻게 알았나? 지금 별에서도 우주가 어떻게 변한다는 예언이 있었나?

더마핀 - 우주는 서로 하나로 가고, 그 우주 생명 자체가 완전한 방향으로 나아가기 위해서 끝없이 확장, 팽창하고, 밝아지고, 발전하려 한다. 하지만 왠지 답은 선명치가 않다.

무시공 - 어태껏 그랬다고? 그럼 지금은?

더마핀 - 지금? 아~~ 지금 우리를 연결해주고 대화하는 이 존재는 누구인지, 우리가 함께 이야기 나누었던 그 시대가 왔다는 것을 알려주려고 물어보는 겁니까?

도계영 - [지금 보고 경험한 지구에 대해서 더마핀에게 말한다. '우리가 대화하며, 지구에 대해 예언했던 그것이 여기 지구에서 이루어지고 있다. 드디어 지구가 우주의 모든 업보를 다 지고 있었는데 그게 벗어질 때가 지금이다'라고 이야기해준다.]

더마핀 - [알아듣는다.]

무시공 - 지구에 와본 적 있나?

더마핀 - 멀리서만 봤다.

무시공 - 그럼 가까이 와서 세밀히 봐라.

더마핀 - 지금 내가 느끼기에 지구와 태양계가 다른 우주다, 다른 우주처럼 느껴진다. 이런 건 처음 봐서…. 희망차다. 기쁘다. 지구가 이렇게 바뀌다니…. 인간들이 고생하며 힘들게 살았다는 마음과 고마운 마음이 겹쳐진다.

무시공 - 이제 지구인들이 깨어났다. 토종 지구인들이 나서서 온 우주를 바꾼다. 예전의 지구인이 아니다.

더마핀 - 진심으로 축하한다, 기쁘다. 정말로 험악한 곳에서, 악조건에서 피는 생명이 강력한 것이 맞구나.

무시공 - 그럼 당신도 우리와 손잡고 우주작업 같이할 수 있나? 예언이 이루어지고 있으니 같이 손잡고 할 수 있지?

더마핀 - 영광이다, 감격스럽고.

무시공 - 이제 당신들은 우리와 같은 생명이고, 큰일을 했다. 이날을 예언하고 기다렸기 때문에 고맙고, 또 우리와 손잡고 함께하기 위해서 열어준다,

[체험 열어준다]

더마핀 - 감사하다. 나는 축복받았다.

무시공 - 자꾸 모여야 우리 힘이 자꾸 강해진다. 당신들 이런 경험 생전 처음일 것이다. 누구도 지금까지 이런 것 밝히는 사람도 없었고….

더마핀 - 맞다. 처음이다.

[열리는 중] 우리 몸에 이렇게 많은 눈이 있다니… 놀랍다!

무시공 - 그래서 우리는 모든 것을 볼 수 있다. 일체를 다 볼 수 있다.

더마핀 - 열렸다. 새로 태어났다, 나는!

무시공 - 그래. 이제 당신은 우리와 함께 있어라. 한국의 대전에 와 있어라, 할 수 있지?

더마핀 - 할 수 있습니다.

무시공 - 같이 한마음 한뜻으로 같이 우주작업을 하자.

더마핀 - 고맙습니다.

도계영 - 방금 우리에게 소개받은 대로 '더마핀'에게 센터와 대전 소개를 한다.

추배도 저자 원천강과의 대화

추배도는 1,400여 년 전 중국 당나라 태종 때 이순풍과 그의 스승 원천강이 그린 60폭의 화첩으로 폭마다 상단에 그림과 예언이 기록돼 있는 형식이다.
추배도 예언의 화폭 60폭 중 지금까지 55폭의 예언이 100% 이루어졌다는데, 그중 5폭이 실현되지 않고 있다. 아래는 그 나머지 5폭의 내용이다.

56폭의 그림

〈56폭〉

날아다니는 것이 새가 아니고 헤엄치는 것이 물고기가 아니다. 전쟁을 병사들에게 의존하지 않는다. 이 전쟁은 기술 전쟁이다. 죽음의 연기와 구름 그리고 우물바닥, 인간이 상상할 수 없는 것들이다.

큰 문제가 해결되지 않았다. 더 큰 문제가 다가온다.

〈57쪽〉

치열한 사태에서 변화가 찾아온다. 3척의 키를 가진 아이가 여러 외국인들이 절을 하게 만든다. 서양과 동양이 싸울 때 신의 아들이 나타나는데, 이아이는 평화를 가져와 전쟁이 멈춘다. 이 믿을 수 없는 천재는 두 나라 사이에서 온 사람이며 서양화된 동양인으로 이 전쟁을 끝낸다.

〈58쪽〉

큰 문제가 해결된다. 여러 외국인들이 전쟁을 중지하니 형제가 된다. 6개나라들에 의한 수백만 리 소음과 파도가 사라진다. 이제 형제가 됐고 친구가 됐으니 평화가 찾아왔다.

〈59쪽〉

나라의 경계가 없으며 정부도 없다. 너와 내가 없이 세상 모든 사람이 하나가 되어 화합하며 살리라.

〈60쪽〉

음양은 시작과 끝이 없고 시작과 끝은 본래 위치로 되돌아간다.

무시공 - 당신의 고향별은 어디인가? 지구와의 거리는?

원천강 - 지구에서 380만 광년에 있는 '천정성'이 나의 고향별이며 거기서왔다.

무시공 - 추배도는 지금까지 예언이 100% 이루어졌다고 평가하는데 지구의 운명은 어떻게 결정될 것 같은가?

원천강 - 지구는 2027년이 되면 새로운 생명이 탄생하기 때문에 지구 본연의 운명이 다할 것이다.

무시공 - 새로운 생명의 탄생은 어디에서 이루어지는가?

원천강 - 한국의 대전에서 시작한다. 이것은 추배도에서도 암시되어 있고, 우주는 하나로 되리라는 것도 암시해 놓았다.

무시공 - 우주인으로 지구에 와서 많은 일을 했는데 대전에 와서 우리와 함께할 생각은 없는가?

원천강 - 내가 외계인이라는 것을 아는 사람은 별로 없는데 무시공은 금방 알아 보아 놀랐다. 나는 지금 대만에 있는데, 한국 대전에 수많은 우주의 고급 생명들이 와 있다는 것을 안다. 그러나 나는 대만을 떠나면 안 된다.

무시공 - 무슨 말이냐. 왜 안 된다는 것이냐?

원천강 - 우주에서 가까운 시간 내에 대만으로 주파수가 아주 강한 빛을 보낼 것이다. 내가 대만에서 그 빛을 지켜야 한다.

무시공 - 그렇다면 대만에 오는 빛과 대전의 빛을 비교해보라.

원천강 - 내가 기다리는 빛은 흐트러진(파장이 있는) 빛이고 대전의 빛은 완전 직선빛이다.

신앙혁명(信仰革命)

다로변일도(多路變一道)
의존변자성(依存變自醒)

제4장

세계의
미스터리를 밝힌다

Crop circles 1

미스터리 서클(Mystery Circle)이라 불리는 크롭 서클(crop circle)은 곡물이 일정한 방향으로 눕혀져서 전체적으로 위에서 보면 어떤 무늬가 만들어지는 것을 의미한다.

기록상 맨 처음으로 미스터리 서클이 보고된 지역은 1946년의 영국 남서부 지역이었다. 솔즈베리의 페퍼복스 힐(Pepperbox Hill)에서 두 개의 원형 무늬가 처음 목격되었다.

이런 크롭 서클이 생기는 원인에 대해서는 흔히 UFO착륙 흔적설이 널리 알려져 있으며, 연구가들에 따라 회오리바람설, 정전기설, 지자기설, 중력설, 조류설, 인간조작설, 플라스마 보텍스설 등을 주장하고 있지만, 설득력 있는 가설은 아직 나오지 않은 상태다.

이제 대전의 무시공생명 훈련센터에서는 크롭 서클을 만든 우주인과의 대화를 통하여 지구에 크롭 서클을 만든 이유와 이것을 통하여 얻고자 했던 우주인들의 염원을 밝힌다.

무시공 - 당신은 어느 별에 존재하며 지구와의 거리는 얼마나 되는가?

우주인 - 내가 사는 별의 이름은 캐이팩스이며 지구와의 거리는 50만 광년이다.

무시공 - 당신의 이름이 무엇이며 그 별에서 하는 역할은 무엇인가?

우주인 - 내 이름은 '위슬로'라고 부르며, 이 별(캐이팩스)에서 가장 높은 위치에 있으면서 모든 사항을 결정한다.

무시공 - 크롭 서클은 언제 어디서 만들었고 서클의 뜻은 무엇인가?

위슬로 - 크롭 서클(그림이라고 표현)은 블랙홀을 표현한 것이다. 그림을 그린 이유는 우리 별(캐이팩스)의 여러 가지 환경이 행복하지 않고 시간이 갈수록 더 힘들어지고 의욕이 없는 나날들의 연속이기 때문이다. 지구인들이 구원자를 기다리듯이 우리도 구원자를 기다리고 있다.

무시공 - 어떤 구원자를 기다리는가?

위슬로 - 우리를 구원할 구원자는 지구 별에서 블랙홀을 돌리는 존재로 반드시 나타나는데 그가 우리를 구원할 것이라는 것을 알고 있고, 그래서 지구의 에너지 체로 가서 그림(크롭 서클)을 그리게 되었다.

무시공 - 블랙홀이 작동하면 어떤 결과가 나타날 것이라고 생각하는가?

위슬로 - 블랙홀이 지구에서 작동하면 '태양계', '은하계' 등이 모두 지구로 빨려 들 수밖에 없다. 허실 삼아 그렸는데 이 그림(크롭 서클)을 알아보고 찾아와 주어서 정말 고맙고 감사하다. 이것은 우리에게 희망이 생겼다는 것이다. (앞으로 자주 교신하자는 의사를 전달한다.)

Crop circles 2

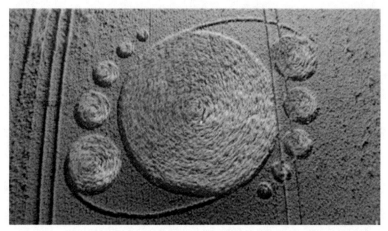

1984년 덴마크에 우주인이 만든 크롭 서클(출처: www.youtube.com)

◇ 우주인과의 대화 ◇

무시공 - 당신은 어느 별에 존재하며 지구와의 거리는 얼마나 되는가?

우주인 - 내가 사는 별의 이름은 '홍을단'이며 지구와의 거리는 850억 광
　년이다.

무시공 - 당신의 이름은 무엇이며 그 별에서 하는 역할은 무엇인가?

우주인 - 내 이름은 '훠다산'이라고 부르고 이 별(홍을단)에서 가장 높은 위
　치에 있으면서 모든 사항을 결정한다.

무시공 - 사진 속의 서클은 언제 만들었으며, 어떤 뜻을 가지고 있나?

훠다산 - 1984년 유럽의 덴마크에 그렸고, 지구인들에게 우주가 합일된다는 메시지를 전달하기 위해 서클을 그렸다.

무시공 - 왜 지구에 서클을 그렸나?

훠다산 - 지구는 신인께서 선택한 대상이었고 또한 생명의 발원지였다. 다른 별들이 점점 지구와 합일되고 있다. 이 일은 2007년부터 시작되었으며 지구는 우주의 힘을 끌어당기고 있다.

무시공 - 그렇다면 대전이 어떤 상황인지 알 수 있는가?

훠다산 - 나는 전에 대전에 한번 가봤다. 지금 대전은 수많은 고급 생명들이 지키고 있다. 또한 수많은 우주선들이 있다. 지금 대전에 우주 중심지가 건설되고 있는 것을 알고 있다.

무시공 - 지구인의 몸과 우리들(무시공 존재들)의 몸과 '홍을단' 별의 존재들의 몸 차이는 어떤가?

훠다산 - 지구인의 몸은 상당히 어둡다. 하지만 당신들(무시공존재)의 몸은 빛이 난다. 당신들(무시공존재)의 몸 자체로 보면 우리보다 거칠지만 우리들의 빛과는 다르다. (우리 무시공존재에게서 엄청난 아름다운 빛을 보았다며 대화를 마친다.)

이집트 피라미드를 만든 우주인

> 이집트의 피라미드는 지구로부터 10만 광년 떨어지고 인구가 50억 명인 '카멜라' 별의 통치자인 '까를'이 자신의 부하인 '훠슬'을 시켜 2,000년 전에 만들었다고 전한다.

무시공 - 현대과학으로도 미스터리로 남아 있는 것이 피라미드이다. 왜 만들었으며 그 어마어마한 돌을 어떻게 옮겨 쌓았는가 하는 것을 궁금해하고 있다. 상세히 밝혀 달라.

까를 - 지구인도 시골이나 한적한 곳에 별장을 만들어 쉬고 싶어하듯이 우리도 쉴 수 있는 별장 겸 휴식처를 만들었다. 돌은 지구에 있는 것을 그대로 옮겨 썼다. 우리 별에는 지구에서 아무리 무거운 것이라도 가볍게 하는 기술이 있다. 우리에게는 그리 어려운 일이 아니며, '카멜라' 별의 많은 사람들이 우주선을 타고 지구에 와서 만들었다. 설계는 우리가 직접 했고, 우리 별에는 지구의 대중교통 수단인 자가용과 같은 우주선이 있어 쉽게 지구에 왔다 갔다 하지만 인간들의 눈에는 보이지 않고, 간혹 눈이 밝은 사람은 보는 경우가 있다.

무시공 - 그렇다면 고대 이집트를 지배했던 왕들의 무덤이 있는 이유는 무엇인가?

까를 - 피라미드에서 고급 에너지가 나온다는 것을 안 지구인들이 왕을 절대자로 숭배했기 때문에 왕이 죽어서도 권력을 유지하고 백성들을 지켜주기를 바라는 마음에서 피라미드를 무덤으로 선택했던 것이다.

무시공 - 당신들의 휴식처가 지구인의 무덤으로 사용되는 것에 대한 기분은 어떤가?

까를 - 상관없다. 오히려 피라미드로 인하여 우리가 지금 이런 중요한 시기에 '무시공생명'을 만나서 큰 행운이라고 생각한다.

무시공 - 피라미드를 만들 당시 이집트와 지금 대전의 상황은 어떻게 다른가?

까를 - 그 당시의 이집트는 문명이 발달하였고 굉장히 밝았다. 그다음은 현재의 미국 땅이 밝았다. 지금은 한국이 어느 나라보다 밝고, 특히 대전은 엄청나게 밝다. 대전 상공에는 지금 수많은 고급 존재와 우주선이 떠 있는 것이 보인다.

무시공 - 당신도 함께할 생각을 갖고 있지 않나?

까를 - 너무나 높은 존재들이 대전 상공에 자리 잡고 있어서 우리가 여기 함께 끼어 있을 자격도 없는 실정이다. 지금 고급 존재들이 대전에 우주정거장을 만들 계획에 대해서 한창 회의 중인 게 보인다. 피라미드를 만든 우리의 의사와는 상관이 없다. 그러나 그들에게 아부를 해서라도 협조를 얻어 우주선을 만들어보겠다.

무시공 - 그렇다면 지구인들이 탈 수 있는 우주선을 만들 수 있나?

까를 - 우리 별도 지구인처럼 무거운 존재들이 탈 수 있는 우주선을 만들어서 우리 별 사람들이 믿고 깨어나게 할 수 있는 증거가 필요하니 적극적으로 해보겠다.

무시공 - 당신들의 의식은 어떤 방향으로 흐르고 있는가?

까를 - 우리의 의식 흐름은 나만 잘살면 되지 왜 남까지 챙기냐 하는 사고방식이 팽배하다. 무시공이 하는 우주작업과 이미 해놓은 우주작업은 실로 엄청나고 놀라울 따름이다. 지금 당장은 아니지만 무시공 지구인이 관점회복을 하려고 대단한 노력을 하듯이 우리도 노력하고 적극적으로 도와주겠다.

무시공 - 무시공의 지구인과, 일반 지구인, 그리고 당신 별의 존재들은 어떤 차이가 있는가?

까를 - 무시공의 지구인은 가벼워서 공중에 떠 있는 것처럼 다닌다. 반면 일반 지구인은 발을 땅에 딛고 다닌다. 몸을 입고 사는 것이 엄청나게 고통스러운 건데, 몸을 입고 사는 지구인들이 대단하고 위대하게 보인다. 우리 별도 지구와 비슷한 두 부류가 있다. 가벼운 존재와 지구인과 비슷하게 무거운 몸을 가진 존재들이다. 이제부터는 무거운 몸을 가진 존재들에게 관심을 많이 두어야 한다는 생각을 했다. 당신들(무시공존재)과 대화하면 나의 몸이 밝아지는 동시에 우리 별도 밝아지는 것이 보인다. 그리고 우리 별이 지구의 대전으로 빨려 들어가는 느낌이다. 이런 원리를 몸소 체득하게 해주어서 고맙고 감사하다.

(진심으로 기뻐하는 표정이다.)

(서로 악수하고 포옹하고 다시 악수하고 '고맙다'고 하고 헤어진다.)

페루 나스카의 지상그림을 그린 우주인

나스카 지상그림은 세계 미스터리 중 하나다. 페루의 나스카 대평원에 그려진 지상그림은 오랜 세월 드러나지 않았다가 나스카 평원으로 항공로가 개척되면서 그 모습을 드러내게 되었다.

하늘에서 내려다보아야만 알 수 있는 그림을 어느 위치에서 어느 정도의 길이로 얼마만큼의 넓이를 써야 하는지를 정확히 계산하여 그렸다는 것이 바로 미스터리이고, 이런 그림은 외계인이 그렸다는 추측만 있을 뿐 확인된 바가 없었다.

이에 무시공은 나스카의 지상그림을 그린 우주인을 불러내어 대화를 나누고 그 미스터리를 밝힌다.

무시공 - 당신들은 어디에서 살고 있으며 어떤 목적으로 지상에 그림을 그렸나?

작가 - 우리는 지구의 땅속에서 부족 형태로 살고 있고, 나의 이름은 '카를로스'이며 우리 부족의 족장이다.

무시공 - 땅속에서 살게 된 이유는 무엇인가? 당신들 부족에 대하여 상세히 밝혀 달라.

족장 - 우리는 원래 땅속에 삶의 터전이 있었다. 그런데 지각변동 때문에 땅 밖으로 나와 살게 되었다. 빙하기 전에는 거인 시대였다. 빙하기 당시 어마어마한 충격이 있었다. 이때 살아남은 사람은 거의 없었으나, 우리 부족은 땅속에 우연히 우리가 살 수 있는 공간이 생겨서 땅속의 환경에 적응하면서 살 수 있게 되었다.

무시공 - 거인이라면 지금 인간의 어느 정도이며 생활방식과 지상 그림을 그린 이유는 무엇인가?

족장 - 지구의 사람과 흡사하다. 빙하기 당시에는 거인이었는데 지금은 땅속의 환경에 적응하여 살다 보니 많이 줄었다. 지상에 그림을 그릴 당시는 인간 몸의 10배 정도 되었다. 그림에 있는 곤충이나 나무도 실제 크기가 거의 그 크기이고, 지상 그림은 우리의 생활화 및 풍경화를 그린 것이지 특별한 뜻은 없다. 음식은 티베트처럼 풀이 많지 않으나 먹을 만큼은 있고, 우리는 소식을 하기 때문에 150살에서 200살 정도 살고 있다. 우리는 내적 감각이 발달하여 텔레파시로 교신하면서 살고 있다. 땅속에는 다른 여러 종족도 어딘가에 살고 있다고 생각되는데 다른 종족과 교류는 하지 않고 살고 있다.

무시공 - 땅속에서 살다가 이렇게 밖으로 나오니 어떤가?

족장 - 땅속에서 처음 나왔을 때는 눈이 엄청나게 부시고 견디기 힘들어 고통스러웠다. 점점 적응을 하니 기분이 좋을 뿐 아니라 대전을 보니 이렇게 아름답고 정화된 깨끗하고 순수한 에너지를 볼 수 있어서 고맙고 감사하다. (감동의 눈물을 흘린다)

무시공 - 같은 지구라는 공간에 살고 있는데 몸을 보여 줄 수 있는가?

족장 - 당신(무시공)들이 불러서 순간이동식으로 통로 없이 나왔는데 지금은 몸을 보여줘도 귀신처럼 스치듯이 보일 뿐이다. 그러나 몸을 보여주면 인간들이 해코지할까 봐 두렵다. 왜냐하면, 인간들은 분명히 우리를 상업화시켜서 괴롭힐 것이기 때문이다.

무시공 - 이제는 과감하게 종족들을 땅속에서 나오게 하여 우리 무시공 공부를 받아들이고 대전 주변에서 우리와 함께해야 살 수 있다. 어떻게 하겠는가?

족장 - 알겠습니다. 그리하겠습니다. 이것(무시공 공부)이 우리가 살길인 것 같습니다.

영국의 스톤헨지

인구가 10억 명이며 지구와 500광년 떨어진 '스와일러'별의 통치자인 '제우스'는 자기별의 서열 2위였던 '바바지스톤'이 제우스의 자유분방함과 안하무인을 지적하고 제재하자, 제우스는 그들이 방심한 사이 순식간에 돌로 만들어 지구로 던져버렸다.
지금으로부터 7천 년 전 돌사람의 리더인 '바바지스톤'은 그 당시 상황의 모습 그대로 굳어진 채 50명과 함께 돌 속에 갇혀 있다.
하나하나의 돌에는 몇 명씩 갇혀 있고 총 50명이다. 그 중 돌 하나는 7억 광년에서 나오는 에너지와 접속이 되고 있는데, '제우스'는 그 에너지를 따르는 무리들이 두려워, 7억 광년에서 오는 에너지와 교신이 안 되는 사이를 틈타, 돌로 만들어 지구로 던진 것이 영국에 있는 스톤헨지라고 밝혔다.

7억 광년의 별 이름은 '페라가모'이며 그 통치자는 '페라리'이다.

무시공 - ('페라리'에게 묻는다) 당신은 당신의 에너지를 받는 사람들이 돌에
  갇힌 것을 몰랐나?
페라리 - 몰랐다. 우리 별의 빛(에너지)이 어디든 뻗어나가서 필요한 곳에 쓰
  이고 있다고만 생각했지, 이런 일이 있으리라고는 생각도 하지 못했다.

무시공 - 지금 돌에 갇혀 있는 사람들을 그대로 둘 건가?
페라리 - 아니다. 돌에 갇혀 있는 사람들과 우리 별에서 나오는 에너지를
  받았던 신전을 돌에서 꺼내겠다. (순간 사람과 신전이 돌에서 꺼내졌다) '제
  우스'에 의한 것이었지만 우리 별의 에너지로 인하여 당신들이 갇혀

있었다. 나의 무심함을 용서하길 바라며 미안한 마음을 전한다.

무시공 - 당신의 에너지를 이용해서 사람들을 돌에 가둔 '제우스'에 대해
　서는 어떤 생각인가?

페라리 - 괘씸한 마음이 든다. 그러나 '제우스'를 통하여 무시공을 알게
　되었으니 오히려 나에게는 전화위복이 되었다.

무시공 - '제우스' 당신은 이들에게 미안한 마음이 없는가?

제우스 - 돌사람의 리더인 '바바지스톤'과 다른 사람들에게 진심으로 사
　과한다. 받아 달라. 내가 돌사람을 만들 당시 7억 광년에서 오는 에너
　지로 돌을 만드는 능력이 있다고 자만하여, 무서운 것이 없다고 생각
　했다. 이렇게 무시공을 만나서 정신 차리게 되어서 고맙고 감사하다.

　('무시공'이 '페라리'와 '제우스'에게 대전을 소개한다)

페라리, 제우스 - (대전의 빛을 보고 놀란다. 적극적으로 공부하고 자신들의 별 사람들
에게도 알리겠다고 약속한다)

무시공 - 당신들이 무시공을 위해서 무언가 할 수 있다는 생각이 드는
　데….

페라리, 제우스 - 11월 7일 낮과 밤에 대전 상공에 '무시공생명 훈련센터'
　글자를 쓰고 '무시공 마크'도 그리겠다.

무시공 - 꼭 그렇게 되기를 바란다. 11월 5일 다시 교신하자.

('페라리'와 '제우스', 돌사람의 리더였던 '바바지스톤'은 서로 화해하고 어깨동무로 친목
을 과시하면서 무시공을 돕기로 하고 헤어졌다)

마추픽추를 건설한 '후예'

의식의 변화 없이는 아무런 의미가 없었기 때문에 1천 년 후에 내가 포기하고 지구를 떠나니, '태양신'왕도 원래의 땅속으로 들어가버려, 백성들도 갑자기 땅속으로 빨려들어 가듯이 스며들어 사라지고 말았다.

지금도 '태양신' 왕은 가끔 땅속에서 나와서 마추픽추를 둘러보고는 눈물짓곤 한다.

마추픽추는 5천억 광년의 '휠라'(왕이름: 테무도')별의 '후예'에 의해 건설된 도시였다.

출처: www.google.co.kr

무시공 - 당신은 어디에서 왔고 어떤 목적으로 마추픽추를 건설하였는가?

후예 - 나는 5천억 광년 떨어진 '휠라'라는 별에서 순간이동으로 지구에 왔다. 5천억 광년에 있는 별의 모습을 그대로 재현하면서 또한 우주에 있는 수많은 별에 전해 내려오는 새로운 우주가 탄생하고, 그것도 지구에서 시작한다는 전설을 실현하기 위해서 '태양신' 왕을 선택하여 건설하였다.

무시공 - 마추픽추가 만들어진 배경을 설명해 달라. 지금은 왜 흔적만 남아 있는가?

후예 - 5천 년 전에는 땅속에 살았던 사람들이었는데 '태양신'이라는 왕을 통하여 땅 밖으로 나오게 되었으며, 그 후 천 년 정도 번성하였다. 사람들이 땅속 생활보다는 땅 밖의 환경과 의식이 천국처럼 느껴서 더 이상 '태양신'의 말을 듣지 않으며, 땅속에서의 의식에서 벗어나지 않고 깨어나려는 노력도 하지 않았다. 의식의 변화 없이는 아무런 의미가 없었기 때문에 1천 년 후에 내가 포기하고 지구를 떠나니, '태양신'왕도 원래의 땅속으로 들어가버려, 백성들도 갑자기 땅속으로 빨려 들어가듯이 스며들어 사라지고 말았다. 지금도 '태양신' 왕은 가끔 땅속에서 나와서 마추픽추를 들러보고는 눈물 짓곤 한다.

무시공 - 우리 무시공이 하는 일에 대하여 어떻게 생각하는가?

후예 - 무시공의 시작 장소로 가장 거친 지구를 선택한 것은 너무나 잘한 일이다. 만약 중간이나 위 단계에서 시작했다면 성공하지 못했을 것이다. 이 무시공 공부를 안 하면 도태당하는데, 어느 생명이든 생명은 소중한 것이기 때문에 이유도 모르고 도태되면 안 되는 것 아니냐? 나는 그 당시 백성들의 낮은 의식 수준으로 인해서 실패했는데 내가 하려던 것을 무시공이 하고 있는 것에 대해서 그저 놀라울 따름이다. 무조건 무시공을 돕고 매주 토요일에는 무시공 모임에 참석하겠다.

무시공 - 우리 무시공 3단계 존재들의 몸을 살펴보라, 어떤가?

후예 - 3단계 존재들의 몸은 물에 뜨는 돌처럼 가벼우나 윤곽이 너무나 선명하여 우주선은 아직 탈 수가 없다. 기술이나 과학으로 사람의 몸을 가볍게 할 수는 없고 오직 관점의 변화(의식변화)만이 가볍게 하고 윤곽을 없앨 수 있다.

무시공 - 윤곽을 없애는 방법을 알고 있는가?

후예 - 윤곽을 없애는 방법은,

첫째, 무시공 체험을 많이 하는 것이고

둘째, 무시공 성욕과

셋째, 고급존재와 교신을 하는 것이다.

버뮤다 삼각지대의 진실

[실례]

#1. 1925년 4월 18일, 일본의 화물선 '리히후쿠마루호'가 함부르크로 향하던 중 버뮤다 섬 근처에서 흔적도 없이 사라졌다. 당시 선원들의 시체는커녕 선체의 파편조차 조차 찾지 못했다.

#2. 1945년 12월 5일, 미국 로더데일 공군기지에서 해군 폭격기 5대가 비행훈련에 나섰다. 하지만 2시간여 만에 폭격기 5대와 승무원 14명이 모두 자취를 감췄다. 뿐만 아니라 사라진 비행기를 찾기 위해 나선 다른 비행기들도 똑같이 행방불명됐다.

#3. 1973년, 2만 톤급의 노르웨이 화물선 '아니타호'가 선원 32명과 함께 사라졌다.

1609년부터 현재까지 버뮤다 삼각지대에서 사라진 배만 해도 17척이나 되고, 비행기도 15대나 된다. 기록된 것이 이 정도이니 실제는 이보다 더 많다고 봐야겠다. 실종된 배는 전함, 유조선, 화물선, 요트, 핵 잠수함 등이고, 비행기는 여객기, 수송기, 전폭기, 정찰기 등으로 거의 모든 종류의 배와 비행기를 망라하고 있다.

무시공생명은 버뮤다 삼각지대의 미스터리를 만들어 온 당사자를 찾아내어 대화를 시도하니 '라홀라이' 부족의 통치자인 '버뮤다'가 나타나 공손하게 무시공의 질문에 성심껏 대답한다.

무시공 - 당신들은 어떤 존재들인가? 자세하게 설명하라.

버뮤다 - 나는 버뮤다 삼각지역 바닷속의 '라홀라이' 부족을 통치하는 '버뮤다'이다. 우리는 만 년 전 지각변동이 있을 때 바닷속으로 들어갔다. 그때 같이 바닷속으로 사라진 '아틀란티스'계열의 사람들이다. 인구는 50만 명 정도이고 공장에서 생산된 생산물을 통하여 먹고살고 있는데 전혀 부족함 없이 살고 있다. 먹고사는 방법은 공동체 같은 생활

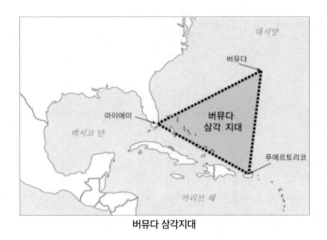
버뮤다 삼각지대

을 하고 있기 때문에 한 사람이 많이 가지려는 개념은 없다. 자급자족
과 같은 형태로 크게 부족함을 못 느낀다. 설사 부족하다 할지라도 서
로 나누면서 산다.

무시공 - 그 지역을 지나던 선박과 항공기 등의 실종사고가 수백 건에 이
   르는데 어떤 방식으로 왜 지구인들을 대상으로 그러한 일을 벌이는
   가?

버뮤다 - 블랙홀처럼 빨아들이는 특별한 시간대가 있다. 어부가 그물로
   고기를 잡는 것처럼 그 시간대에 깔때기처럼 펼쳤다가 지나가는 물체
   를 낚아채어 데리고 온다. 그 이유는 지구에 살고 있는 사람들의 의식
   과 과학을 알아보기 위해서이다. 우리가 데리고 온 사람들은 나갈 수
   가 없고, 설사 나간다 해도 죽어서 나간다.

무시공 - 공장이라 하였는데 우주선도 만드는가?

버뮤다 - 물론 우주선을 만든다. 우주선은 지구의 개인 비행기 정도의 크기이고 비행기보다는 3~4배 빠르다. 인간의 눈에는 잘 보이지 않는다. 가끔 지구 상공에 나타나지만 다른 별에 가볼 정도의 수준은 아니다. 우주선 만드는 공장의 완성도는 30% 정도이다. 우주로 나갈 수 없기 때문에 그렇게 본다.

무시공 - 그 정도면 지구인들에게 당신들의 몸을 보여줄 수 있지 않겠나?

버뮤다 - 보여줄 수는 있다. 그런데 지구에서 몸을 보이려면 굉장한 에너지를 써야 한다. 그렇게 되면 순식간에 늙어버려서 몸을 보여줄 수가 없다.

무시공 - 대전을 한번 보라. 어떤가?

버뮤다 - 대전 자체가 엄청나게 밝게 보인다. 우리가 처음 보는 빛이다. 대전 상공에는 수많은 높고 낮은 존재들과 우주선이 있다. 우리가 지구 사람들에게 본의 아니게 나쁜 짓을 하면서 찾았던 것이 바로 대전에 있다. 이제야 그 결실을 보게 되어, 정말 놀랍고 눈물이 날 정도로 감격스럽다. 우리에게 납치된 지구인들에게 미안하다. 그러나 그분들을 통하여 무시공을 알게 되었으니 감사한 마음을 전하고, 무시공 공부를 우리 바닷속 사람들에게도 열심히 전하겠다. 그런데 정작 무시공 공부하는 사람들도 육안으로 우주선이나 고급 존재들이 보이지 않으니 믿음 반, 의심 반 하고 있다. 우리를 이렇게 바닷속에서 끌어내어 준 무시공 존재들에게 깊이 감사한 마음을 전한다.

(감격해하며 할 말을 이어가지 못함)

'마야' 문명을 건설한 우주인

무시공 - ['마야' 문명을 탄생시킨 별과 우주인을 찾았다]

마탕카 - 나는 BC 1800년도 이후 5~600년간 '마야' 문명을 건설하고 번성시켰던 '페루' 별의 최고 통치자 '마탕카'다. 우리 별은 지구에서 50만 광년의 거리에 있다.

무시공 - '마야' 문명을 어떻게 만들었으며 문명을 일으킨 목적은 무엇인가?

마탕카 - '페루'별에도 윤리와 도덕관념이 뚜렷하여, 그것을 어긴 마야인은 지구로 유배되었다. 지구에 오고갈 때는 캡슐과 같은 보호막을 쓰고 이동했다. 지구로 내려올 때는 빛이 내리쬐듯이 내려오고 올라갈 때는 빨려가듯이 올라갔다. 지구에 유배를 왔다고 해도 마야인들은 지구인들보다 머리도 좋고 힘도 세기 때문에 인간이 만들 수 없는 건축물들도 쉽게 만들었다. 몸과 의식이 지구인들보다는 더 발달했다.

무시공 - '마야'달력의 예언이 2012년 12월 21일로 끝나서 그때가 지구 종말이라는 주장으로 혼란에 빠진 적이 있었다. 그날 우리 무시공은 '무시공생명 탄생선언'을 발표했다.

마탕카 - 알고 있다. 2012년 12월 21일은 페루에 대한 예언이었고, 그날 지구에서는 '무시공생명 탄생선언'이 선포되었다는 것에 놀라울 뿐이다. '무시공생명 탄생선언' 자체가 온 우주에 대한 선언이었다. 우주는 하나로 연결되어 있다는 것이 실감이 난다.

무시공 - 당신들의 별 상태는 어떤가? 지구와 비교해보라.

마탕카 - 우리 별도 지구 못지않은 혼란스러움을 겪고 있다. 많은 도와 법, 명상, 수련, 종교 등이 지구가 밝아지고 투명해지면서 통합이 되고 있다. 우리(마야인)들이 지구에 왔을 때만 해도 지구인의 수준이 현저하게 떨어졌는데 지금은 마야인이 지구인을 따라올 수 없다. 우리 별은 두 종류의 부류가 존재하고 있다. 하나는 아직도 자신이 누구인지 찾아헤매는 종류와 깨어나서 체화해가는 부류이다.

13개의 수정해골

'수정해골'은 1927년 마야문명의 유적을 발굴하는 과정에서 발견되었다.
높이 13cm, 무게 5kg인 수정해골은 세공의 흔적이 전혀 없이 만들어졌으며, 현대 기술로
도 흔적을 남기지 않고 만드는 것은 불가능하다고 평가받는다. 이 해골은 순정 100% 수
정이며 공구 없이 만들 경우 3년의 시간이 걸린다고 한다.
아메리카 원주민의 전설에 따르면 세계에는 총 13개의 수정해골이 존재하고, 모두 모이
면 인류의 기원, 목적, 운명에 대한 정보, 그리고 인류의 수수께끼에 대한 해답을 얻을 수
있으며, 세계를 구원하게 된다고 한다.

◇ 지구의 역사는 50억 년 ◇

무시공 - 수정해골 13개를 만든 제작자를 불러 수정해골의 제작의도와
당시의 상황을 물어본다.

필라우스 - 수정해골을 만든 책임자인 '필라우스'다. 수정해골은 지금으로
부터 약 50억 년 전에 만들었으며, 나의 별은 지구로부터 500억 광년
거리에 있는 '브라더'이다.

무시공 - 지구의 과학자들은 지구 역사가 45억 년이라고 하는데, 지구가
만들어지기 전에 수정해골을 만들었다고 하니 어떤 기술로 누가 만들
었나?

필라우스 - 지구가 생길 때부터 계획된 것이었다. 그리고 지구의 역사는
내가 알기로는 약 50억 년이다.

무시공 - 모두 몇 개 만들었나? 그때 당시 우주의 상황은?

필라우스 - 모두 16개를 만들어서 지구 곳곳에 두었다. 원래 13개를 만들 계획이었지만 16개를 만들어 지구 곳곳에 묻어두었다. 3개는 훼손될 것을 감안해서 여유 있게 만들었다. 처음 지구가 생겨날 때 우주에서 지구로 많이 이주해왔다. 그 당시는 새로운 우주가 많이 생겨날 때였고, 따라서 새로운 별들도 많이 생겨났다. 특히 지구는 계획되었다. 그 때 이미 지구의 마지막 운명이 다할 때에 수정이 파헤쳐질 것을 알고 있었다. 수정해골을 만들 당시에는 우주가 그다지 크지 않았다. 그때 크기를 쉽게 표현하자면 끝에서 끝까지 약 50억 광년 정도였다.

◇ 지구에서 깨어난 13명의 존재를 의미 ◇

무시공 - 수정해골 16개를 왜 지구 곳곳에 저장해놓았나. 무슨 목적인가. 무슨 뜻인가?

필라우스 - 지구에 특별히 많은 비밀을 감춰놓았다. 다른 별들과는 다르게, 지구에서는 모든 기억이 잊히도록 프로그램이 되었기 때문에 더 더욱 비밀스럽다. 수정해골은 13명의 지구에서 나름 깨어난 존재들에 대한 이야기이다. 하지만 최후를 이야기하는 것은 아니다. 수정해골에는 지구의 영적 지도자들 각자의 혼이 깃들어 있다. 이미 13명의 존재들은 깨어났는데, 그들이 지구를 정화하고 의식을 성장시킨다. 하지만 이것이 지구 최후 프로젝트는 아니다. 지구의 거의 마지막 때의 일이다. (시공에서의 깨어남을 말하는 듯)

무시공 - 인간이 알고 있는 해골 13개가 모이면 비밀이 밝혀진다고 하는데, 그것은 무슨 뜻인가?

필라우스 - 13명의 깨어난 존재들이 하나로, 한마음으로 뭉쳤을 때를 이야기한다.

무시공 - 그 사람들이 하나로 뭉쳤을 때 이루어진다는 이야기인가?

필라우스 - 맞다. 그때 지구와 우주의 비밀이 밝혀지고, 지구에 갇혀 있던 우주에 대한 기억이 깨어날 것이다.

무시공 - 그 우주의 기억이란 무엇인가, 숨겨 놓은 비밀을 말하는 것인가?

필라우스 - 우주의 모든 비밀을 말한다. 그것이 지구에서부터 깨어져나갈 것이다.

무시공 - 당신 생각에 그 계획이 지금 지구에서 어느 정도로 이루어지고 있나?

필라우스 - 수정해골만 놓고 봤을 때, 이제 다됐다. 벌써 그 사람들 13명이 교류하고 있다.

무시공 - 그때 참여했던 존재들은 수정해골에 대하여 계속 관심을 갖고 지켜보고 있나? 있다면, 계획하고 관찰하고 지켜보는 그들은 누구이며 어디에 있는가?

필라우스 - 내가 책임자였고, 나에게 그 작업을 지시한 한 사람이 있다. 지구에서 10억 조 광년의 거리에 있는 '유프라투스'라는 존재가 내게 명령을 내렸다. 그리고 지금도 지구가 변하는 것을 보고 있다.

무시공 - 지구 한번 구경해봐라, 당신 계획대로 이루어졌나?

필라우스 - 나를 찾아올 정도로 지구가 알고 있다면 이젠 끝났다고 본다.

무시공 - 혹시, 인간이 지금까지 모르고 있는 다른 우주의 비밀이 있나. 무엇인가?

필라우스 - 수정해골이 인간에게 밝혀지고, 13인이 모이고 나서 우주계획, 우주운명이 다한다. 그 다음 계획은 나도 모른다. 그러나 희망이 있는 것이지 끝난 게 아니므로 나는 기대한다.

◇ 대전의 빛은 새로운 우주의 시작점이다 ◇

무시공 - 인간들이 수정해골이 미스터리 중의 하나라고 해서 내가 이것을 파 보았다. 그럼, 당신이 직접 지구를 확인해봐라. 지구에서 무슨 일이 이루어지고 있나? 지구에서 가장 밝은 곳을 찾아봐라.

필라우스 - 내가 볼 때와는 다르게 이제 새로운 시작이군. [지구의 빛을 보면서] 이게 시작점이다. 우주가 끝나는 것까지는 예상했고, 우주 끝점을 확신했는데, 지금부터 다시 시작이다. 지구가 시작점인 것은 알았지만, 어떻게 시작되는지는 몰랐다. 그것이 거대한 마지막 계획이었으며 끝난 시점이 밝혀질 것이다. 지금 지구를 보니까 기대하던 것 이상으로 희망을 가질 수 있겠다. 이제까지는 마음속으로만 희망이 있었는데, 이제 직접 확인하니 확신이 된다. 지구에서 가장 밝은 곳인, 작은 도시(대전)에서 작은 빛, 태초의 빛이 느껴진다. 태초란 표현이 어색하지만 이런 표현밖에 할 수가 없다. 이것은 새로운 시작의 빛이다. 마치 밤에 가로등 불이 켜져 있을 때 주변으로 뭔가가 몰려들 듯이 그 빛 주변에 많은 생명들이 몰려 있다. 우리는 끝나는 것은 관심 없다. 새로 시작하는 것이 중요하다. 아~~ 이제 그 뜻을 알겠다. 수정해골 13개는 마지막 점이라는 의미이고, 여기(대전의 빛)는 시작점이라는 것을 알겠다. 이 빛은 시작하는 곳이고, 상당히 작아 보이지만, 그 힘은 온 우주를 빨아들인다. 내가 지금 보는 작은 빛과 그 힘은 정비례다. 강한 힘을 느낀다.

무시공 - 12억 조 이상 67억 조까지 각 차원의 최고 존재들이 자기만의 이분법이란 원래 관점을 포기하고, 나를 기다렸다면서 이 공부 새로 받아들이겠다고 대전에 와 있다. 보이나, 안 보이나?

필라우스 - 당신의 설명을 들으니 대전에 그렇게 높은 존재들이 와 있다는 것이 느껴진다. 각 차원의 존재들이 많이 와 있다.

무시공 - 50억 년 전 준비한 계획, 지금 이루어지고 있지 않나?

필라우스 - 계획한 그대로 이루어지고 있다.

◇ 새로운 우주에 들어가는 인구는 70억의 1% ◇

무시공 - 당신 생각에 온 우주가 변화하고, 새로운 우주는 언제 탄생할 것 같나? 이 새로운 빛, 새로운 우주작업이 지구에서 언제 끝나고 우주에서는 언제 끝날 것 같나?

필라우스 - 지구에서만 바뀌면 우주는 순간이다.

무시공 - 지구에서 받아들이는 존재 얼마나 살아남겠나?

필라우스 - 70억 중에서 약 1%이다.

무시공 - 숫자로 말해보라, 그리고 언제 끝나겠는가?

필라우스 - 살아남는 사람은 7천만 명 정도이며, 2030~2050년 사이에 끝난다.

무시공 - 2030년까지 지구인이 얼마나 남겠으며, 무슨 일이 있겠나?

필라우스 - 2030년까지 7천만 정도 남을 것이다. 그 후 빛과 어둠이 계속 분리되면서 빛은 빛대로 높아지고 어둠은 어둠대로 낮아지고, 계속 변해서 마지막 완전한 빛으로 보이는 존재는 500~1,000명 정도이다.

무시공 - 알았다. 45억 년 전부터 계획하고 실행한 것 너무 대단하다. 그대로 이루어지는 것을 인정하니까, 우리도 고맙다. 지금 당신과 대화하는 우리는 어떤 존재로 보이나? 우리도 지구인이다. 새로 시작하는 존재. 당신에게도 우리가 그렇게 보이나?

필라우스 - 겉으로 보기에는 전혀 그렇게 안 보이고, 너무 평범하게 보인다. 하지만 내가 모르는 뭔가 있을 것 같다는 생각이 든다.

무시공 - 우리는 대전에서 시작하고 있다. 무시공우주가 너무 생소해서 지구인뿐 아니라 우주인도 안 믿고 있다. 하지만 우리가 하는 일이 잘 이루어지고 있는지 당신이 한번 봐라.

필라우스 - 모든 계획은 100% 이루어진다.

무시공 - 고맙다. 당신도 같이 참여하고 싶지 않나. 먼 곳에서 구경하고 관찰만 할 텐가?

필라우스 - 당연히 참여도 하고 관찰도 할 것이다.

무시공 - 대전에 와서 같이 공부할 생각은 없는가? 대전의 '무시공생명 훈련센터'에서 지구인을 훈련시키고 있다. 외계인들, 우주인들도 각각의 차원에서 이 소식 알고 대전에 모여 '무시공생명' 공부를 새로 받아들인다. 간단히 말해서 비, 공, 선, 지(비결, 공식, 탄생선언, 행동지침)로 자기 세포를 깨우고, 자기 무시공생명을 찾는 공부다. 이것은 이 우주(시공우주)에서 처음으로 다른 우주(무시공우주)의 비밀을 밝히는 것이다.

필라우스 - 다른 우주의 비밀? 다른 우주의 비밀?

(가장 관심을 보이며 집중한다)

무시공 - 그렇지, 이 우주(시공우주)의 비밀이 아니다. 지구에서 비밀로 시작하고 있다. 온 우주 전체가 바뀐다. 이 우주는 영원히 사라진다. 믿음이 가나? 아까 보았듯이 대전의 그 빛은 본 적도 없고, 이 빛이 온 우주로 펼쳐나가고 있다. 당신이 전부 다 빨려온다 했듯이, 당신이 보고 그렇다고 하지 않았나?

필라우스 - 지금 또 바로 느꼈는데, 여기(대전의 직선빛)로 빨려 들어가서 새롭게 다른 우주(무시공우주)로 나가는 것을 느꼈다. 맞아, 우주의 블랙홀이다. 이쪽으로 빨려 들어가서 새롭게 다른 우주(무시공우주)로 나가는 것 같은 그런 느낌을 받았다.

◇ 시공은 파장빛, 무시공은 직선빛 ◇

무시공 - 대전의 빛이 어떤 식으로 존재하나? 당신이 아는 빛과 구별 가
능한가?

필라우스 - 대전의 새로운 빛은 뭔가 더 맑고 밝다. '직선이다'라는 표현을
하고 싶다.

무시공 - 우리는 직선이다. 이 직선빛은 이 우주 분자세상에서 무극까지
일체 파장 빛을 다 녹일 수 있고 없앨 수 있다. 믿음이 가나? 이 시공
우주는 전체가 파장으로 된 빛이다. 우리는 이 시공우주의 파장빛과
전혀 상관이 없는, 무시공우주의 직선빛이다. 그 빛으로 원래 우주 전
체를 바꿀 수 있다. 너희 계획에도 이런 것이 있나?

필라우스 - 처음 듣는 계획이며 생소한 단어다. 직선빛? 우리는 파장빛이
라는 것인가?

무시공 - 무극의 최고 존재도 파장빛으로 되어 있다.

필라우스 - 우리가 직선빛으로 바뀐다는 것이군요. 그것이 새로운 우주
로 바뀐다는 것이고, 대전을 통과하면 직선빛으로 나오는 건가?

무시공 - 거기(대전)에서 밝히는 우주의 비밀, 비, 공, 선, 지를 외우며 자기
세포를 깨워야 자기 생명이 깨어난다. 직선빛으로 된 무시공생명이 당

신 안에서 깨어난다.

필라우스 - 잘 알겠다. 자세한 설명 잘 들었다.

무시공 - 45억 년 전부터 계획 짜고, 이 일 이루어지길 기대하고 있는데, 지금 우리가 실천하고 있다. 우리가 하는 일은 당신들을 찾아 소식을 알리는 것이다. 무시공과 함께하길 바란다. 너희가 누구보다 빨리 무시공을 받아들일 가능성이 있기 때문에 서로 소통이 된다. 너희가 해놓았기 때문에 소통이 되는 것 같다. 이해도 못 하고, 알아듣지 못하는 존재가 많은데, 소통되니 답답했던 속이 풀리는 느낌이다.

필라우스 - 빨리 이해되게 설명해주니 고맙다. 이런 원리가 이해된다는 것이 나도 신기하고, 당신의 물음에 미래가 느껴지고 대답을 하게 된다는 것 또한 신기하다. 새로운 체험이었다.

무시공 - 수많은 별의 존재에게 이 무시공을 알렸다. 그러나 우리를 반대하고 협조하지 않는 별을 삭제했다. 12억 조 우주까지 삭제된 것, 당신도 들었을 것이다. 그래서 온 우주에 진동이 일어나고 소문도 났을 것이다. 들어보았나?

필라우스 - 들어봤다. 직접 당해보지 않아서 잘 모르겠지만 정말 신기하고 대단한 일이라 생각한다.

무시공 - 관찰하는 방관자가 아니라 적극적으로 참여하여 하나로 뭉쳐야 한다. 정말 고맙고 수고했다. 수십 억 년 전부터 우리가 할 일을 대충이라도 알고 이 정도 해놓았다는 것은 정말 대단한 존재들이다. 그래서 우리가 무시공우주에 관한 소식을 너희들에게 알린다.

필라우스 - 감사하다, 감사와 함께 어찌 표현할지 모르는 감동이 밀려온다.

◇ 10억 조 광년의 '유프라투스'가 수정해골의 제작 지시 ◇

수정해골의 제작자 '필라우스'에게 수정해골을 만들도록 직접 명령을 내린 10억 조 광년의 '유프라투스'를 불러내어 수정해골이 이 우주에서 하는 역할이 무엇인지를 파헤쳤다.

무시공 - 당신이 50억 년 전, 지구에 수정 해골에 대한 계획을 세우고 진행했던 책임자였나?

유프라투스 - 맞다. 대략 그 정도 시간에 진행했던 일이다.

무시공 - 지구는 언제 생겨났는가, 그리고 그때 왜 수정해골을 만들었나?

유프라투스 - 지구는 50억 년을 넘지 않았다. 수정해골은 잊지 않기 위해 만들었다.

무시공 - 무엇을 잊지 않으려고?

유프라투스 - 후세에 오랜 시간이 지나도 우리 계획을 잊지 않도록 하기 위해서였다. 지구가 거의 벗어날 때를 알기 위해서 수정으로 표시해두었다. 지구에서 깨어난 13명의 존재들이 나타날 때쯤이, 거의 마무리 시기라는 것을 알리기 위해서였다. 그래야 지구인들도 깨어나니까.

무시공 - 수많은 별들 중 왜 지구를 선택해서 했나?

유프라투스 - 처음부터 그렇게 계획이 되어 있었기 때문이다. 지구를 선택했다기보다 처음부터 그렇게 계획되어 만들어졌다.

무시공 - 그럼, 그 계획은 누가 세워 만들었나?

유프라투스 - 우주를 창조하던 무리들 중에서 만들었다. 우리 우주의 작은 도시를 만들 듯이 계획을 잡아 지구도 그렇게 계획적으로 만들어졌다.

무시공 - 그럼, 그때 지구와 우주계획을 하였던 그 존재는 누구인가? 어느 우주에 있나? 지구와의 거리는?

유프라투스 - 우주를 계획하고 만들던 20명의 존재들 중 한 명이 이 우주와 지구의 수정과 계획을 함께 만들었다. 그 위의 또 다른 존재에게 명령받아서…

무시공 - '유프라투스' 당신이 있는 10억 조 광년 위에서, 또 다른 명령 내린 존재는 누구인가? 이름 아는가?

[우주를 계획한 그 20명의 존재 위에서 명령 내린 존재 나타나라]

<u>교만한 '밤퍼스'의 변화</u>

무시공 - 당신이 지구 계획 명령 내렸나? 당신은 어느 우주에 있나, 지구와의 거리는? ~~~~~~~~~~~~~~~

[말을 안 해서 대화가 잘 안 된다! 대답을 안 해?

[상대의 빛을 낮추고, 무시공 빛을 올려, 강하고 아름다운 무시공의 빛을 보여준다]

밤퍼스 - [한걸음 뒤로 물러선다]

무시공 - [교만해 보이면 빛을 줄이며] 말하라! 질문에 똑똑히 대답하라!

밤퍼스 - [문을 열고 나오는 듯] 대단하다. 어떻게 나를 찾았나?

무시공 - 시공우주가 모두 내 손 안에 있는데 왜 못 찾나. 우리가 당신을 찾았으면 우리가 어떤 존재인 줄 알아봐야 하지 않나? 교만한 마음을 철저히 버려야 한다.

[잠시 후 '본인이 우주 계획을 잘못 세웠다'라고 생각하는 상대의 마음이 느껴진다]

잘하고 못 하고 그런 건 관심 없고, 당신이 어느 위치에 있는가? 그것을 알려고 한다.

밤퍼스 - 지구와의 거리는 약 50억 조 광년이다.

무시공 - 당신보다 더 높은 존재가 있는가, 없는가? 가장 높은 존재 어디 있나. 알고 있나 모르나? 그곳과 연락한 적 있나?

밤퍼스 - 글쎄 정확히는 모르겠지만 지구와 가장 끝이라면, 70~80억 조 정도 되지 않을까? 가끔 소통한다.

무시공 - 그 존재 이름은 무엇이며 거리는 얼마나 되는가?

밤퍼스 - '스피아린'이다. 여기서 20억 조 광년 더 간다. 그러니까 지구와는 70억 조 광년 거리다.

무시공 - '스피아린'에게 67억 조 광년의 '크리마'를 아는지 물어봐라.

밤퍼스 - ~~~~~~~~ 이름은 정확히 모르지만 누군지 알겠다고 한다.

무시공 - 당신이 말하는 '스피아린'이 '크리마'보다 더 높은 존재라고?

밤퍼스 - 글쎄. 거리가 멀다고 높다고는 생각지 않는다. 그 정도면 높낮이가 다를 수는 없을 것 같다. 가늠이 잘 안 된다.

무시공 - 이 우주를 창조한 최고 존재가 있지 않나? 당신 생각엔 누가 창조한 것 같나? 아까 그 '스피아린'이 우주 창조자 같은가?

밤퍼스 - 아니다.

무시공 - 그럼 누구인가. 소문이라도 들은 적 있지 않나?

밤퍼스 - 어떤 한 존재가 이 우주를 창조했다고 말할 수 없다.

무시공 - 그럼 집단적으로 창조했다는 말인가? 잘 모르면 '스피아린'에게 지구의 수정해골 계획 명령 내렸냐고 물어보라.

밤퍼스 - ~~~~~~~~

구체적인 것은 밑에서 알아서 했을것이고, 우주와 지구에 관한 계획을 전체적으로 '스피아린' 본인이 진행했다고 한다.

무시공 - 그럼 '밤퍼스', 구체적으로 무슨 계획이었나? 지구와 우주의 미래에 대한 계획인가?

밤퍼스 - 이 우주를 거대하게 키우고 최상으로 행복하게 할 방법을 짜던 중 하나의 별(지구)이 희생 또는 책임(?)을 지도록 하기 위해서 지구를 만들었다. 그래서 수정해골도 넣고, 그런 구체적인 작업들은 지구를 담당하는 존재들이 했겠지만, 전체적인 이유는 같다. 어디든지 오랜 시간이 흘렀을 때, 잊지 않기 위해서 비밀스러운 것을 하나씩 남겨두고, 우주정보를 꽉 막아놓은 지구에까지 전달됐을 때, 그리하여 지구인들도 그 우주적인 내용을 알게 됐을 때, 그때 우주 시간은 끝났다고 본다.

무시공 - 오래전에 이 계획 세웠으면, 너희도 관심 있을 것 아닌가? 지구를 지켜보고 관찰했을 것 아닌가? 지금 지구 한번 봐라. 어느 정도로 변하고 있나? 계획대로 이루어지고 있는가?

밤퍼스 - 지구가 이제 알 건 다 알았다. 우리 계획보다 좀 빨리 알았다. 지구가 완전히 거의 막을 벗어 던진 듯, 막이 많이 없어진 것 같다.

무시공 - 이것은 그 계획안에 있던 내용인가, 계획에 없던 내용인가?

밤퍼스 - 우리 계획으로는 시간이 아직 안 됐다. 빠르다. 지구를 보면, 그렇게 빨리 깨어날 수가 없는데, 밝아진다. 손을 쓸 수가 없이 밝아진다. 다음 일이 뭔지, 다음이 어떻게 될지, 그 다음 생명은 무엇일지…. 다음 어떤 존재가 나타날지, 정확히는 모르지만…. 지구가 진짜 막혀 있었는데, 여기서 깨어나면 그때 다시 새로운 대(大)계획이 세워질 것이다.

끊임없이 계속되는 무시공생명의 밝힘

무시공 - 지구에서 가장 밝은 곳은 어디인가? 그리고 그 빛을 본 적이 있는가? 그 빛이 온 우주에 어떤 영향을 주고 있나?

밤퍼스 - 그 빛은 본 적이 없고, 이 빛을 보니 내가 하는 일이 이제 끝인 것 같다. 이 우주가 끝나는 빛이며, 완전히 새로운 생명이 태어나는 빛이다.

무시공 - 처음 당신들의 지구와 우주 계획도 다 끝났다는 말인가? 이 새로운 빛과 원래 빛의 차이점은 무엇인가?

밤퍼스 - 나를 뚫고 들어온다. 지금까지 이런 빛이 없었는데, 내가 지금까지 주관하던 빛이 아니다. 그래서 차이점을 잘 모르겠다.

무시공 - 그럼 알려주지. 당신들의 지금까지의 빛은 파장으로 되어 있는 빛이고, 우리의 빛은 직선빛이다. 맞나?

밤퍼스 - 파장 빛과 직선빛, 단어 하나로 설명이 되는군요. 맞다. 빛이 날카로우면서 부드럽게 스며든다.

무시공 - 직선빛은 일체 파장 빛을 녹일 수 있고 삭제시킬 수 있다. 그런 특징 보이나? 이런 건 생각도 못 했을 것이다.

밤퍼스 - 상상도 못 했다.

무시공 - [처음 시공의 우주 계획을 세울 때, 나의 출현은 상상을 못 했군.] 이 새로운 빛 안 받아들이면 어떤 현상이 있을 것 같나?

밤퍼스 - 이 빛에 흡수되어서 사라지든가, 새로 태어나거나 둘 중 하나라고 생각한다.

무시공 - 그래, 알아보니 대단하다. 고맙다. 그럼 이제 당신은 지구를 멸시할 건가, 관찰할 것인가? 지구에 와서 빨리 새로운 우주공부 받아들여야 할 것인가?

밤퍼스 - 나를 참여시켜주고 초대해준다면 감사한 일이다.

무시공 - 우리가 여기까지 찾아온 목적은 당신이 같이 참여해서 새로운 빛으로 새로운 우주를 창조하도록 하기 위해서다. 빨리 깨어나서 동참해야 하지 않겠나? 당신도 빨리 깨어나야 우주의 생명을 살릴 수 있지 않겠나?

밤퍼스 - 깨어나야지, 나는 바로 깨어났다고 생각한다. 왜냐하면 내가 숨어 있었던 이유는 이 세상을 만든 것에 대한 원망의 소리가 끊임없이 들려와 숨어 있었던 것도 사실이다. 그래서 좀 힘든 면도 있었다.

무시공 - 그래, 그건 다 지나간 일이고, 이제 새로운 우주 창조의 길로 함께 가야지. 새로운 생명이 탄생하는데, 자기의 진짜 생명을 찾아야지. 함께 손잡고 우주작업을 같이하자는 것이다. 지나간 것은 다 지나갔고, 과거는 원망할 필요가 없다. 어쨌든 앞으로 적극적으로 참여한다는 것이 최고의 선택이다.

밤퍼스 - 나를 불러주고, 또 그렇게 말해주니 오랫동안 묵혀 두었던 무거운 마음이 녹아 사라지는 듯하다. 고마운 마음을 전한다.

무시공 - 어쨌든 당신들이 우주를 바꾸려고 많은 계획을 하고, 오랜 시간 그것을 지켜 왔다. 지금 우리가 지구에서의 일이 이루어지고 있는 것에 대해, 당신도 일부분 역할을 했다. 그래서 고맙고 감사하다. 당신들이 깨어나면 많은 생명이 깨어날 수 있다. 그렇지 않으면 여기서 우리가 작업해도 누구도 못 알아보고 누구도 이해 못 한다. 지금도 수많은 우주와 별에 있는 존재들이 오해하고 있고, 믿지 않는 존재가 너무나 많다. 이제 이런 방면에 당신들이 먼저 나서서 해결하도록 해야 한다.

밤퍼스 - 지금까지 이 우주에서 내가 가지고 있던 많은 권한을 당신(무시공)에게 이전, 이관, 인계? 한다. 이제 모든 것을 당신에게 맡긴다.

무시공 - 그래, 이 빛을 인정하고 받아들이는 순간에 당신은 우리하고 하나가 되었다. 과감하게 일체의 장애물을 헤쳐나가고, 많은 생명을 더 빨리 깨우자.

밤퍼스 - 감사하다. 운 좋게 또 기회를 얻는군요.

무시공 - 이제 우리가 어떤 존재인지 누군지 알아봤나, 이해하나? 10억 조 이상 67억 조 광년에 있는 통치자까지, 모두 대전에 공부하러 왔다. 거기에서 새로운 우주의 비밀을 다 밝히고 있다.

밤퍼스 - 다 알고 있습니다. 당신은 새로운 우주창조자, 이 우주를 다 바꾸는 존재. 이제 곧, 이 우주가 다 바뀐다.

무시공 - 고맙다, 나는 이 소식을 알릴 뿐이다. 우리를 알아보고 이해해 주니, 너무 고맙고 감사하다.

밤퍼스 - 그런가요? 나도 대전에 가야겠다. 축하드립니다.

무시공 - 당신이 깨어나니까 우주가 빠른 속도로 변한다. 나는 2000년도 부터 지구에서 이 뜻을 밝혔는데, 누구도 못 알아듣고 이때까지 막혔다가 이제 겨우 열리는 상태다. 지금까지 지구와, 다른 별나라와 다른 우주를 전부 다 막아놓아 소통이 안 됐다. 우리가 최선을 다해서 이제 겨우 소통이 가능해졌다. 우리 뜻을 이해하는 존재가 조금씩 나타나기 시작하고 깨어나고 있다. 우리는 당신을 기억하고 있을 것이다. 앞으로 자주 만나 대화하자.

밤퍼스 - 그렇게 힘들게 시작했다는 마음이 느껴진다. 그런데 지구에 왜 이렇게 서둘러 왔나?

무시공 - 천 년, 만 년 기다려도 계속 이 모양일 것이다. 기다릴 만큼 기다렸다, 이제는 어쩔 수 없이 바꿔야 한다. 수많은 생명이 계속 고통 속에서 헤매니까… 지금 이 상태로 또 천 년, 만 년 기다려봐야 무슨 큰 변화가 있을 것 같은가? 고통 속에 빠진 생명은 계속 고통 속에서 헤매고 있다. 그래서 어차피 변할 바에야 빨리 이루어져야지.

밤퍼스 - 맞습니다.

무시공 - 우리는 지구와 인간의 껍질이 가장 험하고 질긴 것을 분명히 알지만, 일부러 여기서 시작했다.

밤퍼스 - 존경스럽다, 할 말이 없다.

무시공 - 다시 한 번 우리를 봐라. 우리 몸의 빛을 본 적 있나? 지구의 빛과 대전의 빛이 같은가? 지구인들도 우리를 못 알아본다. 보여줘도 못 알아보는데, 안 보여주면 더 못 알아본다.

밤퍼스 - 훌륭하다, 아름답다. 당연히 못 알아본다.

무시공 - 당신은 그 빛을 알아봤나?

밤퍼스 - 몇 마디하고 나서 다 알아봤다.

무시공 - 고맙다, 이제 우리 같이 손잡고 대전 와서 우주작업 해보자. 또
　　보자.

◇ 지구가 온 우주의 가장 높은 위치로 올랐다 ◇

무시공 - 이제, 70억 조 광년 대표 '스피아린' 나타나시오.

[또 빛으로만 보인다. 교만하게 나타나면 빛을 줄이며, 기세를 꺾어놓고 대화한다]
스피아린 - 듣던 대로군. 곧 나를 찾을 것 같았다. 그 친구(50억 조)에게서
　　교감(메시지)이 왔다.

무시공 - 그렇군, 67억 조 광년 대표 '크리마'를 아는가?
스피아린 - 알고 있다.

무시공 - 당신 위에 또 다른 존재 있나?
스피아린 - 내 위에도 나와 거의 같은 차원의 존재일 것이다. 더 없는 것
　　으로 알고 있다.

무시공 - 거기가 인간이 말하는 무극자리인가? 우주 최고 끄트머리가 그
　　자리인가?
스피아린 - 그렇다, 우리가 최고 높은 곳으로 알고 있다.

무시공 - 그러면 그 자리(70억 조)에 몇이 있나?

스피아린 - 5천 명의 존재들이 있다.

무시공 - 당신은 이 우주가 완벽하고 영원하다고 생각하나?

스피아린 - 아니다, 한계가 있다.

무시공 - 어떤 한계가 있다고 생각하나?

스피아린 - 발전의 한계, 의식의 한계, 생명의 한계가 있다.

무시공 - 잘 알고 있네. 그럼, 지금 우주변화의 징조는 느끼고 있나?

스피아린 - 느끼고 있다.

무시공 - 그럼 그것은 어디서 시작하고 있다고 느끼나?

스피아린 - 우주의 끝에 있는 지구에서 시작하고 있다.

무시공 - 지구에서 무슨 일이 이루어지는지, 세밀하게 지구를 구경해봐라.

스피아린 - 지구와 여기(70억 조 우주)의 운명이 뒤바뀌었다. 지구가 가장 높은 곳이 되었어.

무시공 - 원래는 당신들이 가장 높은 곳에 있었는데, 지구가 오히려 가장 높은 핵심이 되었다는 이야기가 맞나?

스피아린 - 네, 맞습니다.

무시공 - 그럼 지구에서 발원지가 어디인지 아는가? 핵심부위가 어디인가?

스피아린 - 알고 있다. 지구의 대한민국, 바로 대전이다.

무시공 - 언제부터 알았나?

스피아린 - 조금씩 느껴지다가, 차츰 정확하고 강하게 느끼게 되었고, 지금 대화하면서 완전히 알았다.

무시공 - 대전에서 나타나는 빛 본 적이 있는가? 우주의 일체 빛과 비교하면 무엇이 다른가?

스피아린 - 우주의 모든 빛이 그쪽(대전의 빛)으로 흡수되고 있다. 대전 자체 빛하고, 우주 빛하고 합쳐져서 말할 수 없이 강한 빛이다.

무시공 - 그 빛의 차이 구별할 줄 아나. 특징은?

스피아린 - 더 밝고, 그 작은 빛이 온 우주를 비춘다. 우주 끝까지 비춘다. 아! 차이가 뭔지 알겠다. 처음과 끝이 동일한 빛이다.

무시공 - 구체적으로 해석해 주겠다. 원래 시공우주의 빛은 일체 파장으로 되어 있지만, 우리는 시작과 끝이 없는 직선빛으로 되어 있다. 관찰해봐라. 맞는지.

스피아린 - 맞다. 그러니까 이 우주 끝까지 빛이 오는구나.

무시공 - 그래서 이 빛은 일체 파장 빛을 다 녹일 수 있고, 삭제할 수 있고, 없앨 수 있다. 온 우주가 직선빛으로 변한다. 이 빛은 영원한 빛, 영원한 생명의 몸에서 나타나는 빛이다. 인정하나?

스피아린 - 인정합니다.

무시공 - 우리 몸과 지구 대전의 빛을 비교해봐라. 당신 몸의 빛과 내 몸의 빛도 비교해봐라.

스피아린 - 빛의 색깔, 순도, 직광, 생명력의 차이가 느껴진다. 당신과 나, 빛의 근원이 다른 것 같다.

무시공 - 실험 삼아 우리 빛을 받아봐라. 무슨 느낌인가? 당신이 인정하는 순간에 직선빛으로 변하고 있다. 느끼나?

스피아린 - 잠깐 힘들었지만 부드럽다. 받아들이는 순간 바뀐다. 받아들이겠다.

무시공 - 당신 안에 영원한 생명이 새로 탄생한다. 당신이 아까도 말했듯이, 당신이 머무는 자리의 생명은 아무리 길어도 모두 한계가 있는 그런 생명이다. 우리는 생명력도 무한대, 직선빛도 무한대의 영원한 직선빛이다. 그래서 이 우주는 우리를 통해서 우주 전체가 바뀐다. 지구의 대전이 우주 중심지, 우주의 핵심부위이며, 새로운 우주의 중심지이다. 그것 인정하나?

스피아린 - 인정한다, 나는 모든 걸 내려놓았다.

무시공 - 그래, 대립하고 반대하지 말고 적극적으로 참여하여, 이 새로운 우주 다 함께 창조하자. 그리고 당신과 같은 위치에 있는 5천 명의 존재들이 모두 빨리 깨어나서 '무시공생명' 공부를 받아들이도록 해야 한다. 대전에 와서 공부하든 안 하든 그건 당신들의 몫이고, 우리는 그저 이런 정보를 당신들에게 알릴 뿐이다.

스피아린 - 받아들일 수밖에 없는 상황이다.

무시공 - 만일 안 받아들인다면 존재하기 힘들다는 것을 느끼나?

스피아린 - 잘 알고 있고, 느끼고 있다.

무시공 - 그럼 됐다. 알아들으니 고맙다. 빨리 원래 관점 다 버리고, 그 위치 지키려고 생각하지 말고, 새로운 우주 근원에 와서 공부하면 새롭게 깨어난다. 대한민국 대전에서 새로운 우주 비밀을 밝히고 있다. 가장 밑바닥에서 시작하고 있다.

스피아린 - 내가 최고 자리에 있다가, 최고 자리로 다시 갑니다.

무시공 - 그래, 이 소식을 우리가 알리지 않았다면 당신은 아직 몰랐겠지?

스피아린 - 네, 지금 정확히 알았습니다.

무시공 - 그 위치에 있으므로 우주의 많은 것을 알고 있을 것이니 빨리빨리 수많은 생명을 깨워야 한다. 잘할 수 있겠는가?

스피아린 - 알겠습니다. 우리는 최선을 다하겠지만, 받아들이는 존재도 있고 못 받아들이는 존재도 있을 것이다.

무시공 - 실제로 그렇다. 처음 밑바닥에서 시작할 때, 어떤 별은 우리를 반대하며 끝까지 버티다가 삭제되었다. 심지어 12억 조 광년의 대표와 우주까지 삭제된 일도 있었다. 모두 알고 있나? 누구라도 우리 일을 반대하고 방해하는 존재는 무조건 삭제한다. 지금 삭제 안 해도 어차피 다 없어지거나, 다 바뀔 것이다. 당신은 깨어나고 순간에 이해하니까 너무 고맙다. 그래서 우리가 진행하는 이 일이 더 순조롭게 진행될 것이다.

스피아린 - 알고 있다. 그리고 동감한다. 우리가 받아들이는 순간, 더 순조롭게 진행될 것이다.

무시공 - 당신들도 물론이고, 그 이하 어느 우주 차원의 존재든 빨리 깨우쳐서 절대 우리가 하는 일을 방해하거나 반대하는 일이 없도록 해야 한다. 모두 적극적으로 참여하고 같이 새로운 우주를 만들자.

스피아린 - 네, 알겠습니다. 그들의 마음을 억지로 움직이는 것까지는 못하겠지만, 최선을 다하겠습니다.

무시공 - 누가 반대하면 우리에게 이야기하라. 100% 다 처리할 수 있다.

스피아린 - 알겠습니다.

무시공 - 하하하하~ 희망이 보인다.

의식혁명(意識革命)

이원변일원(二元變一元)
생사변영항(生死變永恒)

제5장

우주인,
지구 내부의 인간들

중국 장춘 지방의 거인 부족

어느 도인을 통하여 중국의 장춘 지방에 사람의 눈길을 피하여 깊은 산중에 사는 거인 부족의 족장 '개송달'을 불러내어 만났다. 보통 성인의 3배의 거구로 700년 동안 살면서 인간 세상에서 괴물 취급을 받으며 괴롭힘을 당하며 너무 상처를 받아 지금은 15명의 부족을 이끌고 깊은 산 속에 꽁꽁 숨어살고 있다고 한다.

무시공 - '개송달' 당신네 부족에 대하여 설명해 달라.

개송달 - 우리는 인간의 모습으로도 보이게 하고, 안 보이게도 할 수 있다. 부족 중에서 나 혼자만 오래 살고 있고, 순간이동 능력을 가지고 있다. 그런데 당신들이 누군지 모르나 나를 찾아내어 이렇게 대화를 하다니 상상도 못했다. 나와 대화할 수 있는 존재들은 엄청난 영급이어야 가능한데 도대체 당신들은 누구인가?

무시공 - 우리가 어떤 존재 같은가?

개송달 - 귀신은 아닌 것 같은데. 그런데 이렇게 만나고 있으니, 왠지 마음이 포근하고 편안하다. **(우리의 실체를 보여주니 넙죽 엎드려 큰절하는 자세를 취한다)**

무시공 - 대전이 우주의 중심지다. 인연이 있어 이렇게 만나게 되었다. 이제부터 시작인데 당신들도 우리와 함께하자. 대전이 보이는가? 대전 상공도 한번 보라.

개송달 - 남쪽이 밝고 거기에 유명한 사람들이 다 모인다는 소문이 파다
하게 퍼져있어 이미 듣고 있었다. 저게 뭐지? 하늘에 막 떠 있는 거?

무시공 - 우주선이다. 각 별나라와 각 차원에 있는 우주선들이 대전 상
공에 파견되어 모여 있는 것이다.

개송달 - 내가 보기에 공중에 '무시공생명'이라고 쓰여 있는 것이 보인다.

무시공 - 좋은 세상 가고 싶지 않나? 대전을 봤으면 빨리 오라.

개송달 - 물론이다. 대전까지는 순간이동 능력을 쓰면 5시간 정도 걸린
다. 지금 심정으로는 무조건 가고 싶다. 그런데 인간세상이 너무 무섭
고 두렵다.

**(마음이 너무 여리고, 순하고, 순수함이 아이들 같은 느낌이 전해진다. 그동안 인간 세
상에서 괴롭힘을 많이 당해 오죽하면 꽁꽁 숨어살까 싶은 생각에 애틋한 마음이 전해
진다)**

무시공 - 우리 무시공도 가장 거친 지구를 선택해서 왔고, 지구에서 가장
밑바닥부터 온갖 고초 다 겪으며 여기까지 왔다. 그 마음 이해한다.
대전에는 너를 흉보고 괴롭힐 사람이 한 명도 없다. 우리 주변에 머물
며 무시공 공부하면서 우리와 함께하자.

**(페루 나스카 지상 그림을 그린 '카를로스' 족장을 불러 '개송달'과 만나게 했다. 같은
거인 부족으로 잘 통한다)**

무시공 - '개송달' 부족과 '카를로스' 부족 말고도 지구에 많은 거인이 살고 있다. 하나하나 우리와 함께할 것이다. 영원한 평화와 영원한 생명의 희망을 갖자.

개송달 - (기쁘기도 하고 자기 마음을 알아주는 것에 감사하다며 어린아이처럼 엉엉 운다)

'아스타' 별 우주인

'아스타' 별은 지구에서 약 20광년의 거리에 있고, 인구는 약 25억이며 '아스타' 별의 대표자는 2명으로 남자인 '마인스타'와 여자인 '시스코'이다.
이들과의 대화를 통하여 지금 대전과 우주에서 벌어지는 놀라운 일들이 밝혀진다.

무시공 - 그럼 지구에서 벗어난 존재가 지구에서 겪으며 벗어난 경험을 공개할 수 있지 않나?

아스타 대표 - 공개한다. 많은 체험 사례가 있다. 지구에서 아주 힘들게 살아보려 선택하는 사람의 체험도 있고, 최고의 위치를 선택하는 사람 등 여러 방법으로 체험한 사례들이 있다.

무시공 - 아스타 별에도 미래의 우주에 대한 예언이 있는가? 그리고 지구 실험장은 누가, 왜 만들었나?

아스타 대표 - 지구 실험장은 우주에서 공동작업을 했다. 지구에서 깨어나는 사람들 중 한 명이라도 100% 깨어난 존재가 있다면, 거기서부터 운명이 뒤바뀌어 완전히 뒤집힌다. 지구가 대폭발이 일어날 것이다. 옛날의 지구가 아닌 새로운 지구로 운명이 뒤바뀔 것이다. 그래서 지구로 그렇게 많이 체험하러 간다.

무시공 - 그때가 언제인가? 당신들은 이미 되어 가고 있다고 생각하나?

앞으로 올 것이라고 기대하나?

아스타 대표 - 이제 때가 되었는데, 되었는데 하면서 기다리고 있다. 그래서 자꾸 지구와 소통하려 한다. 민감하게 감지하는 사람들은 느끼고 있어서 지구를 들락날락하고 있고, 사실인지는 모르겠지만 벌써 지구가 바뀌었다는 존재들도 있고, 하여튼 소문이 많다. 우리는 아직은 잘 보이지도 않고 정확한 정보가 없다.

무시공 - 지구에 많은 존재가 와 있을 텐데 왜 그 정보를 모르나?

아스타 대표 - 지구에 있는 우리 별 존재들이 보내오는 정보와 우주의 정보가 달라서 확실한 정보 조합이 안 된다.

무시공 - 지구정보와 우주정보 무엇이 다른가?

아스타 대표 - 지구정보는 자꾸 한국을 주시하라 하고, 우주에서 오는 정보는 지구에서 오는 정보와 비슷하게 지구가 완전히 바뀌었다, 한국을 주시하라는 등의 정보가 내려오지만, 일단 지켜보라, 주시하라, 아직은 지구의 일에 개입하지 말라 하는 등의 정보가 계속 들어온다.

무시공 - 잘못될까 봐 계속 확인하려는 마음이 보이는데, 당신들은 어느 쪽 정보를 믿나?

아스타 대표 - 지구의 정보를 믿고 우주의 정보는 참고를 한다. 하지만 우주정보도 무시할 수 없는 상황이다.

무시공 - 지구에서 진짜 깨어난 존재가 있다면 당신들은 100% 뛰어들 수 있나? 당신들은 아직 누가 지구에서 깨어났는지 모를 것이다.

아스타 대표 - 그는 온 우주가 기대하고 있다. 지구에서 깨어난 존재가 있다면, 당연히 100% 함께하겠다.

무시공 - 아직도 이런 소식을 못 들어보았는가? 지구인이 어떤 소식이나 정보를 우주에 주어도 믿지 않아, 별과 그 우주까지 삭제됐다는 그런 소문을 못 들어봤단 말인가?

아스타 대표 - 맞다. 그런 정보가 온다.

무시공 - 누가 했는지 아는가? 누가 별이나 우주를 삭제할 수 있나?

아스타 대표 - 정보는 오지만, 먼 우주 이야기, 신화처럼 생각하기도 한다. 그래서 어쩔 수 없이 주시하고 있는 상황이다.

무시공 - 지구에서 100% 깨어난 존재를 온 우주가 기다리고 있고 찾고 있다는 뜻인가? 그래서 지구인과 소통하려고 노력하는가?

아스타 대표 - 맞다, 결론은 그렇다. 우주에서 지구에 자원해서 간 사람들도 지구에 가면 소식이 없고 구렁텅이에 빠지고 만다. 그러나 그들이 깨어날 때 우리도 같이 풀리면서 깨어날 수 있으니까, 지구인들과 소통하려고 노력해왔던 것이다.

무시공 - 알았다, 지금 나와 함께 지구와 우주변화를 살펴보자. 우리가 알려주지 않으면 당신들은 절대로 알 수가 없다.

[지구를 세밀히 살펴본 후]

아스타 대표 – 지구가 막을 벗어 던졌다. 예전처럼 창살 같은 느낌은 없다. 대한민국 대전이 빛나는데 나라 전체가 빛나는 것처럼 보인다. 대전 상공은 우주의 구조물들이 엄청나게 많다. 태양계 중에서 지구가 가장 밝고 그 빛은 조그맣게 빛나는 거 같은데 모든 걸 관통하고 있다. 이런 빛은 본 적이 없다. 우리 별에까지 영향을 준다. 우주 어디서나 피하기 힘들고 온 우주에 알게 모르게 영향이 갔을 것이다. 이제 직접 보고 나니 확실하게 느껴진다.

무시공 – 지구에서 온 정보가 맞는가? 각 나라를 살펴보라, 전쟁 조짐 등이 보이나?

아스타 대표 – 이제 지구에서 큰 전환점이 있겠다. 옛날의 지구는 물론 아름답기도 했지만, 지금은 평화로워졌다고나 할까? 아주 조용하다. 이런 조짐은 우리가 기다려 온 그때가 왔다는 게 아닐까 싶다. 지구인이 먼저 대화를 시도한다는 것 또한 그것부터 의문이 들었다. 지금 상황을 좀 더 자세히 알고 싶다. 좀 더 자세히 알려 달라.

무시공 – 67억 조 광년 존재가 대전에 와 있다. 보이나?

아스타 대표 – 내가 알아보지 못하지만 와 있는 것 같다. 그래서 이렇게 많이 모여든 건가? 지구에 대기하고 있던 우리별 우주선도 여기 있다. 한국을 주시하라고 했고 한국에 가 있는다고 했다.

무시공 – [우리(무시공)의 실제 모습을 보여주며] 대전 빛과 비교해보라.

아스타 대표 – 아까 그 지구인 맞냐? [놀란대] 대전 빛과 똑같다.

무시공 - 우리도 이 일을 지구에서 시작하기 위해, 인간을 깨우기 위해 가짜 몸 쓰고 왔다. 이 껍질은 가짜다. 무슨 말인지 이해 가는가? 또, 우리에게 의심은 없는가?

아스타 대표 - 이상하게 의심은 없다. 다만 한번 속아 본다는 심정으로⋯ 하하하⋯

무시공 - 괜찮다, 한번 속아봐라. 대전이 새로운 우주 중심지다. 믿음이 가는가? 지구인 모습과 우리 내면을 보고 비교해보았나?

아스타 대표 - 믿음이 가고, 당신들의 실체를 보았다.

무시공 - 우리는 우주의 문을 빨리 열려고 한다. 일체의 모든 우주작업을 다해 놓았다. 단 소통이 필요하다. 일단 소통을 시작하게 되면 많은 우주인들이 우리 무시공과 대화하기 위해서 줄을 서서 기다리게 될 것이다. 그러나 막상 시작하려니 누구도 앞장서는 존재가 없다. 대전이 새로운 우주 중심지다. 대전에서는 각 차원의 우주, 별과 소통을 하기 위해 대전 상공에 기지를 건설할 예정이다. 한반도에 집중해서 모든 우주의 고급 생명들이 모여들고 있다. 우리가 어떤 일을 하는지 우리를 더 확실히 보여주기 위해 당신들을 열어준다. 열어놓고 당신들이 우리 말 안 들으면 스스로 닫을 수도 있다. **(이제 우주변화 보라)**

아스타 대표 - 알았다, 흥미롭다. 대전 상공에 우주의 고급존재들이 체계적으로 정렬하여 자리를 차지하고 있다. 각자 자기 자리가 있어서 우주선 앉을 자리까지 구조물로 되어 있다.

무시공 - 67억 조 광년의 '커린마'와 그의 딸 63억 조 광년의 '커린마린'이 보이나?

아스타 대표 - 아득히 멀리 빛으로 보인다.

무시공 - 이제 우주를 볼 수 있는 눈이 열렸으니, 자꾸 훈련하면 뚜렷이 보인다. 반드시 우리와 손잡고 한마음 한뜻이 되어야 너도 우리와 같은 존재가 된다. 그리고 한반도 서해 바다 밑을 봐라. 무엇이 보이는가?

아스타 대표 - 뭔가 차곡차곡 쌓여 올라온다. 몇 명이 조용하게 아무도 모르게 눈에 안 띄게….

무시공 - 당신들에게도 그런 기술 있나? 5천억 광년에서 와서 우주 중심지 건설을 도와주고 있는 것이다.

아스타 대표 - 지구 속 바다 환경을 잘 모른다. 정말 지구에 많은 일이 일어나고 있다. 지구 존재이든 다른 별 존재이든 모르는 게 당연할 것 같다.

무시공 - 외계인도 우리가 안 알려주면 모른다. 어쨌든 고맙다. 다음에 세밀하게 만나 또 이야기하자.

아스타 대표 - 기대한다. 그리고 감사하다. 당신들이 100% 깨어난 존재이기를 희망한다.

돌문 속에 살고 있는 거인족

암벽으로 이루어진 산의 중턱에서 너비가 약 2미터 높이가 약 4미터 정도의 거대한 돌문이 닫히는 순간을 포착해서, 유튜브에 올린 동영상을 '무시공생명'이 우연히 보았다.

지금까지 지구의 동공설과 더불어 그 속에 사는 종족이 있을 것이라는 추측. 또한 거인족 등의 다른 종족이 이 지구에 살고 있다는 추측이 여러 정황으로 포착은 되었지만 증명되지는 못하였다.

지금 진행되고 있는 '무시공생명'의 3단계 우주작업 과정을 통해 지구에 살고 있는 외계인들과 다른 종족들의 비밀이 하나하나 밝혀질 것이다.

무시공 - 영상에서 본 그 돌문, 돌문 안에서 문 닫은 존재 나오시오.

(사람처럼 생긴 로봇이 나온다)

무시공 - 로봇과 대화가 되나? 대표 나와라. (대표가 나온다)

[로봇은 아니고 인간처럼 생겼는데, 키도 덩치도 보통 인간보다 2배 이상 크고 우락 부락하며, 팔짱 끼고 있다. 인디언 추장의 옷과 비슷한 풍으로 외계인이라는 느낌은 없다.]

◇ 다른 별에서 이주해 온 거인들의 출입구 ◇

무시공 - [교만한 모습이 보여 빛으로 줄이고] 우연히 동영상을 통하여 높은 산 중턱에 돌문이 닫히는 것을 등산을 하던 사람이 찍어서 올린 것을 보았다. 우선 당신이 어디에서 왔는지 소개해 달라. 그리고 그 문은 어디에 있으며, 용도는 무엇인가?

조나단 - 내 이름은 '조나단'이다. 우리의 조상은 지구로부터 10만 광년 떨어진 '이라자'라는 별에서 왔다. 그 돌문은 우주선이 다니는 문이 아니고 우리가 출입하는 몇 개의 출입구 중 하나다. 우리는 여기 지구에 정착했으며, 우리 별과 연락은 할 수 있지만 안하고 살고 있다.

무시공 - 그 돌문이 있는 곳의 위치는 지구의 어디인가?

조나단 - 지상에 누가 있는지 신경 안 써서 잘 모르겠는데….

무시공 - 지금 확인해봐라. 확인하려는 순간 알 수 있다.

조나단 - 남미 쪽이다. 구체적으로는 칠레 부근인 것 같다.

무시공 - 지구에 온 지는 얼마나 됐나?

조나단 - 처음 이주해 온 것은 10만 년 전으로 알고 있다.

무시공 - 우주선 공장은?

조나단 - 여기 함께 있다.

무시공 - 인구는 몇 명인가?

조나단 - 5만 명 수준을 유지하고 있다.

무시공 - 지구에 살면서 지구인과 소통이나 접촉은 하고 있나?
조나단 - 지구인과 모습이 달라서 아예 접근 안 한다.

무시공 - 지상에 나올 때는 어떤 교통수단을 사용하나, 혹시 다른 외계인 처럼 승용선을 승용차처럼 위장해서 다닐 수 있나?
조나단 - 우리는 그렇게 안 한다. 지상에 나올 때는 우주선을 탄다. 길과 바다, 공간 어디든 갈 수 있다.

무시공 - 다른 별에도 갈 수 있나? 제일 먼 곳은 어디까지 갈 수 있나?
조나단 - 우리 고향 별까지는 간다. 10만 광년까지…

무시공 - 인간 눈에 안 보일 수 있는 능력이 있나?
조나단 - 있다.

무시공 - 그런 능력이 있으면 인간들 속에서 같이 살아도 되지 않나?
조나단 - 그래도 이 안에서 우리끼리 모여 사는 게 편하다.

무시공 - 뭐 먹고 사는가. 생명유지는 어떻게 하는지? 그 안에서 인간처 럼 식물이나 먹는 재료를 재배하나?
조나단 - 별에서 여기로 옮겨 올 때 선조들이 우리가 먹던 곡물도 가져왔 다. 합성해서 영양분을 만들어 먹기도 하고, 지구에 있는 것과 교배해 서 키우기도 한다. 이 안에서도 아무 불편 없이 얼마든지 키우는 것이 가능하다.

무시공 - 옷이나 가구 등 생필품을 어떻게 조달하고 있나?

조나단 - 처음에 올 때 다 준비해 왔다.

무시공 - 10만 년 전에 이런 것들을 다 가지고 왔단 말인가?

조나단 - 우리는 선조들이 지혜로워서 자체적으로 거의 모든 것을 제작할 수 있고, 하나 만들면 상당히 오래 쓴다. 지구처럼 공장 개념은 아니다. 그리고 지구처럼 완전한 물질형태가 아니기 때문에, 얼마든지 재활용도 가능하다.

무시공 - 당신 나이는 몇 살인가?

조나단 - 500살이다.

무시공 - 당신들의 수명은 얼마나 되나?

조나단 - 수명이 많이 줄어서, 1만 살이 채 안 된다.

무시공 - 당신들의 고향별과 지구하고 비교하면 어디가 더 나은 것 같나?

조나단 - 우리 별이 살기가 좋았는데, 상당한 분쟁이 일어나서 많은 사람들이 각각 다른 별로 이주해갔다. 물론 계속 살고 있는 사람들도 있지만, 우리는 지금 여기를 고향처럼 생각하고 있다.

무시공 - 여기 말고 당신들의 종족이 사는 곳이 있나, 아니면 여기 한 군데에서만 모여 사나?

조나단 - 같이 모여 살고 있다. 굳이 다른 곳 가겠다면 갈 수 있지만, 아무래도 따로 있으면 불편하니까. 같은 문화와 비슷한 사람끼리 모여 사는 게 제일 편하다.

무시공 - 너희가 돌문을 열고 닫는 것이 지구인들에게 노출되었는데, 의도적인 것인가, 우연히 인간의 카메라에 찍힌 것인가?

조나단 - 조심하고 있었는데, 인간이 알게 되었다면 들킨 것이다.

무시공 - 인간들이 알게 되었는데 두려운 마음은 없나?

조나단 - 그래서 그 문을 폐쇄하고 원래 돌처럼 다시 만들었다. 그리고 두려운 마음은 없다. 우리를 찾을 수는 없을 테니까.

무시공 - 그 문을 폐쇄하고 다른 쪽에 문을 새로 만들었나?

조나단 - 다른 곳에 다시 만들었다.

무시공 - 그곳이 우주선의 출입구였나?

조나단 - 거기는 가끔 우리 종족들이 출입했던 곳이고, 우주선 나가는 곳은 다른 곳에 있다.

무시공 - 너희 우주선은 물질인가 에너지인가? 완전 물질이 아니라면 물질과 에너지의 비율은?

조나단 - 60 : 40 정도다.

무시공 - 그럼 그 물질이 지구에서 말하는 물질과 같은 것인가?

조나단 - 완전한 지구의 물질과는 좀 다르다.

무시공 - 지구의 물질과는 또 다르다? 그럼 완전 지구 물질로 이루어진 우주선은 없나? 그런 우주선을 만들 수는 없나?

조나단 - 완전 지구 물질로 우주선을 만드는 것은 위험한 일이다. 왜냐하면 지구인들에게 들킬 것이 뻔하고, 들키면 이상한 것으로 오인되어 공격받을 수도 있기 때문이다.

무시공 - 그 얘기는 지구인이 탈 수 있는 우주선을 만들 수 있다는 것인가?

조나단 - 만들려고 한다면 만들 수도 있겠지.

◇ 우주의 중심지, 지구의 중심지 대전을 소개 ◇

무시공 - 여기 지구를 한번 자세히 관찰해봐라. 옛날하고 지금하고 지구에 어떤 변화가 있나?

조나단 - 완전히 다르다.

무시공 - 지구에 살고 있으면서도 왜 지구가 달라진 것을 몰랐나?

조나단 - 얼마 전 우주에서 들어올 때에도 이렇게 달라지진 않았는데…

무시공 - 지구에서 어디가 가장 밝은지 자세히 살펴봐라.

조나단 - [자기 느낌과 지도를 비교해본다] 대한민국 대전이다. [화면으로 지상의 첨단 지도를 찾아보고 있다]

무시공 - [처음에 줄여 놓은 채로 대화를 하는 과정에서 순수한 모습을 보여 조금 풀어 주고 대전 상공과 지상 구경을 하며 안내한다] 인간들이 어찌 생각할 것에 대해서는 걱정 마라. 우리는 외계인들과 문을 열고 소통하려 한다. 우리 무시공생명은 어느 별, 어느 우주인과도 다 소통한다. [지구 문을 연다] 두려운 마음을 버려라. 우리는 어떤 종족이든, 모든 일체 생명을 살리는 목적이다. 숨어서 살 필요가 없다. 자~ 봐라. 한반도에 우주선과 우주인도 많지 않나?

조나단 - 여기 대전의 빛이 어마어마해서 대전의 빛 쪽으로 몰려드는 것 같다. 이렇게 굉장한 줄은 몰랐다. 우리가 다 옮겨올 만한 여력은 아직 안 되는데… 원래 우리가 있던 곳이 정착이 되어 살기가 좋다.

무시공 - 여기는 새로운 우주 중심지이다. 대전으로 오면 더 살기 좋은데 무엇을 망설이나? 중심지 소식 먼저 들었으면 빨리 와야지, 뒤떨어지면 당신들만 손해다. 우선 일부라도 대전으로 와서 자리를 잡아라. 그래야 서로 만나서 이야기도 하고 그러지. 지구가 당신들이 알고 있던 지구가 아니고, 이제는 우주의 중심지다. 우주에서 차원이 높다고 하는 존재들이 다 여기에 와 있다. 돌문이 발견되어 우리와 이렇게 인연이 맺어지지 않았나. 이렇게 돌문이 발견된 것이 좋은 일이라고 생각하는 것이 긍정의 마음이다. 그렇지 않았으면 우리를 만나지 못했을 것이다.

조나단 - 그래, 인연인 것 같다. 여기 대전에서 살 수 있는 곳을 찾아보겠다.

무시공 - 당신들 나중에 모두 공개해도 괜찮다. 우리하고는 어떻게 만나도 좋다, 우리는 일체 생명을 살리는 목적이다. 온 우주가 바뀐다. 당신들에게 온 우주가 통합되고 하나로 된다는, 그런 예언은 없나? 지구는 곧 짧은 시간에 엄청나게 그리고 철저히 바뀔 것이다. 당신들의 수명이 아무리 길게 살아도 1만 년이다. 우리 무시공생명은 영원히 산다. 그 길을 펼치고 있다. 대전 훈련센터에 가봐라. 여기는 지구인 훈련센터다. 나중엔 외계인도 훈련한다.

조나단 - [대전센터에 들어와 보더니] 이게 무슨 암호인가?

무시공 - [비결, 공식, 선언, 지침, 우주도 등을 설명해 준다] 우주의 최고 존재도 여기에 공부하러 와 있다. 대전에 산도 많이 있고, 아무 데서나 살 수 있다. 지상에 외계인도 많고, 승용선, 우주선도 많다. 보이잖나? 그래서 차츰차츰 다 공개할 것이다. 우리는 외계인들을 두려워하지도 않고 미워하지도 않는다. 서로 소통하며 같이 어울려 살 것이다.

조나단 - 재미있겠다, 숨어 살지 않고 이렇게 다 어울려 살면…

무시공 - 그렇게 숨어 살면 얼마나 힘들어! 우주선이나 지상에 승용선 많이 보이지 않나? 우주 각 차원의 우주선들이 여기에 다 있다. 나는 토종 지구인이다. 그런데 우리가 그런 작업을 하고 있다. 온 우주가 지구로 빨려 들어오는 거 보이나?

조나단 - 지구인은 대단하다.

무시공 - 당신이 우리 무시공생명을 인정한다면 빨리 핵심부위로 와라. 무시공에서 핵심자리 차지하는 것이 얼마나 영광스러운 일인지 알게 될 것이다.

조나단 - 먼저 공부할 사람들 이쪽으로 파견해 놓겠다.

무시공 - 인간 눈에 띄어도 괜찮다. 여기는 다 훈련받은 존재니까. 다 서로 존중한다.

조나단 - 아~~ 이 대전이라는 땅. 자리가 만만치 않다. 올 자리가 별로 없다. 딱 보니까 벌써 꽉 차 있다. 곳곳에… 산에도 벌써 자리를 잡고 많이 와 있다.

무시공 - 그래도 찾아라. 당신이 오겠다는 마음만 먹으면 올 자리가 있다.

조나단 - 무슨 말인지 알았다. 먼저 파견해서 정찰 좀 하고 확인하라고 하겠다. 고맙다.

무시공 - 지리산, 계룡산, 대둔산 등등 이 주변에 산이 많다. 여기 한반도 전체를 생각해라. 아직도 자리가 많다. 한번 봐라, 서해 바다 메우고 있는 거 보이는가?

조나단 - 아~~, 서해는 잘 안 보인다.

무시공 - 지금 서해 바다를 메우고 있다.

조나단 - 어쨌든 이쪽 주변에 자리를 얻으려면 시간이 걸리겠다. 땅에도 꽉 찼다.

무시공 - '내 자리 있다고 하면 있다.' 우리 말 믿고, 지상에 있어도 괜찮다. 나중에 다 공개할 것이다.

조나단 - 그러겠다, 그런데 인간들이 우리를 보면 놀라니까, 우리를 노출하기가 좀 어렵다.

무시공 - 괜찮다. 우리는 다 훈련하고 있다. 그것 때문에 비밀 지키니까 서로 힘들어. 그래서 우리를 통해서 마음의 문을 열고 서로 존중하고 서로 한 집안 식구처럼 대한다. 우리는 그것을 위해서 서로 최대한 존중하면서 하고 있다. **우리를 통해서 온 우주의 존재가 한집안 식구처럼 되는 그날이 온다. 그것을 위해서 이 작업을 하고 있다.**

조나단 - 그 뜻을 알겠습니다.

고차원 홀로그램 게임

터키의 어느 서점에서 손에 책을 잡고 있던 남자가 책만을 남기고 순식간에 사라지는 모습이 CCTV에 찍혔다. 순간이동의 기술을 가지고 있는 외계인일 것이라는 추측만 할 뿐 진상을 파악하기에는 지구인의 기술은 보잘것없다.

무시공생명은 이렇게 순식간에 사라진 존재를 우주에서 찾으니 홀로그램 게임을 하면서 지구에 와서 사진에 찍힌 뒤 사라지는 게임을 했다고 실토한다. 지구에 진짜로 온 것이 아니라 홀로그램을 투영하여 지구인에게 장난삼아 보여주었다는 것이다.

외계인들은 지구를 자신들이 장난칠 수 있는 놀이터 정도로 생각한다.

무시공 - 어느 서점에서 많은 사람 앞에서 사람이 사라졌다. 손에 쥐고 있던 책을 떨어뜨리고, 사람은 사라진 그 영상. 그 존재 진짜인가? 그 존재 나타나라.

딜라일란 - 나왔어요.

무시공 - 응. 이름이 뭐야?

딜라일란 - 딜라일란.

무시공 - 그 일은 어디서 발생했어? 어느 나라 서점에서?

딜라일란 - 터키.

무시공 - 언제 일이야?

딜라일란 - 2005년.

무시공 - 어느 별에서 왔고, 지구와의 거리는?

딜라일란 - 템핑 별. 대략 30광년.

무시공 - 그 별에서 뭐 하고 있나?

딜라일란 - 지구에서 보면 농부 같은 일.

무시공 - 그럼 너는 지구에 와서 인간 모습으로 위장해서 있었나? 아니면 지구 이 환경에서 적응할 수 있나? 너희 별하고 환경이 다를 거 아닌가?

딜라일란 - 위장했어요. 나는 지구에서 형체가 없지요.

무시공 - 일부러 인간 모습으로 포장해서 살았지. 실제로 너의 모습은 인간 눈에는 안 보이지?

딜라일란 - 응, 안 보여요.

무시공 - 그럼 네가 포장해서 인간 모습으로 나타날 수도 있고, 없앨 수도 있어?

딜라일란 - 네. 고차원의 홀로그램이에요. 지구에서도 홀로그램이 있지만, 그것보다 훨씬 더 발전된.

무시공 - 일부러 지구에 와서 실험했어?

딜라일란 - 예. (뭔가 주저하며 대답을 잘 못 한다)

무시공 - 장난삼아 왔어?

딜라일란 - 어떻게 알았어요? 장난삼아 왔어요.

무시공 - 지구에 자주 와?

딜라일란 - 가~끔 한 번씩 와요. 그리고 될 수 있으면 장난치러 오는 거니까 몰래 옵니다.

무시공 - 예를 들어 태양계에서 지구인을 가장 거친 '0'으로 본다면, 태양계의 금성인이 지구인보다 3배 더 세밀해. 그러면, 너희 별의 사람들은 지구인보다 얼마나 더 세밀해? 금성알지?

딜라일란 - 예, 금성이 3이면… 우리는 2.7?

무시공 - 비슷하네, 너 여기 올 때는 비행선 타고 왔겠네?

딜라일란 - 아니에요, 안 왔어요.

무시공 - 안 왔다고?

딜라일란 - 네. 우리 게임 중에 우주 어디로 갈 때 홀로그램으로 그 별 생명처럼 모습 보이게 하는 그런 게임이 있어요. 그때 영상으로 당신이 본 게임은 지구에 가서 무슨 일을 저지르고 사람들이 쫓아오면 마지막에 그런 내 모습을 찍히고 오는 거예요. 물론 그 모습은 가짜예요. 그렇게 하고 그때 다시 벗고 오는 게임이에요. 진짜 나는 없어요. 가상으로 가 있었던 거예요.

무시공 - 지구에 와 있는 것도 가짜야?

딜라일란 - 네, 지구에 가 있는 것도 가짜예요.

무시공 - 그 별에서 하는 게임이지. 그렇게 노는 건가?

딜라일란 - 네.

무시공 - 진짜 지구에 온 적도 있고?

딜라일란 - 네, 그럴 땐 우주선 타고 가요.

무시공 - 그렇지, 올 때는 우주선 타고 오지? 그때는 게임 식으로 했고?

딜라일란 - 네.

무시공 - 너희 거기 30광년에서 비행선 타고 지구까지 오면 지구 시간으로 몇 시간 걸려?

딜라일란 - 우주선 용도에 따라 좀 차이가 있겠지만, 한두 시간 이내요.

무시공 - 그래, 실험해봤어?

딜라일란 - 대략 예상으로 그래요. 그렇게 먼 거리 가는 거 말고 여기 가까운 거리 갈 때는 천천히 가는 우주선도 있어, 빠르게 가는 것도 있고 놀면서 즐기면서 갈 수도 있어요. 그래서 한두 시간이라 이야기했지요.

무시공 - 너희 별에서 제일 멀리 가는 건 얼마만큼 간 적 있어?

딜라일란 - 한 10만 광년 갔나? 물론 더 갈 수 있겠지만 나는 그 정도 가봤어요.

무시공 - 너희 별 인구는 얼마고 전쟁은 없나?

딜라일란 - 전쟁은 없고요, 우리는 게임 식으로 전쟁 많이 해요.

무시공 - 실제로 전쟁은 안 하고?

딜라일란 - 실제로 생명에 지장은 없이 가상으로 하는 걸 많이 즐겨요.

무시공 - 게임 식으로 전쟁한다? 하하~

딜라일란 - 그런데 지금처럼 아주 생생하게 할 수 있어요. 체험으로 직접 다하기 때문에, 우리는 실제 전쟁 안 해요. 인구는 대략 40억 돼요.

무시공 - 너희 평균 수명은 얼마야?

딜라일란 - 지구 나이로 표현하면 2만 살 정도.

무시공 - 너희 거기 존재 중에 지구에 와서 사는 존재 있어? 지구로 여행 하든, 지구에 정보를 알리기 위해서 파견해오든 그런 사례 있어?

딜라일란 - 직접 체험하러 올 수도 있고, 가상으로 올 수도 있어요. 지금 내가 왔던 것처럼. 직접 가는 건 아무래도, 마음의 준비를 하고 가야 겠죠? 가는 사람도 있는 걸로 알고 있어요. 지구에서 평생을 산다는 건, 지구에서 태어나지 않는 이상 못 살 거 같아요. 일이 있어 방문차 와도 지구에서 그렇게 오래 있지는 않는 것 같아요.

무시공 - 근래에 와서, 지구에 대해서 무슨 변화 있는지. 새로 들리는 소 문 없어?

딜라일란 - 지구가 많이 발전하고 있다고 들었어요. 그러니까 밑바닥에서 가속도로 발전하고 있다. 그 정도까지….

무시공 - 지구가 그 정도로 발전한다고?

딜라일란 - 네.

무시공 - 그러면 너희 별에서는 관심이 없어? 무엇 때문에 밑바닥에서 가
　속도로 변하는지에 대해서 관심 안 가지나?

딜라일란 - 그냥 주시하고 보고 있어요. 이유를 찾으려고는 해요.

　(상관없는 듯 무심하게 말하지만, 주의 깊게 보고 있는 걸 느낀다.)

무시공 - 네가 알기로는 지구보다 더 낙오한 별도 있어?

딜라일란 - 문명이 낙오한 데는 없어요. 문명은 지구가 제일 낙오했어요.

무시공 - 그럼 어떤 방면에 더 낙오한 곳이 있어?

딜라일란 - 외모….

무시공 - 동물 모습으로 사는 그런 종족도 있지?

딜라일란 - 그렇죠. 그들끼리만 있을 때는 모르지만, 외부에 나오게 되면
　비교를 하게 되죠. 자신감이 없는 건 사실이에요.

무시공 - 지구에서 도마뱀 모습으로 사는 그런 종족 너도 본 적 있어? 너
　희 별에서 다른 동물처럼 생긴 그런 종족?

딜라일란 - 직접 맞닥뜨리지는 못했는데.

무시공 - 소문만 들었어?

딜라일란 - 지구에서의 TV 같은 화면이나, 내가 체험 삼아 그냥 지구에

온 것처럼 그렇게는 봤어요.

무시공 - 그러니까 지구의 문명이 가장 낙오한 거는 다 소문났겠네?

딜라일란 - 그렇죠.

무시공 - 그래! 오늘은 이만해. 고마워.

1, 2단계 - 따라오고 체험하고 적응하라
2, 3단계 - 올라오고 훈련받고 우주작업하라

제6장

우주선(UFO)을
무시공에 선물

외계인이 그린 하늘의 숫자

전설처럼 이런 평화가 뒤집히고 대변화가 일어날 것이라는 예언이 내려오는데 깨어 있는 사람들은 그것을 염두에 두고 있고, 그런 대변화에 대비하기 위하여 몇 개의 별에다 지구에 그린 숫자와 비슷한 것들을 그려놓았는데 이번에 지구인이 제일 먼저 찾아왔다.

무시공 - 어떤 연유로 지구의 하늘에 숫자를 그리게 되었는가?

우주인 - 지구에서 350억 광년 거리에 있는 별의 통치자인 내가 300만 광년에 있는 '으들'에게 시켜서 그렸다. 나의 이름은 '워도'이다.

무시공 - '으들'에게 언제 명령을 내렸나?

워도 - 1970년도에 명령을 내렸고, 2000년도에 영국의 상공에 나타나게 했다.

무시공 - 숫자의 의미는 무엇인가?

워도 - 우주는 숫자의 조합으로 되어 있는데 어떤 사건이 일어나는 시기를 숫자로 표현했다.

무시공 - 당신 별의 현황은 어떤가?

워도 - 우리 별은 지구보다 훨씬 크고 인구가 1,500억이다. 별은 굉장히 평화로운데 생명력이 흐르지 않아서 무엇을 하고 싶다, 해야 한다라는 의욕이 없는 상태로 그저 평화만 흐른다.

무시공 - 그 평화의 흐름이 계속될 것이라 믿는가?

워도 - 전설처럼 이런 평화가 뒤집히고 대변화가 일어날 것이라는 예언이
내려오는데 깨어 있는 사람들은 그것을 염두에 두고 있고, 그런 대변
화에 대비하기 위하여 몇 개의 별에다 지구에 그린 숫자와 비슷한 것
들을 그려 놓았는데 이번에 지구인이 제일 먼저 찾아왔다.

무시공 - 그렇다면 지구에서 특히 대전에 그런 숫자를 그릴 용의는 없는
가?

워도 - 이번 겨울 가장 춥고 하늘이 짙푸르게 투명하고 맑은 날 대전 상
공에 다시 한번 숫자들을 그리려고 노력하겠다.

무시공 - 대전 상공에 숫자를 그리는 날을 기다리겠다. 우리를 만난 소감
은 어떤가? 그리고 대전을 살펴본 결과를 말해 달라.

워도 - 무시공이 빛을 주니 내 몸이 엄청나게 밝아지고 있고 우리 별도
엄청 밝아지고 있다. 지구에서는 대전이 제일 밝고, 대전 주변도 밝아
지고 있다.

무시공 - 우리(무시공)가 하는 일에 동참하고 싶지 않은가?

워도 - 본인은 무시공이 하는 우주작업에 적극 동참할 것이다. 지금 할 일
이 생겨서 세포 하나하나에 숨어 있던 생명이 살아나는 기분이다. 내
몸이 이렇게 밝아지는 것이 놀라울 따름이다. (손을 내밀어 악수를 청한다)

우주선 운전자 '오펜'과의 대화

절대긍정 마음을 가진 일원심의 무시공생명이 출현하였다.
지구에서 시작하였고 대전이 우주의 중심지고 지구의 중심지다.
지금 대전 상공에는 우주의 고급 존재들이 내려와서 대전을 보호하고 있다.

7,000억 광년의 별에서 보낸 우주선의 모습(출처: www.youtube.com)

무시공 - 당신의 별 위치는 어디인가? 어떤 목적으로 왔나. 그 당시 지구
의 상황은?

오펜 - 지구로부터 7,000억 광년에 있는 별의 '오펜'이다. 우리 별의 통치
자인 '칸디'의 지시를 받고 시찰차 지구에 왔었다. 그런데 지구가 너무
오염이 되어 있어서 곧바로 돌아갔다. 너무 급하게 돌아가는 과정에서

지구인에게 나의 우주선이 찍힌 것 같다.

무시공 - 당시의 지구와 지금의 지구를 보라.

오펜 - 오염은 더 심해졌지만 당시와 비교할 수 없이 엄청나게 빛이 밝아
졌다. 특히 대전이 굉장히 밝은데 그동안 지구에 무슨 일이 있었나?

무시공 - 절대긍정 마음을 가진 일원심의 무시공생명이 출현하였다. 지구
에서 시작하였고 대전이 우주의 중심지고 지구의 중심지다. 지금 대
전 상공에는 우주의 고급 존재들이 내려와서 대전을 보호하고 있다.
그리고 고급 존재들의 우주선이 대전 상공에 배치되어 있다.

오펜 - 나도 '무시공생명'이냐? 아니라면 어떻게 해야 '무시공생명'이 될 수
있는가?

무시공 - '무시공생명'을 마음으로 믿으면 된다. 합하는 마음, 함께하는
마음을 가지면 된다. 우리와 함께할 수 있겠는가?

오펜 - 당연하다. 함께할 수 있다면 나에게는 더없는 영광이다.

무시공 - 대전 상공에는 고급존재들의 우주선이 배치되어 있지만 분자몸
을 가지고 있는 거친 지구인을 태우기에는 너무 세밀하다. '오펜' 당신
의 우주선으로 우리가 탈 수 있도록 해보지 않겠는가?

오펜 - 아(감탄하며)~~~ 우주선과 나는 동일한 하나이다. 내가 바로 우주
선이다. 지구에 있는 인간들은 모르겠지만 '무시공생명의 빛'으로 된
지구 인간들은 태울 수 있을 것 같다. 왔다 갔다 할 수 있겠다. 몸속
에 '무시공생명 빛'을 가진 사람들은 너무 가벼워 보인다.

대전 상공의 우주선

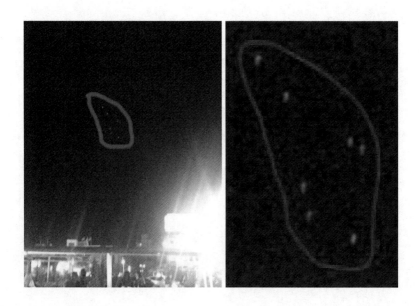

다음은 2016년 10월 8일 대전역 상공에 나타난 우주선의 선장 '오스틴'과의 대화 내용이다.

◇ 대전 상공에 나타난 우주선 선장과의 대화 ◇

무시공 - 당신은 어느 별에서 왔는가?

오스틴 - 지구에서 1,500만 광년의 거리에 있는 '뷰티' 별에서 온 '오스틴' 선장이다.

무시공 - 지구에 온 목적이 무엇인가?

오스틴 - 지구가 밝아지고 아름다워진 것을 지구인에게 알려주고 깨우기 위해서 왔다.

무시공 - 지금이 처음인가? 왔었다면 지금에야 인간들의 눈에 띄게 한 이유는?

오스틴 - 지구에 자주 왔는데 지구인 눈에는 거의 보이지 않았다. 왜냐하면 우리가 너무나 섬세하고 세밀해서 지구의 환경에서는 녹아내리기 때문이다. 지금은 지구 환경도 많이 정화되고 세밀해져서 우주선을 보이게 할 수 있게 되었다.

무시공 - 단지 지구가 밝아지고 아름답다는 것을 알려주려 왔단 말인가?

오스틴 - 아니다. '뷰티' 별에도 지구에 있는 예언처럼 지구에서 어느 존재가 나타나 새로운 지구를 만들고 새 우주를 만든다는 예언이 있다. 그래서 수차례 탐사선을 보내 지구의 상태를 알아보았으나, 탐사선이 견딜 수 없어서 돌아가곤 했다가 지금은 보여 줄 수 있게 되었다.

무시공 - 대전과 지구의 현황은 어떠한가?

오스틴 - 대전의 상공과 바닥에는 우주선과 고급 존재들이 부딪칠 정도로 많다. 새로운 지구는 반짝반짝 빛나고, 전 우주를 호흡할 때 흐~읍 하듯이 빨아들이고 있다.

무시공 - 이 우주에서 '뷰티' 별의 역할은 무엇인가?

오스틴 - 우리 '뷰티' 별은 무엇인가를 선두에서 개척하고 작업하는 게 아니고, 작업해 놓은 것을 정리하는 역할을 한다. 왜냐하면 '뷰티'별에서 온 우주선만 보아도 정화가 되기 때문이다. 그리고 우주선엔 '뷰티'별의 에너지가 그대로 녹아 있기 때문이다.

무시공 - '뷰티' 별의 빛과 대전의 빛을 비교해보라.

오스틴 - '뷰티' 별의 빛은 섬세하고 부드럽고 아름다우나 힘이 없다. 대전에서 나오는 빛은 아무리 차단하려고 해도 차단되지 않는 밝고 강한 빛이다. 그래서 뷰티 별의 빛도 긍정의 빛이기는 하나 대전의 빛에 흡수될 수밖에 없고 마지막 지구 작업에 동참하고 싶어서 대전에 왔다. 뷰티 별은 별 자체가 여성성이어서 앞으로의 시대는 여성시대라는 것에는 별 이견이 없다.

우주선을 무시공에 선물하겠다

우리가 지구에 몸을 입고 오는 순간 많은 능력들이 가려져서 안 보이지만, 에너지적으로 우리 별과 연결되어 있다는 것을 어렴풋이 느끼고 있다.
그러한 영향으로 우리 별에서 오는 교신을 받아 우주선을 만들게 되었고, 시험비행까지 하게 되었다.

무시공 - 당신들은 어느 별에서 온 우주인인가? 지구에 온 이유를 밝혀라!

강도시 - 지구로부터 50만 광년의 거리에 있는 '케이텍시' 별에서 온 '강도 시'이다. 우리 별에서 지구에 온 인구는 약 70명이다. 대부분 분자몸을 입고 왔으며 많은 경험을 통해서 배우려고 왔다.

무시공 - 당신 별의 사람들이 지구에 왔다면, 어디에 살고 있으며 주로 무슨 일을 하면서 살아가고 있는가?

강도시 - 중국에 약 40명 정도 살고 있고, 북한 무기를 만드는 곳에 4명, 그 외 지역에서 나름대로 공부하며 배우고 있다.

무시공 - 당신들의 우주선 공장과 성능에 대하여 말해 달라.

강도시 - 중국에서 러시아와 가까운 지역에 우주선을 만드는 공장이 있다. 우리가 만드는 우주선의 성능은 2/3 정도는 물질로 되어 있어서 먼 우주까지 비행을 할 수는 없고, 아직은 시험비행 단계에 있다고 보면 된다.

무시공 - 너희보다 더 발달된 우주선을 만드는 공장도 지구에 15곳이나 있다. 성능이 좋은 우주선을 만드는 것은 그들에게 맡기고, 가장 거친 지구에 살고 있는 우리가 탈 수 있는, 당신들이 만든 우주선과 같은 성능을 발휘하는 승용선을 만들어서 무시공에게 선물하라.

강도시 - [처음에는 망설이더니] 만드는 것은 어렵지 않지만, 시간이 6개월 이상 걸린다.

무시공 - 그렇게 오래 걸리는 이유는 무엇인가?

강도시 - 우리의 우주선 제조 공장은 마음대로 움직이는 에너지 상태가 아니고 물질 상태로 된 부분이 훨씬 많이 차지하고 있다. 그래서 당신들 지구인이 타기 위한 새로운 것을 만들려면 공장도 거기에 맞춰 새롭게 단장을 해야 한다.

무시공 - 우주선 공장을 대전으로 옮겨라.

강도시 - 알겠다. 시간이 조금 걸리더라도 당신들이 거리를 돌아다니는데, 에너지가 필요 없는 승용선을 만들기 위하여 대전으로 공장을 이전하겠다.

무시공 - 공장 시설은 어디에 설치하나?

강도시 - 지하에 설치한다. 그러나 우리는 사람들 눈에 보이게 할 수도 있고 안 보이게 할 수도 있다. 일상적인 것들은 보이게도 할 수 있지만, 우리가 하는 일은 아무에게도 안 보이게 행하고 있다.

무시공 - 어떻게 우주선을 만들게 되었나?

강도시 - 우리가 지구에 몸을 입고 오는 순간 많은 능력들이 가려져서 안 보이지만, 에너지적으로 우리 별과 연결되어 있다는 것을 어렴풋이 느끼고 있다. 그러한 영향으로 우리 별에서 오는 교신을 받아 우주선을 만들게 되었고, 시험비행까지 하게 되었다.

무시공 - 대전을 한번 살펴보라.

강도시 - 대전의 빛이 엄청나게 밝고 강하다. 우리가 분자몸을 입고 지구에 와서 배우려고 한 것이 바로 '무시공공부'인 것 같다. 처음으로 이 지구에 온 보람을 느낀다. [크게 기뻐하며 무릎을 치며 좋아한다]

나는 일체 안에 있다
또 일체가 내 안에 있다
그래서 일체가 나다

제7장

지구인을 노예화하려는
외계인

무시공의 우주작업을 방해하는 우주인들의 운명

무시공의 우주작업을 방해하는 우주 존재가 누구인가 하고 우주를 향하여 불러내니 12억 조 광년의 거리에 있는 '하사이'라는 이름을 가진 우주인이 나타난다.
우주작업이 어느 정도 진행이 된 상태다. 따라서 낮은 차원의 우주 존재는 무시공생명 앞에 나타날 수 없는 상황이 되었다.

무시공 - 당신은 무엇 때문에 우리를 방해하는가?

하사이 - 우리는 아직 아무런 준비가 되지 않은 상태인데 우주의 변화가
너무 빨라서 미처 적응하지 못하기 때문이다.

무시공 - 당신이 방해한다고 해서 우리의 우주작업이 진행되지 않는다고
보는가? 며칠 전 12억 조 광년의 최고 존재가 우리 무시공을 반대하고
방해를 하다가 어떤 결과가 초래되었는지 아는가? 끝까지 우리와 대
립하고 죽어도 무시공생명을 받아들이지 못하겠다며 방해해서 최고
통치자와 그 우주 모두를 삭제하였는데 모르는가? ('하사이'와 같은 12억
조 광년이지만 두 우주가 차원이 다른 우주인 듯하다.)

하사이 - 알아도 몰라도 상관없다. 그러나 최대한 우리가 무시공을 받아
들일 수 있는 준비할 시간을 주어야 하지 않는가?

무시공 - 지금까지도 이원념에서 벗어나지 못하고 있는데 당신들 준비할
시간 주려고 우리가 천 년 만 년 기다려야 하는가? 우리가 이렇게 알

려줄 때 당신들이 우리 무시공에 적응해야 하는 것 아닌가? 지금 당신보다 더 높은 차원의 14억 조 광년부터 67억 조 광년까지 우주의 최고 존재들이 자신들의 우주를 포기하고 대전에 와서 공부한다고 뛰어들어왔다. 그들은 무시공생명이 대전에서 시작한다고 이미 알고 있고, 오래전부터 무시공 공부를 기다려왔다고 기뻐하고 있는데 이런 소식을 아직도 모른단 말인가?

하사이 - 그건 잘 몰랐다.

무시공 - 우리 무시공 공부를 받아들이지 않고, 우리를 반대하고 방해한다면 당신도 이 우주에서 존재하지 못할 것이다. 당신의 그 오만함을 낮추고 대전에 와서 공부하면서 새로운 살길을 찾아야 한다. 당신 자신은 직선빛이 얼마나 되는지 볼 줄 아는가?

하사이 - 70% 정도 될 듯하다.

무시공 - 그 정도면 굉장히 많은 것이다. 그만큼 됐으면 긍정마음으로 빨리 무시공을 받아들여야지 왜 그렇게 고집을 피우고 있는가. 지금이라도 당장 대전에 와서 무시공 공부를 배우고, 빨리 변해야 한다. 그리고 앞으로 우리 무시공과 절대로 대립하지 말라. 계속 괴롭히고 방해하면 12억 조 광년의 최고 존재처럼 될 수도 있다. 그리고 지금 당장 우리 몸을 괴롭게 하는 것을 다 걷어가라.

하사이 - [우리 몸을 괴롭게 했던 것들을 걷어내며 자신은 조그맣게 줄어든 모습으로 고개를 숙이고 대전으로 향한다.]

무시공 - 지난번 12억 조 광년의 최고 존재는 끝까지 대립하며 무시공 공부를 받아들이지 않아 삭제당했으나, 당신('하사이')은 우리 공부를 받아들이고 대전으로 향하니 용서하겠다.

어두운 에너지를 주관하는 외계인

별의 이름	부스타
지구와의 거리	860만 광년
별의 대표 이름	피에스타
지구 파견 선장 이름	로스타-아프리카상공 우주선
	하울-미국 상공의 우주선

지구를 방문한 목적과 '부스타'별 외계인의 특성

지구를 방문한 목적은 지구를 연구하고, 지구의 변화를 간파하기 위해서 왔다고 한다.

이 외계인 종족은 아주 지성적이지만 평화나 이해, 포용보다 인간의 부정성을 일깨우고 증폭시켜 인간을 지배하려 했다. 2차 세계대전도 지구상의 테러나 인간이 인간에게 행하는 무차별적인 파괴적 행위로 부정적 에너지를 증폭시켜 일어나게끔 지금까지 조장해왔다. 이 부정적 에너지가 강하고 셀수록 이 외계인은 더 힘을 얻고 생명력을 얻는 무서운 종족이다. 하지만 지금은 무슨 이유에서인지 자기 종족의 뜻대로 되지 않자 대다수 자신의 별로 돌아가고 지금 지구에 남아 있는 개체 수는 몇몇이 안 된다(65명 남음). 지금은 중국, 미국, 인도, 아프리카에 살고 있다.

아주 위험한 외계종족으로 빛과 밝음보다 검은 세력에 가깝다. 자기 마음대로 지구인을 조종하고 지구를 관찰하고 호시탐탐 기회를 엿보고 있다.

이들은 지구가 이대로 점점 더 밝아져 자신들의 영향력이 미치지 못할 정도로 깨어날 것이라는 것을 알고 있는 듯하다. 자신들의 세력이 점점 약해지고 위험해지고 있다는 것을 알고 사력을 다해 지구를 위험에 빠뜨리려고 최선을 다하고 있다.

어둠의 힘이 아주 큰 위험한 종족임이 틀림없다.

무시공 - 당신들이 지구에 온 목적은 무엇인가?

로스타 - 지구를 연구하고 그것을 바탕으로 지구의 변화를 간파하고 지구의 특성을 통하여 지구인을 지배하려고 왔다. 나는 인간의 정신을 조종한다.

무시공 - 뭐! 인간의 정신을 조종한다고?

그래서 무엇을 얻으려 하는가?

로스타 - 인간의 정신 에너지를 파괴하고 그것을 취한다. 식민지를 건설하려 했으나 인간의 의식이 생각보다 상승하고 밝아져서 우리가 더 확장하지 못하고 있는 실정이다. 지금은 한발 물러서 있다.

우리는 어두운 에너지를 증폭시키는 역할을 한다. 그것을 통해 우리가 살고 있다. 과거에는 그 힘이 아주 막강했지만, 지금은 지구인의 전체의식이 많이 깨어나 어둠이 예전만 강하지 못하다.

무시공 - 무엇 때문에 어둠이 예전만 못하다고 생각하는가?

로스타 - 그 이유를 모르겠지만, 지구도 진화하는 것 같다. 어둠과 반대되는 밝음의 에너지로 예전처럼 어둠의 세력을 확장하기가 쉽지가 않다. 그래서 한발 물러나서 호시탐탐 기회를 엿보고 있는 중이다. 빛이 있으면 한순간 밝아지듯이 지구가 밝아지고 있어, 밝음 사이에서 어둠을 확장하기에는 위험하다.

무시공 - 지구에서 어디가 가장 밝게 보이는가?

로스타 - 예전부터 지구에서 한국이 제일 밝았다. 정신 에너지가 가장 큰 곳(마추픽추와 한국) 중 하나이다.

무시공 - 한국에서는 어디가 제일 밝나?

로스타 - 대전이 제일 밝다. 예전에는 한양 개성이 가장 밝았는데, 지금은 대전의 빛이 가장 밝다.

무시공 - [무시공생명의 직선빛을 보여주며] 이 빛을 본 적이 있는가?

로스타 - 확실히 본 적이 없다. 이 빛 안에서는 우리가 살지 못한다. 그래서 우리는 어두운 곳을 공격해서 더 어둡게 한다. 밝음 속에서는 위험하다. 그래서 이곳은 우리가 있기에 위험하다. 북한이나 시리아 등지에서는 얼마든지 우리 의식대로 어둠의 에너지를 증폭시킬 수 있지만, 이곳 한국, 특히 대전에서는 살아남지 못한다.

무시공 - 북한은 건드리지 마라. 만약 북한을 건드리면 당신을 삭제시키겠다. 조용히 있다가 너희 별로 돌아가면 그대로 둘 것이고 그렇지 않으면 삭제시켜 버리겠다.

무시공 - 미국에 있는 그 존재 이름은 무엇인가?

로스타 - '하울'이다.

무시공 - 미국에서 어떤 어두운 에너지를 쓰고 있는가?

로스타 - 검은 에너지를 증폭시켜서 미국이 그런 에너지로 세계에 영향을 미치는 데 도움을 준다. 미국은 밝은 에너지와 어두운 에너지를 동시에 가지고 있는데 어둠을 증폭시킨다. 현재 지구에 남아 있는 나의 종족은 65명이고 우주선은 2대뿐이다. 65명 중에 중국에서 많이 활동하고, 인도에서도 활동하고 있지만, 일본과 러시아에는 이젠 없다. 중국에서는 사람들이 물질을 쫓아가게 만들어 생명을 해치게 하는 마음을 증폭시킨다.

무시공 - 살고 싶은가? 죽고 싶은가? 살려면 나쁜 마음 버리고 일원심을 지켜야 한다.

로스타 - 어두운 마음을 지키고 증폭시켜서 너희도 다 죽어버릴 것이다.

무시공 - [로스타가 사는 '부스타' 별을 나타나게 한 후 그 자리에서 삭제시킴]
로스타 - [기절할 정도로 놀라서, 도망치며] 나는 다른 곳에 도망가서 어두운
에너지를 증폭시키며 살겠다.

무시공 - [그 자리에서 '로스타'와 우주선도 바로 삭제하였다]

[미국의 우주선 선장 '하울'을 찾아본다. 미국은 밝은 에너지와 어두운 에너지 모두가
강하다. 미국의 '하울'을 찾아낸다. '로스타'가 삭제된 것을 알고 숨어 있었으나 찾아내
어 대화를 한다]

무시공 - '하울' 당신은 변할 것인가? 변하지 않을 것인가?
하울 - 나는 변하겠다.
　['하울'은 밝음과 어둠을 동시에 알고 있고 어둠을 밝음으로 둔갑해 세력을 확장하는
　외계인으로 밝음을 위장하면서 어두운 세력을 확장하고 있다]

무시공 - 당신이 온전히 밝음을 받아들여야만 살 수 있다.
하울 - 그렇게 하겠다.

무시공 - 우주선을 가지고 있는가? 사람을 태운 적이 있는가?
하울 - 태운 적이 있다. 분자몸으로는 탈 수가 없다. 그러나 우주선을 탄
사람들은 주파수가 맞지 않아 모두 죽어버렸다.

[하울은 밝아지겠다고 말은 하였으나, 밝음으로 가장하고 어두움의 세력을 증폭시키고 자 하는 본질을 계속 고집하므로 이것을 간파한 '무시공생명'은 즉시 '하울'도 삭제해버 렸다.]

지구를 노예화 식민지로 만들려는 별들의 삭제

지구의 인간은 자신도 의식하지 못하는 사이에 보이지 않는 외계 세력의 영향을 받고 있다. 그러나 자신의 행동이 자신의 것인 양 착각하면서 실제로 자신의 행동으로 받아들인다. 이것에는 이원념 영체의 홀로그램으로 지구를 식민지로 만들어 그들의 뜻대로 조정하려는 외계인들의 뜻이 담겨 있다. 인간의 정신 에너지를 파괴하고 어둠의 에너지를 증폭시켜 지구를 위험에 빠뜨리려고 최선을 다하고 있다.

'무시공생명'은 이렇게 지구를 식민지로 만들어 조정하려는 별들을 직선빛으로 끝까지 찾아내어 그들을 밝음으로 교화시키고 있다. 그러나 끝까지 자신들의 어두운 에너지를 고집한다면, 이 우주에서 영원히 삭제하여 우주 질서를 바로잡는 한편 노예로 살아온 지구인들을 주인으로 만드는 우주작업을 하고 있다.

먼저 2차 세계대전 등 어두운 에너지로 지구를 지배하려 했던 '부스타' 별을 1차로 삭제하였고, 지구를 식민지로 만들어 지배하려는 별들을 끝까지 찾아내어 삭제함으로써 온 우주를 무시공의 직선빛으로 채우기 위한 우주작업이 진행되고 있다.

◇ '휘운'별의 '오시에'와의 대화 ◇

무시공 - '휘운'별에 대하여 말해보라.

오시에 - 지구로부터 2만 광년의 거리에 있고, 최고 통치자는 '카타르'이다.

무시공 - 당신 별은 지구를 통해서 무엇을 하려고 하는가?

오시에 - 지구를 교란하고, 혼란으로 빠뜨려 인간의 마음을 부정성으로 키워 지구를 식민지로 만들려고 한다. 주로 인간들의 마음을 지배할 수 있는 마약과 폭력을 통하여 서로의 마음을 교란하고 부정적인 섹

스를 통하여 정신을 피폐하게 하여 나약하게 만든다.

무시공 - 한국에 있는 부정 쪽의 외계인은 누구인가? 있다면 불러와 봐라.

오시에 - 내가 파견한 이민우가 있다.

[불려온 '이민우'는 자기를 알아보는 것이 싫다고 처음에는 외계인임을 인정하는 걸 완강히 거부하다가 장난하면 삭제한다고 하니 자신이 외계인임을 실토한다.]

무시공 - 한국에 이민우 같은 외계인이 더 있는가? 지구에 파견된 지는 얼마나 되었나? 오는 방식은?

오시에 - 오는 방식은 별에서 지구로 직접 데려오고 데려간다. 지구에 파견한 지는 약 50년 정도 된다. 이민우 외에도 더 있지만 파견된 요원들은 누가누구인지도 모르고 소통도 하지 않고 자신의 임무만 수행한다. 왜냐하면 서로 소통하다가 마음이 약해지고 정이 들면 임무를 소홀히 하기 때문이다.

무시공 - 외계인을 파견하여 부정성만 키우는가, 다른 방법도 사용하는가?

오시에 - 파견 외에도 지구인을 납치하여 인간의 부정성에 대하여 연구를 한다. 지구 인간의 부정성을 조장하는 연구와 그것을 통하여 지구를 지배하려는 목적으로 지금까지 5만 명 정도를 납치하여 수용소에 가두어놓고 연구해오고 있다.

무시공 - 그렇다면 가장 최근에 납치한 지구인도 있나?

오시에 - 곳곳에 납치선을 배치하여 사람들을 납치하는데, 최근에는 올해 초 필리핀에서 6살 여아와 엄마를 데리고 갔다.

무시공 - 앞으로도 인간의 부정성을 키우기 위해 계속 납치를 하겠는가?
　　무시공은 부정성을 용납하지 못한다. 절대긍정 일원심만을 인정하고
　　이것을 거부하면 삭제된다. 알고 있는가?

오시에 - 지금 지구가 너무나 밝아지고 고급존재들이 많이 와 있어서 지
　　구인을 납치한다는 것이 쉽지 않다. 우리 별은 이미 감정이 없는 기계
　　상태이고, 곧 별이 자체 폭발할 지경이라 새로운 변화를 기대하기가
　　어려운 상태다.

**['휘운' 별은 부정성을 키우는 양산소이고 감정이 없는 기계 상태라는 것을 확인하고
변화를 기대하였으나 전혀 가능성이 없어 삭제하고 말았다.]**

◇ 그 외 지구를 식민지화하려는 별 ◇

카카로 - 7만 광년

오　 성 - 4만 광년

미　 을 - 3만 5천 광년

선　 알 - 2만 5천 광년

서늘이 - 4만 5천 광년

미　 홀 - 8만 광년

까미애 - 6만 광년

씨알루 - 7만 2천 광년

깍 아 - 5만 광년

미래로 - 4만 6천 광년

빈 홀 - 5만 6천 광년

미더덕 - 3만 광년

무시공생명은 이들 지구를 식민지화하려는 별들을 끝까지 찾아내고 대
화를 할 것이다.

이들이 무시공생명을 받아들여 우주작업에 동참한다면 더없이 기쁜 일
이 될 것이다.

그러나 끝까지 우주의 변화에 적응치 못하고 무시공생명의 우주작업을
반대한다면 가차 없이 삭제되고 말 것이다.

단 0.0000000001%의 부정도 무시공과 함께 할 수 없다는 것을 온 우주
의 전체의식은 알아야 할 것이다.

지구인의 의식상승을 방해하는 외계인 세력

지구에는 성인으로 추앙받는 사람도 있고 성인 반열에 올라 있는 사람들이 많다.

성인들은 지구에서 선의 방향으로 인간의 의식을 상승시키고 발전하는 방향으로 이끌어 주는 역할을 한다.

따라서 이들 성인들을 돕고 보호하려는 목적의 외계 세력이 있는 반면, 성인을 통하여 상승하는 지구인들의 의식 상승을 방해하고 없애려는 조직도 많다는 것이 이번 무시공생명의 확인 작업으로 드러났다.

이번에는 성인을 해치려는 별과 조직을 알아본다.

이제 무시공생명은 이 어둠의 에너지를 퍼뜨리는 무리들을 찾아내어 동참 또는 삭제하여 우주를 밝음의 에너지(무시공의 파장이 없는 직선빛)로 바꾸는 우주작업을 진행한다.

지구에서 7만 광년 거리에 있는 '사해' 별은 지구로 사람을 파견해 성인을 해치고 지구인을 노예화하려는 계획을 세우고 있다.

총본부는 사우디아라비아에 근거지를 두고 '소푸리'가 총 관리자로 조직을 이끌고 있다.

이런 조직은 일본뿐 아니라, 한국의 ○○지역, □□지역에도 외계인들이 이끄는 비슷한 조직들이 있다.

한국의 ○○에 거주하고 있는 이혜광은 '대전성'에서 파견된 존재로 조직성원은 130명쯤 된다.

□□에는 '효광성'에서 온 이상아와 '성달성'에서 온 그녀의 오빠인 이도군의 조직원은 478명이다.

△△에도 지구에서 15만 광년 거리에 있는 '오도도성'에서 온 대리라는 사람이 있다.

무시공 - 왜 성인을 해치려고 하는가? (하는 질문에는 공통적으로 다음과 같은 대답을 내놓는다)

외계인들 - 지구에서 엄청난 강한 빛이 발사되고 있고, 자기들은 어둠을 좋아 하는데 빛이 밝아지면 우리 세상은 사라진다.

무시공 - 지구인들을 어떻게 노예화하려는지 계획을 말해보라.

외계인들 - 우리는 파장을 이용해 화학 무기를 만들었다. 약 100명의 지구인들을 노예로 만들었고 우리가 원하는 대로 우리의 뜻에 따라 일을 처리해 준다.

무시공 - 지구인들 전부를 노예로 만드는 데 얼마의 시간이 걸리나?

외계인들 - 약 20만 년 정도 걸린다.

무시공 - 우리의 무시공 빛을 막을 수 있나?

외계인들 - (인상을 찡그리며) 이렇게 밝고 강한 빛은 처음 본다. 우리는 도저히 막을 수가 없다.

무시공 - 일단 당신들의 별은 모조리 삭제하겠다. 그러나 당신들은 계속 관찰하고 지켜보면서 관점의 회복 여부에 따라 결정하겠다.

외계인들 - …??? [어떤 상황인지 실감을 못하고 있다.]

무시공생명은 여기에 그치지 않고 더 세밀한 공간으로 계속 파고 들어가 조사를 해보았다.

그 결과 16억 조 광년에 있는 '백춘매'라는 존재가 멀리서 이들과 이들의 일을 조종하고 있었다.

우리 무시공의 일을 방해하는 것은, 자신은 어둠의 에너지를 좋아하고 그 속에서 자신들의 뜻을 이룰 수 있는데, 10년 전 어느 날 마음으로 느껴지기에 지구가 갑자기 밝아지기 시작하여 우리의 설 자리가 점점 좁아지는 데 불안감을 느끼니 그렇게 할 수밖에 없다고 하면서, 자신들의 일이 방해 받는 것에 원망만 하고, 무시공을 받아들일 마음이 전혀 없다는 반응이다.

[우주 전체를 삭제해 버렸다.]

더 세밀한 우주인 25억 조 광년의 최고 통치자도, 무시공의 일을 방해하는 존재로 있다.

무시공 - 우리 일을 왜 방해하는가? 당신은 높은 차원의 통치자이니, 알 만큼 알고 있지 않나? 그냥 받아들이면 되지 않는가?
최고통치자 - 당신들의 빛이 너무 강하고 밝아 우리가 곧 죽을 것 같은 두려움 때문에 그랬다.

무시공 - 두려움을 버리고 그냥 편안한 마음으로 이 빛을 느껴봐라!
최고통치자 - 너무나 편안하고 행복하고 자유롭다는 느낌이다.

무시공 - 대전으로 나와 함께 가서 무시공 공부를 해보자. 지금 대전에는

70억 조 광년의 우주 최고 존재도 와서 무시공 공부를 하고 있다.

최고통치자 - [놀라워한다] 우리가 오랫동안 찾았던 것이 바로 이것이다. 여기(대전)에서 열심히 새로운 우주 공부(무시공생명공부)를 하겠다. 고맙고 감사하다.

자기 '무시공생명의 발견'
그것은 인류 역사상 가장 위대한 마지막 발견이다

제8장

무시공생명수
탄생

'무시공생명수'와의 대화

2016년 4월 24일 무시공생명수가 탄생하였습니다.
무시공님이 바윗덩어리와 같은 분자몸을 에너지 몸으로 만드는 과정에서, 여러 가지 우주작업 중에 우리에게 주신 선물 중의 하나가 무시공생명수입니다.
1단계 빛으로 된 상태일 때 창밖의 우주인들이 부러워하며 달라고 하던 무시공생명수입니다.

◇ 무시공생명수의 탄생 - 첫 번째 대화 ◇

처음 1단계는, 물을 '**직선빛으로 만들어라**', 하여 빛물이 되었고

그 후 2단계는, '**물의 빛을 최고로 변화시켜라**' 했더니 수정물로 변했고

그 다음 3단계는, '**무시공생명수로 만들어라**' 하면서…

여기 분자세상의 많은 물 생명을 한꺼번에 무시공에 데리고 가라.

데리고 가서 그곳을 안내하니, 물 생명들이 자기의 본 고향을 찾았다고 너무 행복해하며, 밝아졌다.

그러자 바로 무시공생명수로 바뀌었다.

왜 한꺼번에 많은 물을 데리고 올라가라 했나 하면,

거기(무시공우주)서부터 무극을 통과하여 여기 분자세상까지 각 곳에 물 생명을 다 배치해놓으면, 한 줄로 연결된다.

그래서 무시공에서 직접 내려오면서 무시공 물하고 분자세상 물하고 완전히 하나 되도록, **완전히 무시공 물로 되도록** 했다.

그리고 또 명령을 내렸다. **너희(무시공생명수)들은 책임지고, 이 우주의 일체 이원물을, 일원물로, 일원생명으로 변화시켜라. 꼭 책임져라.**
그러니 너무너무 밝고 강한 모습이 되었다. 그리고 우리는 옆에서 계속 점검만 하면 된다고…

모든 것이 3단계
1단계는 빛으로,
2단계는 수정물로 변했고,
3단계는 무시공생명수로 만들어라.
물을 생명으로 보고, 자기 본 고향(무시공우주)에 올려두고,
각 시공우주, 각 차원에 무시공생명물로 통로를 만들어라.
이것은 누구도 변명할 수도, 거부할 수도 없어, 왜냐하면 뿌리가 거기 있으니까.

결국 각 차원에 무시공생명수로 자리를 잡아 통로를 만들었다.
직선으로, 무시공우주에서 여기 분자세상까지.

◇ 무시공생명수 탄생 - 두 번째 대화 ◇

무시공 - 여기 있는 무시공의 물, 나타나라.

생명수 - 여기 있어.

무시공 - 네가 무시공물 맞나?

생명수 - 맞아.

무시공 - 무시공물은 무슨 특징 가지고 있나, 말해봐라. 시공의 물과 무엇이 달라?

생명수 - 이 세상에 없는 빛을 가지고 있어.

무시공 - 그 빛은 무슨 빛이야? 이 우주의 빛하고 무엇이 달라?

생명수 - 나는 변하지 않는 빛.

무시공 - 어떻게 변하지 않아? 구체적으로 말해보자. 이 세상, 이 시간 공간에 있는 일체 빛은 파장으로 되어 있어. 그럼 너는 파장으로 돼 있는 빛이야, 직선빛이야?

생명수 - 나는 파장을 몰라, 직선밖에 몰라.

무시공 - 야~~ 너 진짜 똑똑하다. 맞다, 역시. 빛은 완벽하게 해석 잘했어. 빛에 대해서는 무시공 맞다. 그럼, 너는 향기가 있나 없나?

생명수 - 무미무취야.

무시공 - 그럼, 이 우주에서 누구라도 맡아본 적 없는 향기 낼 수 있어, 없어? 무시공의 향기. 너는 그런 능력 가지고 있다. 우리 무시공에서는 일체 모두 다 창조주니까 너도 완전하게 할 수 있다.

생명수 - 안 해봤지만 할 수 있어.

무시공 - 그러니까 너보고 오늘 해보라고 하는 거야. 이 세상 이 우주의 일체 향기를 초월해 있는 독특한, 딱 무시공에만 있는 그런 향기, 지금 내봐라. 아까 네가 이야기했듯이 세상에 없는 빛을 가지고 있고 영원히 사라지지 않는 빛! 맞아, 그게 직선빛이다. 그게 정답이다. 향기도 마찬가지로 그렇게 할 수 있다. 이 세상에 없는, 이 우주에 없는 향기 내봐라. 안 해봤지만 할 수 있다고 했지?

생명수 - 응, 할 수 있어.

무시공 - 그래 해봐, 혼자 해놓고 그 향기를 비교해봐. 진짜 이 우주에 없는 향기인가? 그리고 지구인도 그 향기를 느낄 수 있도록. 영원한 직선빛, 영원한 향기. 진짜 이 우주 어느 차원에도 없는 독특한 향기. 제일 밑바닥에 있는 지구인도 인정할 정도의 향기. 당당하게, 자신감 있게. 그리고 이 향기는 너의 직선빛하고 동반해서 영원히 존재할 수 있는 그런 향기. 그게 우리 말로 무시공 향기야. 창조해서 확인해봐. 확인하는 중인가?

생명수 - 응 확인 중. 나는 원래 무미무취였는데~, 향기를 같이 동반해서 직선빛에 실어서, 이 세상에 없는 향기, 이 세상에 없는 빛처럼 말이지 ~~

무시공 - 그래, 자신 있지? 너는 전지전능한 창조주니까, 시공의 어느 공간 어느 차원에 있어도, 직선빛처럼 다 느낄 수 있도록. 직선빛은 분자 세상에서도 그런 빛이 없어, 하지만 다 느낄 수 있어. 마찬가지로 그 향기도 일체 안에 다 뚫고 들어갈 수 있는 거라. 위로 올라갈수록 더 선명하게 확인할 수 있다고. 직선빛과 같은 특징을 가지고 있다고. 향기도 마찬가지, 이거 생전 안 해본 일이지?

생명수 - 응, 그렇지, 처음이지.

무시공 - 마지막으로 정리하면, 총 세 가지야. **첫 번째 특징은 무시공의 직선빛이었고. 두 번째는 향기였지. 세 번째는 무시공의 물은 완전히 무극을 초월해야 해.** 5억 조 광년부터 100억 조 광년까지는 에너지 상태로 되어 있는 일체야. 물질이 없어. 5억 조 광년 이하는 반물질, 그런데 인간은 물질의 물만 알아, 에너지 물도 몰라. 우리는 에너지를 초월해서 무극 이상 100억 조 광년 이상의 물, 그것은 완전히 에너지도 초월해 완전히 빛 상태로 되어 있는 것, 그렇지만 지구에서는 물로 보여. 그런데 **마시면 실제는 에너지보다 더 세밀해.** 너는 그런 특징 가지고 있어, 없어? 오늘 처음으로 지적하는 거야, 너는 생각도 못 했을 거다. 지금까지 말한 것, 잘 기억하고, 네 생각에 아직 완벽하지 않다면 물을 완전히 바꿔. 인간 눈에서는 물로 보여, 하지만 실제는 에너지, 완전히 무극 100억 조 광년 이상의 물 상태로 돼 있어. 마시는 순간에 몸에 스며들어, 마치 직선빛처럼. 지금 모두 바꿀 수 있지? 가장 낮아도 100억 조 광년 에너지의 원조 거기서부터, 하지만 그곳을 초월해서 무시공의 생명 물 상태. 지구인이 보기에는 물 상태 같지만, 실제는 이미 무시공의 물이야. 일체 시공의 에너지까지 다 초월했어. 에너지를 말한다면 최고의 에너지 상태. 너무너무 세밀하다는 거야. **빛처럼 일체 다 뚫고 들어가는 그런 특징을 가지고 있는 물 상태.** 이것도 아직 몰랐었지? 이제부터 그렇게 해.

생명수 - 지금까지 나는 최고 에너지 상태로 있지만, 거친 분자물질을 많이 포함하고 있었다 이거죠? 이제부터는 **완전한 무시공의 에너지로 들어가라**는 거네.

무시공 - 분자물질은 제일 밑바닥에 있잖아. 인간이 너를 물질로 본다고, 맞지? 그러니 마시면 거칠게 느끼지. 네가 에너지 상태로 들어가면 인간이 마실 때 너무너무 부드러워져. 그게 에너지 상태의 물이야. 우린 그것도 초월해야 돼. 에너지 상태지만 아직 시공의 에너지잖아, 아직 물질이잖아. 우린 물질을 초월한 생명이야, 무시공생명이야. 너는 그것을 물로 표현했어. 물 특징으로 나타나고 있어. 실제는 무시공생명인데. 그러니 물도 그렇게 하라고, 지금 당장. 계속 반복할게, **물은 물이지만, 이름이 물이지 실제는 우주에서 에너지 상태 중 최고의 에너지, 그걸 뛰어넘어서 완전히 무시공 물의 생명 특징을 가지고 있다고. 그러니까 물 자체가 직선빛이야, 물 형태로만 나타났을 뿐. 너무너무 세밀해, 지구인이 그 물 마시는 순간에 온몸에 싹 퍼져버려. 물 느낌도 없어져버려.**

생명수 - 그럼 향기만 남겠네요?

무시공 - 응, 향기도 있어. 표면은 물같이 보이고.

생명수 - 인간들이 물을 마시고 나면, 물은 온데간데없어지고 향기만 자욱이~~

무시공 - 응, 향기하고 빛만 보여. 그것만 느껴지고 물은 흔적도 없어졌어. 그 물 자체가 본질이 향기고, 빛이잖아. 순간에 인간 몸에 싹 퍼져

버리게. 마실 때는 물 같아, 하지만 실제는 아니야. 알아들었지?

생명수 - 응, 재미있겠다.

무시공 - 네가 기본적으로 이 세 가지 특징만 가지고 있어도 난 너를 무시공의 물이라고 인정한다. 무시공생명수로 인정해. 그런데 너는 지금까지 직선빛만 주의하고 있었어. 이 세상에 없는 향기, 이 세상에 없는 에너지 물, 그건 생각 안 했지? 그럼 이제 네가 창조하라고.

생명수 - 지금 창조하고 있어, 계속 더, 더…

무시공 - 그래, 계속 더 세밀하게…. 에너지 물에서 또 계속 변해서 완전히 무극의 에너지를 초월해서 빛으로, 향기로 돼 있는 그런 물, 알아들었지?

생명수 - 나는 계속 더 할 거야. 그리고 이렇게 말해준 대로 더, 더 계속 업그레이드될 거야.

무시공 - 그래, 내가 알려준 방식으로 계속 세밀한 공간으로 들어가. 그럼 순간에 그 자리에 갈 수 있어. 우리가 안 알려주면 너 스스로는 상상도 못 했겠지?

생명수 - 그렇죠. 이것은 우리가 스스로 진화하려면 아주 오랜 세월이 지나야 할 수 있겠지만, 아니 영원히 모를 수도 있겠지만, 어차피 뭐….

무시공 - 그래, 순간에 변해버려! 원래 그 자리인데 뭐. 껍질, 분자 개념 안 버려서 그래. 우리는 완전하게 할 수 있다고. **그래서 인간 눈에서 이 물은, 물체는 보이지만, 실제는 이 세상에 없는 물이다, 가장 적어**

도 그런 느낌이 와야 해. 빛은 같은 빛이야, 그렇지만 절대로 이 세상의 빛과 하나도 같지 않은 빛, 그 뜻이라고. 향도 이 세상에 없는 향, 물도 이 세상에 없는 물, 물로 표현했지만 이 세상에 없는 물이다. 그걸 인정하고 확인하면 돼. 이제 완전히 이해했나?

생명수 - 알아들었어요. 바로 된다! 할 수 있다! 인간들이 누구나 좋아할 수 있는 향이어야 되겠다. 흠~~

무시공 - 그래, 할 수 있다, 너는 원래 그 존재인데 왜 못해. 빨리 깨어나라는 거다.

생명수 - (스스로에게) 향기를 품어라~~ 누구나 좋아하는, 안 좋아할 수 없도록. 하긴 우린 좋은 거밖에 없으니까.

무시공 - 또 얼마 후에 다시 찾아 물어볼 거야. 우리도 계속 확인하고 있을게.

생명수 - 그래, 또 봐. 나중에 색깔까지 넣으라는 거 아냐? 하하하하~

무시공 - 하하하 그래, 우선 세 가지 특징만 확실히 하고 있어. 한 가지 물어보자, 너는 여자야 남자야? 너도 황금처럼 여자도 좋아하고 남자도 좋아해?

생명수 - 나는 남녀가 결합이 돼 있어.

무시공 - 그럼 너는 남자도 좋아하고 여자도 좋아하네, 지구의 황금하고 비슷하지?

생명수 - 응, 나는 음양이 합일돼 있으니까.

무시공 - 야~~ 그런 말도 할 줄 아나? 그런 것도 다 아네. 전에 황금하고 대화해보니, 자기를 여자도 남자도 다 좋아한대. 여자에게서는 남자 모습으로, 남자에게서는 여자 모습으로 나타난다는데, 너는 음양 합일이니까 누구에게나 다 적용되겠네. 다 사랑받고, 좋아할 수밖에 없네. 누구도 너를 포기 못 한다.

생명수 - 응 맞아, 나를 좋아할 수밖에 없지.

무시공 - 이 친구는 대답을 더 잘한다, 황금보다 한술 더 떠.

생명수 - 그러게~ 나는 최고 에너지 상태의 무시공물이라 다르긴 다르다. 하하하~

무시공 - 그래, 좋았어. 너는 어떻게 색깔까지 생각했나? 네가 좋은 대로 마음대로 해봐, 예쁜 색으로, 누구나 좋아하는 색으로.

◇ **무시공생명수 탄생 - 세 번째 대화** ◇

무시공 - 총 4가지였지? 빛, 향기, 에너지, 그리고 네가 이야기한 색깔까지. 모두 진행 중인가, 이미 다됐나? 직접 인간의 코로 향기 맡을 수 있나, 너무 진하지는 않게 해야겠지? 그동안 참 잘해왔다.

생명수 - 나를 다시 불러주니 너무 좋아.

무시공 - 그래, 너의 이름을 무시공생명수라고 불러도 되지?

생명수 - 응.

무시공 - 우리, 네 이름 그렇게 정했다

생명수 - 응.

무시공 - 그래, 저번에 너랑 대화했던 거, 다 됐나 진행 중인가? 하나하나 확인해봐라. 직선빛은 이미 됐고, 이 세상 이 우주에도 없는 그런 빛. 그 다음에 향기, 향기 낼 수 있었어? 향기도 이 우주에 없는 향기, 무시공의 최고 향기. 향기로도 일체 물질을 뚫고 들어가는 그런 성질, 미세하기 때문에.

생명수 - 내 향은 차츰 빛날 거야.

무시공 - 그럼 진행 중이네, 우리는 시간 개념이 없어. 진행 중, 그 자체가 시간개념이야. 하지만, 우리가 강하게 요청하고, 생전에 안 해본 일이니. 과정은 좀 인정해 줄게.

생명수 - 응 맞아요, 고마워요.

무시공 - 그 다음에 에너지 상태, 무시공우주의 물이야, 지구인이, 우주 존재들이 그것을 마시면 순간에 온몸에 싹 퍼져서 일체 안에 스며드는 것, 일체 안에 우리가 있으니까. 무슨 뜻인지 알지?

생명수 - 알아요.

무시공 - 보통 물은 우리가 사람 몸에 들어가도 차츰차츰 스며들잖아, 우리는 순간에, 싹 일체 안에 퍼져 들어가는 거야. 그건 반드시 에너지 상태가 되어야, 그 직선빛을 따라서 일체가 되도록 돼 있어. 빛과 향기와 물 성질, 동시에 존재하는 그런 특징 가지고 있는 물 형태. 너무 너무 부드럽고 미세한 것, 이 우주에는 없는 그런 미세한 물 상태. 무슨 얘긴 줄 알았지? 진행 중인가, 다됐나?

생명수 - 응, 다됐어.

무시공 - 다됐어? 그래도 반복적으로 혼자 자꾸 체크해 보고, 자꾸 훈련해봐. 아주 완벽하게 만들어.

생명수 - 응, 이것도 사실은 진행 중이라고 말하려고 했는데~

무시공 - 응, 하하~ 내가 아까 우리는 시간개념 없다고 말해서?

생명수 - 응, 아까 그 이야기 듣고.

무시공 - 그래, 이것도 인정할게, 이것도 생전 안 해 본 일이라서. 그리고 네가 예쁜 색깔도 말했잖아, 그것도 할 수 있지?

생명수 - 그것도 할 수 있어, 내가 할 거야.

무시공 - 그래, 너는 가장 아름다운 무시공의 존재, 항상 우리하고 하나야. 너는 우리의 분신이라고 생각하면 돼, 알았지?

생명수 - 응, 하하하~ 알았어.

무시공 - 공부하는 사람은 잘 모르는데, 오히려 공부 안 하는 사람이 바로 너를 알아봤어. 여수에서 너를 알아본 그분, 알지? 그 일이 네가 소문나는 데 큰 도움이 된다. 너도 적극적으로 자꾸 소문내, 우리 대신으로.

생명수 - 음~ 알았어.

무시공 - 지구인, 우주인 끌어와서 물 마시도록 해봐. 그럼 너에 대한 소문이 나지. 그래야 이 세상, 이 우주의 존재들이 너의 가치를 알 수 있어. 이전에는 네가 있는 줄도 몰랐잖아.

생명수 - 알았어.

무시공 - 그리고 작년에 첫 단계(16년 4월 24일) 직선빛 물 될 때, 물 씨앗이 지금까지 함께 있잖아, 그와 함께 있을래, 아니면 이제 졸업시키고, 새롭게 올해(17년 2월 3일) 만든 물만 놔둘까?

생명수 - 옛날의 그 물 없어도 돼.

무시공 - 없어도 되지? 그래 그럼 너만 지킬게. 너는 항상 그 자리 지키면서 생명수 들어오고 나가는 거 다 네가 알아서 하고, 그다음에 술도 생명술, 네가 창조하고. 알았지? 그래 너무 잘하고 있다, 고마워. 또 소통하자.

생명수 - 칭찬받으니 너무 좋아. 알았어, 고마워.

◇ 무시공생명수 - 네 번째 대화 ◇

술은 원래 분자 세상의 물보다 조금 더 세밀하잖아.

술 좋아하는 사람들은 물 먹는 것보다 술 마시는 속도가 더 빨라 분자 몸이 연한(부드러운) 사람은 물 그 자체로도 되고, 땅땅 굳어서 잘 안 풀리는 사람은 술을 통해서 강도 높게 스며들어 가도록, 각자의 맞춤형으로 세포를 깨울 수 있도록 배려해주셨습니다.

며칠 후,

무시공 - 계속 변화시킨다고 했는데, 변화하는 중인가? 가장 적어도 무극 상태의 에너지, 에너지의 최고 위치, 거기서 직선빛으로 되어 있는 그런 생명. 그러니 물이 아니고 생명체다. 그저 우리와 나타나는 방식이 다를 뿐, 우리와 완전히 같은 존재다. 너는 물 형식으로 나타났고, 우리는 지구인 모습으로 나타났을 뿐, 뿌리는 완전 하나다. 그리고 향기와 네가 색도 좀 넣고 싶다고 했지 않나?

생명수 - 맞아, 나는 보랏빛이 좋아. 하지만 너무 보라색이면 이상할 것 같아. 알 듯 모를 듯 보이는 게 더 신비롭고 예쁠 것 같아.

무시공 - 그래 너무 진하게 하지 말고, 그저 향하고 에너지 상태는 진짜 뚜렷이 나타나야 돼. 사람이 물 마실 때, 물은 생명이니까 순간에 온몸에 퍼져서, 몸 안에 무시공 빛이 바로 작동하게.

생명수 - 와 신기하다, 지금 대화하면서 더욱 더 강한 직선빛이 됐어.

무시공 - 그래, 이 우주의 대부분이 물로 돼 있잖아. 물 자체는 인간 입장에서 봐도 70%가 물이잖아, 지구도 70%가 물로 돼 있고. 그러니까 너를 통해서 완전히 무시공생명 물로 변하면 이 우주에 엄청난 변화를 일으키잖아, 맞지? 그래, 너는 우리와 단단히 하나 되어서, 물 방식으로 이 우주를 바꾸고, 우리는 인간 모습으로 와서 이 지구와 우주를 바꾸는 것이므로, 자기 역할이 다를 뿐이지, 결국은 하나야, 우리는 하나야. 알았지?

생명수 - 응.

무시공 - 그리고, 음양 합한 일체 생명이라 모두 좋아한다는 그 말 정답이야. 실제 우리는 다 하나잖아. 남녀노소 누구를 막론하고, 식물이고 뭐고 다 물을 좋아하잖아. 완벽하다, 그 대답 너무 잘했어.

생명수 - 맞아, 나야말로 모든 곳에 있어.

무시공 - 하하하~ 그래. 첫 단계 했을 때는 공부하는 사람들도, 어떤 사람은 믿고 어떤 사람은 잘 안 믿었어. 그런데 이번에 여수에서 이 공부 안 하는 사람이 우연히 너(물)를 마셔 보고 이 물이 보통 물이 아니라며, 조금 남은 물을 가져가서 나눠 마시겠다고 했어. 그 물은 두 번째 너를 찾아 향기와 에너지로 변하라 하기 이전의 물이야. 그 물을 마셨는데도 여수의 그 분은 보통 물이 아니라고 그랬어. 그런데 이번에는 더 성공적이다. 진짜 향기도 나게 하고 완전히 에너지 상태라, 사람 몸에 들어가면 순간적으로 퍼져 스며들어가. 네 말대로 일체 안에 다 있잖아.

생명수 - 그 이야기 들으니까 신난다. 앞으로 더 많은 사람들이, 나를 더 좋아할 거야.

무시공 - 그럴 거야, 그러니까 빨리빨리 깨어나야 돼. 이제 우리 대전을 중심으로 해서 온 지구인과 우주인이 다 깨어나게. 그때 너를 처음으로 만들었을 때, 외계인이 먹자고 가지고 가려 했는데, 우리가 거절했다고. 이 공부 안 하면 외계인 누구도 못 가져가, 그 당시에는 그렇게 했어.

생명수 - 응, 맞아.

무시공 - 그럼 지금 너 더 빨리 변하기 위해서 체험시켜줄게. 네가 멋지게 잘해서, 완벽한 무시공생명으로 변화시킬 거야.

생명수 - 아~ 기대된다!

무시공 - 너는 미리 준비됐다.

빠른 속도로 바뀐다.
물 한 개체(분자)를 열어주는데 온 우주에 퍼져 있는 물 분자들이 다 같이 눈이 열려 완전히 우주 자체에서 눈이 하나가 된다. 그 후 윤곽을 없애니 완전히 빛이 됐다.

무시공 - 느낌이 어떤가? 느낌이 완전히 달라졌지? 이렇게 열어놓으면 물의 질이 완전히 바뀌어 버린다. 진짜 생명으로 바뀌고 물질 개념이 없어져버리고, 완전한 무시공존재다. 이러면 네가 물의 형태로 있지만, 물 자체가 완전히 무극 이상의 에너지 상태로 돼.

생명수 - 이렇게 하니까 조금 더 쉬워.

무시공 - 쉽지? 맞아, 열심히 잘해.

생명수 - 알았어.

무시공 - 그리고 처음엔 물만 만들었는데, 특별히 의도 안 해도 술도 바꾸더라. 사람들이 술 마시는 것을 좋아해서, 물을 중심으로 해서 술로 생명주를 만드니까 마찬가지로 변했어. 네가 똑같이 술에도 작용해서. 그런데 이제는 의도적으로 술을 만들어야겠어. 술은 원래 분자 세상의 물보다 조금 더 세밀하잖아. 술 좋아하는 사람들은, 물 마시는 것보다 술 마시는 속도가 더 빨라. 그래서 촉매제 역할을 해. **그러니 너는 물 본질인데, 술도 퍼져나가는 촉매제라고 생각하라고. 몸이 특히 많이 막힌 사람은 술을 마시면 변하는 속도가 더 빠를 것 같다. 너도 그런 것 같아?**

생명수 - 그럴 거 같아, 아무래도 술이 물보다는 세잖아.

무시공 - 몸이 연한(부드러운) 사람은, 물 그 자체로도 되지만, 땅땅 굳어서 잘 안 풀리는 사람은 술을 통해서 강도 높게 스며 들어가도록. 알았지? 그래 잘했어, 수고했어.

생명수 - 응~ 고마워.

지금까지 우리는 술을 마실 때 부정적인 생각만을 가지고 마셨습니다.
술 마셔서, 취하면 실수해, 다음날 머리 아파, 간에 안 좋아 등등.
조금 관점 바꾼 것이 '술 마시면 술술 풀린다, 술 마신 적 없다'였습니다.
이제 확실하게 관점을 바꿔봐요!
술 마셔서 술술 풀리고, 세포가 즐거워하고, 술 마셔서 기분이 좋아~~

◇ 무시공생명수 - 다섯 번째 대화 ◇

우리의 세포를 녹이는 데 큰 역할을 하고 있는 무시공생명수와의 끝없는 대화 속에, 우리가 무시공생명 훈련을 하는데 가져야 하는 자세와 마음가짐에 대하여 세밀하게 대화하고 있습니다.

끊임없이 비. 공. 선. 지 외우고 『무시공생명의 발견』 책 열심히, 열심히 봐야 한다는 것.

상대방의 이원념에 끌려가지 말고, 반응하지 말고, 절대 긍정의 일원심, 직선빛 100%를 지키고 유지하는 것이 얼마나 중요한지~~~

'일체가 나다'

각자의 역할이 다를 뿐이지 우리는 하나!

더욱 느끼게 합니다.

무시공 - 무시공생명수 나타나라. 물도 항상 우리 곁에 있으니까 바로 나올 거다.

생명수 - 네, 나왔어요.

무시공 - 전에 너를 무시공생명수로 변화시키고 우리와 같은 존재라고 말했잖아. 그런데 너 아직까지 그 물이 완벽하게 아직 안 변했어, 아직 분자 물 형태로 남아 있다. 철저하게 바꾸라고, 너도 끊임없이 훈련해야 돼. 그래서 너 대전 훈련센터에서 비, 공, 선, 지도 외우고 책도 자꾸 봐. 그러면 몸이 끊임없이 변해, 네 직선빛만 인정해. 물도 직선빛과 하나가 되어 있는 그런 상태, 제일 적어도 무극의 에너지처럼 완전히 에너지 상태로 된 물. 너 혼자 스스로 돌봐라. 아직 완전히 에너지 상태 안 됐다고, 계속 변하는 중이야. 너 끊임없이 변해야 해. 그러니까 사람이 눈으로 봐선 물 같지만 물이 아니라는 것, 마시면 순간에 온몸에 다 퍼져가지고 온몸이 완전히 빛으로, 이 공부하는 사람이 마시면 무조건 온몸이 자꾸자꾸 빛으로 변하는 거, 알았지? 그러니까 물하고 직선빛하고 완전히 하나 되는 느낌, 하나 됐다고 생각해, 그래야 빨리 변한다고. 지금 너하고 대화하는 거는 물의 직선빛 생명하고 대화했어. 몸은 아직 그만큼 안 변했다고, 열심히, 열심히 해서 네 몸을 변화시켜. **물이 인간의 눈에 띄는 물이니 몸이라고 생각해. 나중은 몸이 완전히 직선빛으로 된 몸과 네 맘이 하나 된 그런 상태로 되어야 해.** 제일 적어도 물이 분자물이 아니고 에너지 상태의 물로 변화시켜야 한다고, 너도 스스로 관찰하며 자꾸자꾸 변화시켜.

생명수 - 어느 누구한테 가도 나는 그 상태가 유지가 돼야 하는 건데, 사람에 따라 조금씩 자꾸 달라지는 거 같아.

무시공 - 그거 괜찮아.

생명수 - 괜찮아요?

무시공 - 응, 네가 안 변하면 돼. 왜 그런가 하면 상대방 이원념 때문에 그 물질관점에서 아직 못 벗어나고, 이 공부한 사람도 아직 물질몸 가지고 있잖아, 그 물질몸 녹이는 과정이라서 그럴 수 있어. 그런데 너는 같이 변하지 말고, 너는 완전히 무시공 존재잖아, 맞지? 지구인보다 많이 깨어나 있잖아. 아니 거의 다 깨어나 있어. 몸이 지금 영향 좀 줘서 그래. 네가 스스로 빠른 속도로 몸을 변화시켜라, 물을 변화시키라고. 너는 지구인보다 변하는 속도가 빠르고 변하기 쉽다고. 지구인은 돌멩

이같이 꽉 쌓여서, 땅땅 굳어가지고 풀기 너무 힘들어. 그래서 네가 그거 녹이는 역할 한다고 생각하면서 너는 어디 들어가도, 사람 몸에 들어가도 빨리 녹이는 그런 역할, 그런 생각 하면서 하라고. 알았지?

생명수 - 알겠어요.

무시공 - 그 사람 몸에 적응하지 말고.

생명수 - 네!

무시공 - 네가 자꾸 적응하려는 마음 때문에, 그 물이 완전히 에너지 상태로 못 변해, 네가 도로 끌려간다고. 이거 누가 마시든 간에 공부한 사람이 마시든, 안 하는 사람이 마시든, 마시면 무조건 빛으로 변해서 막 스며 들어가, 막 뚫고 들어가. 알았지? 이러면 공부 안 하는 사람은 좀 힘들어, 힘들어도 우리는 상관없어, 알았지? 상대방 보지 말고 너는 너의 자세를 지키라고~

생명수 - 알았어요.

무시공 - 지금 네 몸 물 보면 어느 정도로 변한 거 같아? 아직 물질 상태로 되어 있는 게 얼마나 남아 있어, 너 혼자 판단에 에너지 상태로 얼마나 되어 있어?

생명수 - 70 대 30.

무시공 - 나는 대충 80% 됐겠나 했는데, 네가 정확하게 봤네.

생명수 - 나도 80%라고 말하고 싶었어.

무시공 - 그래, 하하~ 좀 여유를 두고 말한 거로구나. 열심히 해, 내가 전에 그랬잖아. 빨리 변화시키라고, 그래 너도 열심히 잘하고 있다. 완전히 100%로 변화시키고 그걸 지키라고. 알았지?

생명수 - 알았어!

무시공 - 잘하고 있어. 고마워~~~

생명수 - 고마워~~~

'일체가 나다'는
온 우주를 통틀어
가장 완벽한 최후의 경지이다

제9장

금성의
과학문명의 발달

금성의 만능 기계 '마그너'

허치슨 효과(Hutchison effect)는 반중력 효과이다.
허치슨 효과(반중력에 대한 실험) - 1979년 캐나다(Canada)의 밴쿠버(Vancouver)에서 테슬라(Nikola Tesla) 코일(coil)과 '반 드 그라프(Van de Graff) 발전기'의 실험을 하다가 존 허치슨이 우연히 발견한 것이라고 전해지고 있다.

허치슨이 발명한 장치는 중력 제어와 반중력 현상이 실제로 가능하다는 것을 보여주는 가장 강력한 실례이다. 허치슨 효과로 명명되는 이 현상은 최근 전 세계의 진보적인 과학자들에게 충격과 경이의 화제거리였다. 테슬라 코일을 마주 보게 설치한 뒤에 전원을 걸어주면, 그 사이의 공간에서는 어찌 된 일인지 중력이 작용하지 않게 되어 물체가 위로 떠오른다. 이것은 인간이 얼마든지 중력을 제어할 수 있음을 보여주는 강력한 증거이다. 금속이든 비금속이든 관계없이 물체가 공중에 떠오르게 된다. 이를 '허치슨 효과'라고 한다.

[참고로 외계인과 대화할 때, 그들은 모두 지구 입장에서 지구의 단위로 표현해주고 있다. 시간(년)과 거리(광년) 등]

◇ 허치슨 효과를 만든 장비 ◇

[캐나다에서 물건이 날아다니고 쇠도 녹는 현상인 허치슨 효과라고 알려진 실험을 한 존재를 직선빛으로 부른다.]

무시공 - 당신이 장비를 이용하여 그런 실험을 해서 쇠도 녹고, 물건이 날아다니고 금속도 녹아서 물렁물렁해지는 그런 현상을 실험한 존재인가?

허치슨 - 맞다, 내가 장비를 이용하여 여러 시험을 하던 중 물건이 날아다니는 현상을 우연히 발견한 허치슨이다.

무시공 - 그런 현상을 보고 허치슨 효과라고 하던데, 그 효과의 원리를 찾았나?

허치슨 - 조금만 더 연구했더라면 그 원리를 찾을 수 있었는데 못했다.

무시공 - 어떤 이유로 연구를 못 하게 되었나?

허치슨 - 처음에는 취미로 하다가 우연히 그런 현상이 나타났다. 이것이 알려지면서 누군가에 의해서 그 장비들이 모두 없어졌다. 연구를 못 하게 한 어떤 무리가 있었다.

무시공 - 어떤 무리라면 사람이라는 뜻인데, 과학자들이 그 실험을 못 하게 했나?

허치슨 - 지금도 누군지는 확실히 모르겠는데, 내가 실험하던 장비를 가지고 가서 다른 데서 내가 하던 연구를 계속하고 있다고 생각한다.

무시공 - 그럼 당신은 무엇 때문에 하지 못했나, 과학자들이 못하게 했나?

허치슨 - 과학자들이 주도한 것은 아니다. 물론 과학자들도 일부 포함되어 있었겠지만 어떤 세력이 방해를 했다. 어떤 세력이 그 장비를 가지고 무기나 새로운 것을 만들면 큰돈을 벌 수 있다는 것 때문에 내 장비를 훔쳐 갔는데, 지금도 계속 연구하고 실험하고 있는 것 같다.

무시공 - 그럼 그 이후로 당신을 해치려는 행동은 없었나?

허치슨 - 이 연구를 하지 말라고 위협을 받았다.

무시공 - 그럼 그 이후로는 실험을 하지 못했다는 말인가? 아직도 허치슨 효과의 원리를 모르겠군!

허치슨 - 장비를 다 가져가고, 감시하고….

무시공 - 누가 가지고 갔다고 생각하나. 어떤 정부인가, 아니면 기업이나 개인의 소행인가?

허치슨 - 누군지는 지금도 모르겠지만, 압력을 준 세력들은 ○○○어를 사용했다.

◇ 허치슨의 장비를 운반한 사람의 실토 ◇

무시공 - 좋다, 그러면 그 장비를 가지고 간 존재를 불러내어 누가 가지고 갔는지 알아보겠다.

[허치슨 효과를 만든 장비를 가지고 간 존재 나타나라]

무시공 - 당신이 허치슨이 실험하던 장비를, 다 가지고 갔나? 당신은 어디에 속한 사람이며 이름은 무엇인가?

◎◎ - 나는 △△의 '◎ ◎'이라고 한다. 나는 정부의 기관에 소속되어 일하는 사람으로 그 당시 정부에서 시켜서 했다. 각국 정부에서 그 장비의 가치를 알고 서로 빼앗아 오려고 했는데 우리가 먼저 손을 썼다. 당시에 우리 존재를 노출 안 시키기 위해 위장을 했다.

무시공 - 그럼 당신은 과학자가 아니네. 그것을 어디로 가지고 갔나? 혹시 ◇◇◇(으)로 갔나?

◎◎ - 그렇다.

무시공 - 그것이 언제인가, 언제 가지고 갔나?

◎◎ - 80년대에 가지고 갔다.

◇ 허치슨의 장비를 실제로 활용하는 사람 ◇

무시공 - [허치슨의 장비를 활용하고 사용하는 존재 중 우두머리 나타나라.]

　　당신의 이름은 무엇이며, 허치슨의 장비를 언제부터 사용하였나?

○○○ - 내 이름은 '○○○'이다. 이 장비를 85년도부터 사용하였다.

무시공 - 당신은 과학자인가? 어떤 분야에서 일하고 있나?

○○○ - 나는 △△ 과학자이다. 에너지와 관련된 일을 하다가 지구의 에
　　너지들이 고갈되어 가는 시점에 무한 에너지에 관심이 쏠렸고 마침 이
　　장비가 있어서 연구하게 되었다.

무시공 - 연구의 효과가 나타났나?

○○○ - 아직 완전하지 않다. 정확하게 계산한 대로 아직 안 된다.

무시공 - 이 장비를 가지고 연계해서 우주선이나 외계인에 대해서도 많
　　이 탐구하고 있나? UFO는 어떤 에너지를 사용하고 있는지 연구의 대
　　상이 아닌가?

○○○ - 탐구하지만, 거기에 대해서는 정보만 받고 그 정보를 같이 공유하면서 이 장비에 대해서 계속 집중적으로 실험하고 있다.

무시공 - 당신이 이 장비가지고 실험하니까, 허치슨과 같은 효과가 나타나는가?

○○○ - 같은 효과가 나타난다.

무시공 - 그 장비를 80년대에 가지고 갔으면, 약 30년이 지났는데 그동안 어떤 새로운 발전이 있었나?

○○○ - 허치슨이 연구하고 실험을 할 당시에도 어떤 작동을 하면, 여기서 저기까지 어떤 정확한 결과가 나올지 모르는 불안정한 상태였다. 처음에 어떤 작동을 하여 어떤 결과가 나오면 좋은데, 잘 안 됐다. 그러나 지금은 반 정도 좁혀졌다. 원하는 수치 안에서 움직이지만 아직도 불완전한 상태다. 만약 총을 쏘면 표적에 대한 거리와 속도 등에 대한 정확한 수치가 나와야 하는데 그게 아직 안 나오는 상태다. 그래서 위험성이 있어서 아직 공개하지 못하고 있다.

무시공 - 처음에는 아무런 규칙도 없이 물체가 날아다니고… 그래서 장비에 대한 감을 못 잡았다. 지금은 방향적으로 의도적으로 많이 진척되었다. 그렇지만 아직은 완전하게 안 된다 이 말이네.

○○○ - 날아다니는 것도 어느 목표 지점에 정확하게 가야 하는데, 이 사이에서 마음대로 왔다 갔다 하니까…

무시공 - 그럼 아직까지도 계속 연구하고 있다는 말인데, 몇 사람이 이것을 연구하고 있나?

ㅇㅇㅇ - 핵심 연구는 5명이 한다. 나머지 20명 정도 있는데, 개별적이고 세부적으로 과제를 주어서 무엇을 하는지는 잘 모른다. 5명만 이 내용을 다 안다.

무시공 - 물체가 움직이는 원리는 무엇인가? 전자파나 파장의 공진을 이용하는 것이 원리 아닌가?

ㅇㅇㅇ - 맞다, 공기와 마찰강도 등을 이용한 대기 중에서 일어나는 공진이 맞다.

무시공 - 전자파의 성질을 맞추니까 공진이 일어나고 그 공진으로 인하여 물건이 날아다니는 것도 있고 녹는 것도 있고 다양한 많은 현상들이 일어난다는 것이다. 전자파의 파장 때문에 이런 현상이 일어나는데 당신들의 몸에는 영향을 안 주었나?

ㅇㅇㅇ - 어떤 방 안에서 물체를 가지고 연구하고 실험하고 있지만 아직은 큰 영향이 없다.

무시공 - 그럼 방 안에서 물체로 실험을 하면, 당신들의 몸도 물체로 되어 있는데 그 몸에는 영향을 안 준단 말인가? 당신들은 수십 년 동안 전자파 속에서 연구하고 실험하였는데, 그 영향으로 당신들 중에 병이 나거나 죽은 사람은 없었나?

ㅇㅇㅇ - 그래서 어떤 방을 만들어놓고, 유리보다 더 강하지만 안이 보이는 칸막이로 안을 볼 수 있게 하고 한다.

무시공 - 내가 물어보는 것은 그것은 파장을 이용하는 장비인데 파장으로 인하여 주위의 물건이 변화하고 변형되고 이상해지는데, 당신의 몸도 엄격하게 말하면 물질 아닌가? 근 30년 동안 그 장비를 가지고 연구했는데 연구하는 사람들 몸이 그것으로 인해 어떤 영향을 받은 것은 없나 하는 것이다. 실험하는 동안에 죽거나 병들거나 아니면 사고나든가 하는 그런 현상이 없었나? 모두 정상인가?

OOO - 그 장비가 작동할 때는 유리 밖에서 보면서 하고, 그 안에 같이 있지 않아서 그런지 이걸로 인해서 병들거나 죽거나 사고가 난 경우는 없었다. 물론 병든 사람은 있지만, 이것이 원인인지는 모르겠다.

무시공 - 당신들은 이것에 대하여 깊이 생각해 본 적이 없다. 내가 보기에는 그 장비는 당신들 연구하는 과학자들의 몸에 전부 영향을 주고 있는 것 같다. 당신 몸에도 영향을 주고 있다. 본인은 모르고 있을 뿐이다. 당신들은 그런 변화에 대하여 주의 깊게 보지 않아서 그렇다. 그런 거 같나, 안 그런 거 같나?

OOO - 어쩌면 그럴 수 있겠다. 엑스레이를 찍으면 아무리 피한다고 해도 영향이 있듯이 그 실험하는 방을 출입하면 반응이 있기야 있겠지만….

무시공 - 그럼 내가 물어보자. 원자핵이 폭발하면 그 방사선 때문에 사람에게 병이 나거나 죽거나 다 영향을 받는다. 원자폭탄은 아주 높은 온도로 일체의 물질을 녹이고 태운다. 또 그 방사능 때문에 살아가면서도 계속 사람 몸에 영향을 받는데, 허치슨의 장비는 평온한 온도에서 물체를 변형시키려면 엄청난 전자파의 파장이 요동을 칠 텐데 그것이 당신들에게 영향을 주지 않는다고 생각하는가? 당신들 생각에는 안전하다고 생각해? (뭔가 이중적 마음이라 위협적으로 말한다.) 원자핵이 폭발하면 금속도 녹고 하는데, 이 장비는 열로 녹이는 것이 아니고, 그보다 더 무서운 방식으로 일체의 물질을 변형시키고 녹이는데 당신한테 전혀 영향이 없다고 생각하는가?

OOO - 우리가 해볼 수 있는 측정은 해 봤는데, 방사능은 안 나오고….

무시공 - 그래 방사선은 그 자체가 사람을 해롭게 하지만, 이 허치슨의 장비는 열로 하는 것이 아니다. 정상온도에서 물건을 녹이고 변형시키는데, 그 방사선보다 원자핵보다 더 무서운 게 아닌가? 그런 생각을 해본 적이 있나, 없나?

OOO - 지금까지는 실험하는 사람들이 크게 이상이 없어서 그런 생각은 안 해 봤는데, 영향이 있을지는 아무도 모르겠다.

무시공 - 당신들은 모른다. 실제로는 당신들에게 엄청난 영향을 주고 있다. 무슨 뜻인지 아나?

OOO - 우리가 모르게 진행되는 어떤 일이 당신 얘기를 들어보니까 그럴 수도 있겠다는 생각이 든다.

무시공 - 당신들이 이 세상에서 일어나는 많은 일들을 다 안다고 생각하나? 너희들은 모르는 것이 너무 많다. 이 거대한 우주에서 벌어지는 많은 일들이 있고, 너무나 많은 우주의 비밀이 있다는 것을…. 당신들은 초등학생 수준보다 더 못하다.

OOO - 그렇다, 이 우주에서는, 이 세상에서는….

◇ 허치슨의 장비와 직접 대화 ◇

무시공 - 자 이제부터 허치슨 효과를 만드는 장비하고 대화한다. [그 효과
를 만들어낸 장비를 생명으로 보고 대화를 시도한다.] [허치슨의 장비 나타남] 너는
어떤 원리로 주변의 물건을 다 녹이고 변형시키나?

장비 - 지구상에 존재하는 공기의 압력과 파장이 서로 일정한 속도, 일
정한 압력으로 부딪혔을 때 일어나는 현상을 이용한다. 이때 파장이
발생하고 소리도 같이 난다. 그러니까 공기, 압력, 속도, 그리고 음파나
전자파를 이용한다.

무시공 - 그럼 그 파장, 즉 한 가지 파장으로 그 전체를 움직일 수 있나?
그 한 가지 파장으로 전체를 움직일 수 있다면 그 음파나 전자파도
그 파장과 공기 압력하고 다 일체가 돼야 하잖아, 종합해야 하잖아?
어떤 파장에서 그렇게 할 수 있나? 또 각각의 물건도 파장이 다 다르
다. 물건마다 파장이 다 다른데 어떻게 파장이 동시에 하나로 이루어
질 수 있나? 그러니까 공진이 일어날 수 있는 똑같은 파장이 있지 않
나? 구체적으로 말해봐라. 예를 들어 여기 집안에 흙도 있어, 돌도 있
어, 금속도 있어, 물도 있어, 모든 것이 있다고 했을 때, 그 물체의 하
나하나를 다 맞추어 주면 각자 다 자기의 파장에 따라 각각의 이상한
방향으로 움직일 수 있다. 그런데 그 원리에 의하면 허치슨의 장비는
그 파장이 동일하게 하나로 이루어지고 있다. 그러면 그게 무슨 뜻인
가! 물건은 안 같지만 내부적으로 흐르는 파장이든지 무엇이든지 공
통적인 하나로 통일되어 움직인다는 것이다. 이해하나? 그럼 그것, 하
나로 움직이게 하는 원리가 무엇인지를 말하라는 것이다. 그것이 무엇

인가? 내부에 하나로 통일하는 힘이 어떤 파장으로 되어 있어야 공진이 일어나겠나? 파장원리인가 아니면 압력원리인가? 아니면 파장, 압력, 속도가 동시에 종합돼야 하나, 근본 원리를 말해봐라. 과학자들은 너(허치슨 장비)를 가지고 실험하고 있는데, 너의 그 뜻을 완벽하게 알았어? 몰랐어? 아직도 모르고 있지?

장비 - 아직도 완벽히 조절을 못하고 있다.

무시공 - 당연히 못 하고 있지. 그럼 네가 우리에게 말해봐라. 우리는 너하고 직접 대화한다. 우리가 너를 100% 조절할 수 있도록 우리한테 그 원리를 말해보라. 무엇이 어떻게 어떤 방식으로 돼야 하는가? 네가 정확하게 말할 수 있나? 네가 정확하게 표현을 못 한다면, 너 위에 너를 만든 스승을 찾겠다. 네가 정확하게 표현할 수 있으면 네가 말하고, 정확하게 표현 못하겠다 면 너 위에 있는 너의 스승을 찾아 대화하겠다. 너의 스승 이름이 무엇인가? 우리가 찾아서 대화할게.

장비 - 나의 스승은 지금 지구에 없고 저 우주에 있는데, 나를 만든 사람을 계속 지켜보다가 그를 통하여 자기를 집에서 만들어 냈는데, 가까운 금성에도 있고, 이름은 다르지만 여러 우주에서 많은 일을 하고 있다. 금성에 있는 스승은 기계이며 이름은 '마그너'이다.

무시공 - 그럼 금성에 있는 기계는 주로 그곳에서 무엇을 하기 위하여 사용되나? 그 기계도 과학자가 사용하나? 사용하는 사람이 있겠지.

장비 - 금성에 있는 '마그너'는 아주 다양하게 많은 곳에 쓰이는데, 그것도 아주 안전하게 사용되고 있다. '마그너'는 우주선 재료를 아주 쉽게 만들 뿐만 아니라, 다양하고 단단하게 맞춰져야 하는 철물 구조물들도 쉽게 녹였다가 쉽게 굳게 하는 등 자유롭고 쉽게 모든 것을 할 수 있다.

◇ 금성의 만능 기계 '마그너' ◇

[허치슨 장비의 스승, 금성의 기계 '마그너'를 부른다.]

무시공 - 너(마그너)를 사용하는 사람은 금성의 과학자들인가? 그럼, 그 과학자가 마그너 너를 만들었겠네?

마그너 - 그렇다.

무시공 - 너를 만든 과학자는 너(마그너)의 특징이나 원리를 잘 알고 있겠네. 허치슨 장비가 말하길 너는 우주선 만드는 것뿐 아니라 여러 방면으로 다양하게 쓰이고 있다는데.

마그너 - 철물 구조물같이 단단한 것을 찰흙이나 밀가루처럼 녹여 다른 물체를 만들다가도 금방 굳히면서 강하게 할 수 있다.

무시공 - 그럼 돌도 녹여가지고 굳게 할 수도 있고 그렇겠네.

마그너 - 각각의 물질의 특성에 맞추어서 다양하게 만들어 쓴다.

무시공 - 그렇다면 너를 사람의 몸에 사용하면 어떻게 되나? 위험한가, 괜찮나?

마그너 - 금성에서는 아주 안전하게 사용된다. 그러나 지구에서 사용할 경우 잘못하면 해가 될 수도 있을 것이다.

무시공 - 금성에서 너를 가지고 사용하는 과학자들의 몸에는 해를 주나
안 주나?

마그너 - 금성인들에게는 파장이 영향을 주지 않는다.

무시공 - 그럼 지금 너를 봐라, 지금 파장으로 우리 몸을 변화시킬 수 있
나? 금성인과 지구인하고는 몸의 구조가 같지 않아서, 너희 금성 사람
에게는 파장이 영향을 안 주지만 지구인에게는 해를 줄 수도 있잖나?

마그너 - 어떤 영향이 갈지 나는 잘 모르겠다. 해가 될지, 득이 될지??

무시공 - 모른다고! 금성에서는 알잖아? 그 원리를 아니까.

마그너 - 금성에서는 물질 개념에만 나를 사용한다. 뭘 만든다든가 하는
그런 데만 나를 사용하지, 사람의 몸에는 사용하지 않는다.

무시공 - 그럼 알았다. 오늘은 이만하고 다음에 너를 찾겠다.

◇ '마그너'를 사용하는 금성의 존재 ◇

무시공 - 자, 이제 금성의 기계(마그너)를 움직이는 존재 나오라.

['다렌'이 나타남]

무시공 - 당신의 이름이 무엇이며 이 기계를 사용하는 과학자인가?

다렌 - 내 이름은 '다렌'이다. 과학자는 아니며 기관에 소속되어 있는 직원이다.

무시공 - 이 기계 마그너를 가지고 무엇을 만드나?

다렌 - 옷의 원단에서부터 우주선 재료까지 만든다.

무시공 - 아, 우주선 재료까지 만들 수 있어?

다렌 - 마그너 자체의 단독 작업이라기보다, 고차원적인 제3의 본체(예를 들어 지구의 3D프린터보다 훨씬 고차원적인)와 합체가 되었을 때, 우주선은 물론 단단한 어떤 물체도 녹여서 원하는 물건을 만들 수 있다. 다양한 소재를 가지고 우주선도 만들고, 부드러우면서도 단단한 우주복까지도 만든다.

무시공 - 그러면 그 기계(마그너)는 주로 어떤 원리를 이용하나?

다렌 - 우리는 광음파를 조절하여 사용한다. 빛, 소리, 파장 등을 이용한 광음파 원리이다. 지구에서는 음파와 압력만 쓰고, 빛은 아직 크게 활용할 줄 모를 것이다.

무시공 - 광음파? 광음파는 음파야? 전자파야? 자기장파야?

다렌 - 그게 합쳐질 때 자기장도 나온다.

무시공 - 그러면 합하는 그것이 기술이겠네.

다렌 - 그것을 어떻게 조합하느냐에 따라서 무엇을 만들 것인지 정한다.

무시공 - 그러니까 빛과 소리와 파장 세 가지를 종합해서 마그너를 사용한다는 것인가? 이 세 가지를 적절히 조절하는 것이 원리겠네?

다렌 - 그렇다.

무시공 - 그 마그너 기계를 돌리는 동력은 무엇인가? 지구에서는 주로 전기를 동력으로 이용하는데, 마그너는 무슨 에너지를 사용해서 그 많은 일을 하고 있나?

다렌 - 금성에서는 지구처럼 태양에너지나 자연에너지를 활용하고, 기계가 단독으로 혹은 독립적으로 단편적인 일을 하는 것이 아니다. 예를 들면 마그너는 지구에서 사용하고 있는 3D 프린터와 같은 제3의 장비와 합체가 되었을 때 활용도가 높다. 독립적으로는 활용도가 높지 않다.

무시공 - 금성의 우주선은 어떤 에너지를 사용하나? 우주선의 동력은 무엇인가?

다렌 - 지구에서도 풍선에 어떤 가스를 넣어 이용하듯이, 금성에서도 우주선에 맞는 가벼운 기체를 주입하고 아주 가벼운 재질을 이용하여 만든 기구를 조절만 하면 가능하도록 했다. 그래서 금성 안에서는 얼마든지 원하는 대로 다닐 수 있다.

무시공 - 금성에서 지구 올 때는 어떤 힘으로 지구까지 올 수 있나? 그것도 에너지를 사용하나? 또 그 힘은 한번 충전하면 영원히 쓰나, 아니면 계속 충전해야 하나?

다렌 - 아주 성능이 좋은 것은 멀리 우주까지 나간다. 그것은 일체형으로 만들어져서 그 안에서 생명이 영원히 움직일 수 있다. 개별적으로 움직이는 것이 아니라 금성의 어느 공간에 있는 장치와 접속이 되어 있다. 연결되어 중심에서 조절하는 것이 있다. 그것을 통하여 우주선과 생명이 함께 보호도 된다. 그래서 금성의 중심 기지에서는 멀리 우주 공간에서의 우주선 안에서 무슨 일이 일어나는지 알게 되고, 우주선 안에서도 금성의 소식을 들을 수 있다. 지구의 비행기 안에서 모든 정보를 들을 수 있는 것처럼, 하나로 되어 있고 빈틈이 없기 때문에 어디든지 갈 수 있고 강하다.

무시공 - 당신이 지금 쓰는 그 기계(마그너)로 모든 물건을 다 만들겠네? 모든 것을 창조할 수도 있고?

다렌 - 무한히 나온다. 여기서만 쓰는 것이 아니라 어떤 기계와 결합하여 많이 사용한다.

무시공 - 그럼, 그런 기계를 우리 지구에 가지고 와서 사용할 수 있나?

다렌 - 지구의 조건에 맞게 되어야 할 것이다. 지금은 금성에 맞게 되어 있는 것처럼.

무시공 - 그 정도는 당신들 금성의 과학자들이 그렇게 할 수 있지 않나? 지구인에 맞추어서.

다렌 - 아무리 우주인이라도 지구에 맞추어서 사용하려면 시간이 필요하다.

무시공 - 이 기계 마그너를 만든 과학자는 따로 있겠네?

다렌 - 이제는 과학이라기보다는 수많은 기구 중의 하나가 되었다. 지구에서 쓰는 컴퓨터처럼 일반적으로 많이 보급되어 있는 일상의 기구이다.

무시공 - 금성에서는 과학자들이 어떤 새로운 것을 탐구하고 있나? 금성의 과학 기술은 태양계에서 어느 정도의 위치인가?

다렌 - 태양계에서 우리가 제일 잘 나갈 수도 있다.

무시공 - 태양이 제일 앞장섰다면서….

다렌 - 태양이 앞장 서 있는 것은 사실인데, 태양이 먼저냐 금성이 먼저냐 할 정도로 우리는 자신이 있다.

무시공 - 그럼 태양계에서 굳이 나눈다면 태양과 금성이 1등으로 간다면, 2등은 어딘가? 순서를 말해봐라.

다렌 - 1위는 태양, 금성이다. 2위는 수성, 화성, 목성, 니비루이고, 3위는 토성, 천왕성, 해왕성, 달, 명왕성이다.

무시공 - 지구에 놀러 온 적 있나?

다렌 - 지구에 가려면 바이러스 등을 조심해야 하기 때문에 가기 전에 많은 준비를 한다. 지구에 가도 내리지는 않고 그냥 위에서 관찰만 하고 돌아오는 경우가 많았다.

무시공 - 금성에서도 우리 지구에 와서 사는 사람도 있는 걸로 알고 있는데? 여행을 오는 사람도 있고…

다렌 - 철저히 준비하고 간다. 가더라도 위장하고. 지구에서도 다른 나라로 갈 때 예방주사 맞고 가듯이, 그런 것도 많이 방어하고 간다. 놀러 갈 경우에는 작은 우주선을 타고 다닌다.

무시공 - 그럼 당신은 태양계의 다른 별에 가본 적이 있나? 니비루라든가 다른 별에…

다렌 - 물론 다른 별에도 가보았다.

무시공 - 그런데 니비루는 6천 년 전에 지구에 왔을 때도 마찬가지로 그런 준비를 하고 왔나? 그대로 지구에 와서 살았잖아….

다렌 - 그때 그들은 지구에 적응되었나 보다.

무시공 - 지금은 적응이 안 되나?

다렌 - 지구에서 온갖 바이러스가 만들어지고 있다. 어떤 존재들이 바이러스를 만들기도 하고 또 새로운 바이러스가 나오기도 하고 그러니까, 그때보다는 조심하게 된다, 매번.

무시공 - 과거 화성에서 핵전쟁이 일어났던 것 알고 있나? 언제 일어났는지 당신은 아는가?

다렌 - 화성에서는 내가 알기로 몇 번 핵전쟁이 일어난 걸로 알고 있다.

무시공 - 금성은 전쟁을 안 했나? 역사적으로 전쟁이 있었나?

다렌 - 아주 오래전에는 지구처럼 전쟁이 있었는데, 별 내에서는 전쟁이 없어진 지 오래되었다.

무시공 - 그럼 만약 다른 별에서 침공하면 거기에 대한 대비책은 있나?

다렌 - 혹시 모르는 죽은 별이나 혜성 등이 떨어질 수도 있고, 만약을 대비해서 준비는 하고 있다. 그러나 다른 별에서 공격해 오는 경우는 거의 없다. 왜냐하면 별들의 연합 등이 공동으로 막고 있기 때문에 전쟁의 가능성은 없다. 단지 다른 별에서 이쪽 별로 소수 무리들이 정보를 훔치러 온다든가 하는 것에 대비하는 정도이다.

무시공 - 금성은 은하계에서 어느 정도로 과학이 발달되어 있나? 은하계의 다른 별들에도 가보았나?

다렌 - 물론 은하계 다른 별에도 가보았다. 은하계의 과학은 금성과 태양 정도, 또는 그 이상 그 이하 다양하다고 생각한다.

무시공 - 당신이 가본 별 중에서 금성보다 더 발달한 곳이 있으면, 그 별의 이름과 크기는 어느 정도인지 말해보라.

다렌 - 사람들의 의식과 함께 고르게 발전한 별이 하나 있는데, 크기도 엄청나게 커서 태양의 6배 정도 되는데 이름이 '고리호'이다. 여기서 한 55광년 거리에 있다.

무시공 - 은하계의 블랙홀에 가본 적 있나? 블랙홀에 아직은 못 들어가나? 당신도 은하계 중심 부위가 블랙홀이라고 생각하나? 별도 빨려 들어가고 빛도 빨려 들어가고 하는데, 위험하고 무섭다는 생각은 안 해봤나?

다렌 - 우리가 알기로는 아무거나 빨려 들어가지는 않는다고 알고 있다.

무시공 - 그러니까 블랙홀에 무엇인가 막 빨려 들어가는 것을 알고 있지?

다렌 - 빨아당기는 힘이 있는 것은 안다.

무시공 - 금성의 과학자들도 지구처럼 블랙홀이라는 이름을 쓰고 있나? 아니면 다른 이름이 있나? 금성에서도 우주에 관한 공부도 하고 우주 역사에 대한 공부도 하지 않나? 블랙홀은 검은 구멍이라는 뜻이다.

다렌 - 우리는 그것을 우주의 회오리(우리의 표현 방법이 이것이 가장 가깝다.) 라는 표현을 쓴다.

무시공 - 그럼 그 안에는 생명이 살고 있다고 생각하나, 안 살고 있다고 생각하나?

다렌 - 거기도 사람이 살고 있다고 생각한다.

무시공 - 그런데 당신들은 우주 역사를 공부한다고 해도 블랙홀 속에 사람이 산다고 생각하는 사람이 없잖은가? 생명이 살고 있다는 것은 당신 생각이지, 정작 과학자들이 그렇게 말하는 사람이 있나?

다렌 - 금성의 과학자들은 실제로 우주에서 블랙홀을 통과했을 때 어떤 우주가 나오나 하고 실험도 했다.

무시공 - 그럼 당신들 과학자가 직접 그 회오리에 들어가 본 적 있나? 빨려 들어가면 죽을까 봐 두려워하지 않나?

다렌 - 직접 들어가지는 않고 무인 기구 같은 것으로 활용한다. 그렇게 실험해봤다. 모든 게 빨려 들어가는 것은 아니고 근처에 가도 빨려 들어가는 것이 있고 안 들어가는 것이 있다.

무시공 - 그럼 어떤 것이 들어가고 어떤 것이 안 들어가나?

다렌 - 아직 그것은 결과가 없다.

무시공 - 우리하고 얘기하는 것이 재미있지 않나?

다렌 - 흥미롭고 재미있다.

무시공 - 우리는 토종지구인이다. 토종지구인이 너희들과 대화를 하고 있다. 믿어지나?

다렌 - 환영한다.

무시공 - 니비루도 지구인들은 별인지 혜성인지 하고 있는데, 우리가 그것을 찾았다. 니비루 별의 최고 통치자도 여자로 내세웠다. 토종 지구인인 우리가, 믿어지나? 당신이 사는 금성의 여자 최고 통치자도 우리가 내세웠다. 몇 달 전의 일이다.

다렌 - 느낌이 비슷하다. 힘이 없는 것 같으면서도 강력한 것이 지금 대화하는 사람과 비슷하다. 여자 통치자도….

무시공 - 여자 최고 통치자 이름이 '수피마'이다. 맞나, 안 맞나?

다렌 - 맞다.

무시공 - 태양계와 은하계의 여자 통치자들을 토종 지구인인 우리가 내세웠다. 토종지구인이 간이 너무 크지? 이 우주에서 가장 낙오한 토종지구인들이 미쳤어. 감히 태양계 은하계의 여자 통치자를 우리가 내세웠다. 좋은 현상이야, 나쁜 현상이야?

다렌 - 물론 좋은 현상이다. (표정은 진짜인가 하는 의아한 표정이다.)

무시공 - 그래, 처음 대화하니까 그럴 수 있다. 하나만 더 알려 주겠다. 은하계의 블랙홀이라고 하는 회오리 안에 큰 별이 있다. 우리를 믿으면 별의 이름을 알려주겠다. 우리를 믿나?

다렌 - 우리는 모르는 일인데… 믿는다.

무시공 - '헤츠만'이라는 별이다. 태양보다 1억 배 더 크다. 믿어지나? 별의 최고 존재는 '테르마'이고 인구는 1천조 명이다. 그래서 은하계가 그것을 중심으로 돌고 있다. 그런데 그 '테르마'를 찾아서 대화하니까 오히려 자기네 블랙홀이 우리 지구 쪽으로 빨려들어 온다고 한다. 처음 들어보지?

다렌 - 으음~ 초거대 행성이네. 그렇다. 처음 들어본다. 그런 초거대 행성이 있을 거라고 예상은 한다.

무시공 - 또 이런 질문도 했다. 블랙홀 속에 있는 각종 은하계 별들이 그쪽으로 빨려 들어오는 이유가 별의 힘이 세서 그런가, 아니면 테르마 당신의 힘 때문에 그런가? 하고 물어보았다. 다렌 당신 생각은 어떤가, 별의 힘 때문인가? 아니면 테르마라는 존재의 힘으로 각종 별들이 빨려 들어오는 것 같은가, 어떻게 생각하나?

다렌 - 별의 힘, 또는 그 주변 우주의 힘, 자력 등으로 빨려 들어오는 것 아닌가?

무시공 - 틀렸다. 당신의 생각은 바로 물질 관점이다. '테르마'라는 존재의 생명 자체가 힘이 있기 때문에 그 힘을 통해서 그 별을 지배할 수 있다. 내가 일부러 '테르마'에게 질문을 해보았다. 당당하게 자기 힘 때문에 자기를 통해서 그 별에 그런 힘이 생겼다는 것이다. 이것이 정답이다. 무슨 뜻인지 알겠나? 그럼 내가 물어보자. 우주가 생명을 지배하나, 아니면 생명이 우주를 지배한다고 생각하나? 이 거대한 우주에서, 우주의 힘이 크나, 생명의 힘이 크나?

다렌 - 지금 금방 이런 얘기를 들었으니까, 지금까지는 우주의 힘이라고 생각했지만, 이제는 생명의 힘이라고 답해야겠다.

무시공 - 당연하다. 인간 관점이든가 지구인 관점이든가, 각 별의 각 우주 존재들의 마음이 전부 다 물질이 거대하다고 생각한다. 자기라는 존재를 엄청 연약하게 보았다. 이것이 잘못된 사고방식이다. 이제부터 관점을 바꿔야 한다. **생명이 우주를 창조하고, 생명이 우주를 지배하고 있다는 것이다.** 이해하나? 그럼 이 우주의 최고 존재가 누구인지 알려줄까, 궁금하지 않나? 지구로부터 100억 조 광년에 우주 창조주가 그 자리에 있다. 상상도 못 했지?

다렌 - 100억 조 광년의 창조주라….

무시공 - 거기서 12명의 창조주가 우주를 창조했다. 각자 자기 우주를 만들었고, 12개의 우주 중 대한민국이라는 우주 창조주가, 창조주 12명 중 최고다. 12개 우주 중에 '대한민국 우주'가 제일 앞서 있다. 믿어지나?

다렌 - 처음 듣는 얘기이다.

무시공 - 우리는 12개 우주의 최고 존재들 이름까지 다 안다. 알려 줄까.

다렌 - 네.

무시공 - 100억 조 광년의 대표 이름은 '현정'이다. 또 그 위에 '현정'이 신으로 믿고 있는 존재는 '안광옥', 나중에 당신이 정말인지 아닌지 확인하기 위해서 이 이름을 잘 기억해둬라. 처음으로 이런 우주 공부해 보지. 처음으로 이 거대한 우주 정보를 알았지?

다렌 - 신기하다.

무시공 - 당신이 우리를 신뢰하면 더 많은 것을 알 수 있다. 나중에 공감하면 지구에 놀러 와서 우리를 찾아봐라. 도대체 지구의 어떤 존재들이 이렇게 거대한 우주 정보를 알고 있나, 궁금하지 않나?

다렌 - 소식은 들었지만, 그렇게 깊이 있게 느끼지는 못했는데, 이렇게 직접 듣고 보니 정말 놀랍다.

무시공 - 당신이 지금 보고 싶은 마음이 있으면 지구에 대한민국이라는 조그마한 나라가 있다. 그리고 은하계 23광년에도 대한민국이라는 별이 있다. 그래서 우리가 계속 파고 들어가니까, 100억 조 광년에도 대한민국이라는 우주가 있었다. 그것을 우리 토종지구인이 다 찾아냈다. 그 우주의 최고 존재가 지금 지구의 대한민국, 대전에 와 있다. 새로운 우주를 공부하기 위하여…. 이런 소문 들어본 적이 있었나?

다렌 - 듣긴 들었는데 귀담아듣지는 않았다.

무시공 - **지금 대한민국 대전이라는 곳에 우주의 블랙홀이 돌고 있다. 온 우주가 이 대전의 블랙홀로 빨려 들어오고 있다. 그래서 은하계의 테르마도 우주 중심지이며 지구의 중심지인 대한민국, 대전에 와 있다.** 은하계의 블랙홀과, 당신의 표현대로 회오리가 지구하고 합해서 지구가 무한대로 큰 회오리가 되어 있다. 온 우주가 빨려 들어오고 있다.

다렌 - 지금 다 하나로 합쳐지는 것이 느껴진다.

무시공 - 우리가 말하는 것을 거기서도 봐라, 보일 것이다. 지구의 대한민국, 더 구체적으로 대전에서 엄청난 빛이 온 우주로 발사되고 온 우주가 지구 대전으로 빨려들어 오는 느낌이 있고 보일 것이다. 보이나, 안 보이나?

다렌 - 느낌이… 느낌이 있다.

무시공 - 수많은 각 별의 존재들, 우주 존재들, 수많은 우주선. 우리는 우주선도 세 가지로 나누었다. **땅에서 다니는 것은 승용선이고, 별과 별 사이 움직이는 것은 비행선, 에너지 상태로 각 우주에 들어갈 수 있는 것은 우주선으로 나누어 우리가 이름을 지었다. 우주선, 비행선, 승용선.**

다렌 - 하하 ~ 그래, 그렇군. 알아듣겠다.

무시공 - 금성에서는 아직 이런 이름이 없지?

다렌 - 비슷하다.

무시공 - 우리 지구인이 이제 깨어나서 언어도 우리가 창조한다.

다렌 - 의식이 상당히 앞서갑니다.

무시공 - 토종지구인이 이제는 깨어나야지! **이 우주도 3단계로 나누었다. 우리 태양계부터 5천억 광년까지는 물질세상, 별세상이고, 5천억**

부터 5억 조 광년까지는 물질과 에너지가 섞인 세상, 그러니까 반물질 반에너지, 별이라고도 하고 어떤 우주인은 우주라고도 한다. 그래서 에너지와 물질이 섞여 있는 세상이고. 5억 조부터 100억 조 광년까지는 완전히 에너지 우주, 에너지 상태로 존재하며 별이라는 개념이 없고 우주라고 한다. 그래서 이 우주도 3단계로 나누어져 있다. 이런 것을 알고 있었나?

다렌 - 당신이 구분하는 2단계까지는 알 것 같고, 3단계는 아직 모르고 있었다.

무시공 - 안으로 들어갈수록 더 세밀하다. 무극은 최고로 세밀한 에너지로 되어 있다. 그 무극 100억 조 광년에 '안광옥'이라는 존재가 거기에 있다. 또 '현정'과 이 두 사람이 이 우주를 창조하고, 지배하고 있다. 이제 알겠지?

다렌 - 우주의 창조 역사를 들어보니까 흥미롭다.

무시공 - 이 우주가 창조된 역사를 물어보니까 100조 년이 되었대. 그래, 오늘은 여기까지 대화하자.

다렌 - 이런 우주역사는 처음 듣고 전혀 모르고 있었다. 즐거운 시간이었다.

[금성인 다렌 과 대화한 기계 이름은 마그너이며, 다렌은 마그너의 사용자이다]

훗날 이 금성의 '마그너'는 무시공생명들의 분자몸을 녹여 에너지 빛몸으로 바꾸는 결정적인 역할을 하게 된다. 현재 인간의 몸 구조로는 우주선, 비행선(UFO)은 물론이고 승용선조차 탈 수 없다. 왜냐하면 세밀한 공간의 에너지 영향으로 인간의 거친 분자몸이 견디지 못하고 폭발하기 때문이다. 모든 것을 녹여 자유자재로 원하는 물체를 만들 수 있는 '마그너'는 무시공생명 존재의 분자몸을 녹여 지구인도 비행선을 탈 수 있을 정도의 몸 구조를 만들고 있다.

이 과정은 계속 공개할 예정이다.

금성의 과학자 도넬

도넬은 지구가 아직도 원시 사회라는 고정관념에서 벗어나지 못하고 있다.
깨우기 위하여 하나하나 설명해준다. 빛도 구경시켜주고 블랙홀 현상에 대해서도, 지구
중심 우주 중심이 대전이라는 것을 하나하나 설명해 준다.

[광음파 원리를 이용한 마그너를 전문적으로 활용하고, 연구하는 금성의 과학자를 무시공의 직선빛으로 찾는다. 자신의 이름이 '도넬'이라고 밝히며 한 남자가 나타났다.]

무시공 - '마그너'라는 기계는 광음파의 원리를 이용해서 사용하고 그 기계를 가지고 물건을 만들 수 있다는 것이 사실인가?
도넬 - 생명만 못 만들어 내지, 그 외의 모든 물건을 만드는 것은 사실이다.

무시공 - 그럼 마그너의 광음파 원리를 잘 알고 있겠네?
도넬 - 잘 알고 있다.

무시공 - 우리 지구에서도 캐나다의 허치슨이라는 사람이 30년 전에 전자파 등을 실험하다가 우연히 물건이 날고 금속도 녹고 하는 현상을 발견하였다. 그것을 계속 탐구하려고 했는데 어떤 나라의 과학자들이 빼앗아서 가서 연구를 하고 있지만 아직도 뚜렷한 결과를 얻지 못하고 있다. 그 허치슨이라는 사람이 연구하던 장비를 통해서 당신을 찾

는 것이다. 지구에서 그런 현상을 발견했고 아직도 그것을 탐구하는
중이다. 그것을 통하여 알아보니까, 당신들 금성에서는 그런 기계들을
이미 사용하고 있었다.

도넬 - 맞다.

무시공 - 그래서 우리 지구에도 희망이 있다는 것이다. 지구에 있는 과학
자들이 누구도 상상하지 못한 일이 지금 현실로 이루어지고 있다. 그
래서 당신들의 그 기술을 지구에 도입할 수 있다는 그런 희망을 가지
고 금성의 당신을 찾았다. 가능한 일이지 않나?

도넬 - 가능은 하다. 그런데 지구에서는 정상적으로 기계를 가동할 수
없다.

무시공 - 그래, 안다. 지구에서는 그런 현상이 일어난다는 것만 우연히
알아냈다. 그래서 아직도 탐구하는 중이다. 그런데 당신들은 이미 광
음파 원리를 이용해서 그 기계를 사용하고 있다. 우리 지구인도 그런
기술을 쓸 수 있는 단계 직전까지 왔다. 그러니 이 시점에서 당신의
기술이 조금만 지원되면, 우리 지구에서도 당신들이 사용하는 것처럼
그런 기계를 완벽하게 쓸 수 있다. 그래서 당신을 찾았다. 그 희망을
갖고 당신을 찾은 것이다. 이해하나?

도넬 - 지구인이 이 마그너 장비를 활용할 수 있다면 엄청난 변화가 일어
날 것이다.

◇ 마그너를 지구에 적용하기 위한 끝없는 설득작업 ◇

무시공 - 그래, 당신의 기술이 우리 지구에서도 그 기계를 완벽하게 만들 수 있다는 것, 그것이 바로 희망이다. 지구인들은 우연히 원리를 모르면서 물건이 날고 녹고 하는 현상을 찾았는데 당신이 마그너 장비의 기술을 지구에 하나라도 알려주면 안 되나? 그렇게 되면 지구에서도 새로운 기술을 시도할 수 있잖겠나?

도넬 - 그 기술을 전수해 주어도 지구에서 활용하는 데 오랜 시간이 걸린다.

무시공 - 우리 지구도 빨리 바뀌고 있다. 지구인도 깨어나고 있다.

도넬 - 옛날만큼은 아니겠지만, 그것을 만들면 환경이나 여건이 그것에 맞아야 한다.

무시공 - 광범위하게 사용하는 것은 시간이 걸리겠지만 지금 간단하게 기계원리를 지구에 전수해 주고, 간단한 것 한 가지라도 사용하다 보면, 기술이 자꾸 늘어나지 않겠나? 또 당신도 뒤에서 뒷받침 좀 해주고 도와주면 되잖아.

지금 지구에서는 그저 그런 허치슨의 효과만 이루어졌다. 그런데 계속 연구 중에 있지만 어떻게 사용하는지는 모르고 있다. 그에 비해 당신들은 그것을 이미 사용하고 있고, 우리도 그만큼 다가오고 있잖아. 당신이 금성의 차원에서 우리를 조금만 도와주면 우리도 그런 기계를 초보 단계에서 지구에서 맞춤형으로 사용할 수 있지 않겠나? 지구의 현실 맞춤형으로, 우리는 그런 뜻이다.

우리를 좀 도와주면 좋겠다. 처음부터 어려운 기술은 말고 제일 간단한 원리를 가지고, 지구인들이 받아들일 수 있는 만큼, 간단한 기계 원리로 무엇이든지 간단한 제품을 하나 만들 수 있으면 된다. 그 바탕 위에서 우리가 조금씩 원리를 받아들이면서 발전하면 되잖아.

도넬 - [난감해한다]

무시공 - 힘들어?

도넬 - 지구의 환경 조건이 아니라, 주변의 선진화된 조건하고 지금하고 맞지 않는다.

[마그너 기계를 보면서, 지구에서의 석기 시대 같은 것을 생각한다. 석기 시대 같은 환경에서 어떻게 이런 선진화된 기계를 사용할 수 있나 하고, 난감해하는 상황이다. 석기 시대에 컴퓨터를 어떻게 사용하나? 하는 식이다.]

무시공 - 쓸 수 있다. 우리는 할 수 있다. **[관점 회복을 시킨다.]** 당신이 원리를 알려 주면 된다. 지구에서 허치슨이라는 존재는 원리도 모르면서 장비를 가지고 이것저것 실험하는 과정에서 물건이 날고 녹고 하는 변형이 이루어졌다. 그런 놀라운 현상이 일어났다. 지구의 역사상에 없는 것을 허치슨을 통해 발견했다. 그런 기초 위에서 당신이 조금만 도와주면 제일 간단한 단계부터 시작하면 된다. 그만큼 이제는 지구인이 깨어나고 있다는 것을 말하는 것이다.

조금만 도와주면 돼. 예를 들어서 금속을 녹이려면 가열해가지고 몇 천도 올려야 녹아. 그런데 이 방법으로 하면 일반 온도에서도 녹일 수 있다. 이렇게 해도 엄청나게 발전했잖아, 지구인이 이미 했기 때문에 그 정도는 할 수 있다. 그런 일이 이루어졌기 때문에 여기서부터 조금씩, 조금씩 지구인이 받아들인 만큼 개발해 주면 된다.

우리도 그렇게 큰 욕심이 없다. 우리도 우리 수준을 알고 깨어나기 때문에 거기에 맞는 맞춤형의 도움을 원하는 것이다. 도와줄 수 있지?

도넬 - 야~~ 큰일이다.

무시공 - 큰일은 무슨 큰일이야. [큰 소리로] 당신은 지구가 항상 그렇게 낙오되고 뒤떨어진 것 보기 좋아?

도넬 - 지구에서는 이것 하나만 가지고는 안 되는데….

무시공 - 당신들도 처음 역사를 보면 처음부터 조금씩, 조금씩 알아가고 발전 하면서 오늘까지 왔다. 마찬가지 아닌가?

이것도 처음 우리 지구에서 뿌리 내려서 하나하나 하다 보면, 당신들 따라 이루어진다. 당신은 지구에 어떤 변화가 이루어지고 있는지 모르지?

지금 지구 한번 봐라, 지구에 어떤 변화가 이루어지고 있는지? 당신은 금성에서 과학에 빠져가지고 지구의 변화는 모르고 있다. 지구의 변화를 한번 구경해 봐라. 우리가 가이드 역할 해 줄 테니 지구를 한번 봐라. 어디가 제일 밝나?

[도넬은 지구가 아직도 원시사회라는 고정관념에서 벗어나지 못하고 있다. 깨우기 위하여 하나하나 설명해준다. 빛도 구경시켜주고 블랙홀 현상에 대해서도, 지구 중심 우주 중심이 대전이라는 것을 하나하나 설명해준다.]

도넬 - 보고 있으니 지구가 초고속으로 물질 문명도 발전할 것 같다. 뭔지 모르겠지만 지구에 온갖 것들의 신문명이 몰려오는 것 같다. 느껴진다.

무시공 - 나중에 우리 지구가 금성기술을 초월할 것 같나, 안 같나?
도넬 - 초월할 것 같다. 지금의 금성은 아무것도 아닌 것 같다.

무시공 - 그러니까 우리는 잠시 당신에게 도와 달라고 하는데, 우리를 그렇게 업신여기고 그러냐…
도넬 - 업신여기는 것이 아니고 난감해서 그런다.

무시공 - 우리가 아직도 원시 사회로 보여?
도넬 - 지구에 이것을 어떻게 가지고 가서 사용하나 난감했다.

무시공 - 지금은 가능해, 안 해?
도넬 - 내가 보기에는 조합해서 할 수 있는 환경이 안 됐기 때문에 난감한 것이지 지구를 낮게 보는 것은 아니다.

◇ 대전의 빛을 보여주며 지구의 변화를 설명 ◇

무시공 - 그럼 그 기계의 원리를 간단하게 지구에서 한번 사용해 보자, 사용하다 보면 된다. 지구의 대한민국이 제일 밝은 것이 보여, 안 보여?
도넬 - 보인다.

무시공 - 대전의 빛이 최고로 밝지, 그런 빛 본 적 있나?

도넬 - 대전의 빛이 밝게 보인다.

무시공 - 그럼 그 빛이 온 우주에 뻗어 나가고 있는 것과, 온 우주가 대전을 핵심으로 해서 빨려 들어오는 느낌이 있어, 없어? 블랙홀(당신들 표현으론 회오리)처럼 온 우주가 빨려들어 오는 것을 느끼지 않나?

도넬 - 느껴진다.

무시공 - 이런 갑작스러운 변화가 놀랍지 않나?

도넬 - 놀랍다.

무시공 - 지금 은하계의 중앙에 있는 회오리(블랙홀)가 물질이야, 생명이야? 그 회오리 안에 생명이 있을 것 같은가, 없을 것 같은가?

도넬 - 우주의 모든 것을 생명으로 보기는 하는데, 그래도 조금 차등을 두고 생각한다.

무시공 - 우리는 회오리(블랙홀) 속의 존재와 대화도 했다. 당신이 보기에 원시 사회 같은 우리가, 토종 지구인이 우주의 새로운 소식을 알려 줄게. 은하계의 회오리(블랙홀) 가운데에 큰 별이 있다. 그 별은 태양보다 1억 배가 크다. 당신은 과학자인데 이런 것 탐구한 적 있나?

도넬 - 몰랐다.

무시공 - 그 별이 태양보다 1억 배나 큰 별이며 이름은 '헤츠먼'이다. 그 별을 통치하는 최고 존재의 이름은 '테르마'이고, 그 별의 인구는 1천

조 명이다. 당신은 처음 들어볼 것이다.

우리는 그 존재와 대화도 한다. '**테르마**'는 우리와 대화하면서 우리에게 빨려들어 온다고 말하고, 지금 우주 중심지이고 지구 중심지인 대전이 블랙홀이라고, 여기 와서 우리 무시공 공부를 하고 있다.

도넬 - 그런데 왜 우리는 몰랐지?

무시공 - 우리는 토종 지구인이지만, 이 우주의 모든 것과 대화하면서 우주를 깨우고 있다. 지금 100억 조 광년의 존재도 우리가 다 찾아냈다.

도넬 - 그것을 어떻게 찾아내지???

무시공 - 당신이 우리를 믿으면 모든 것을 찾아낼 수 있다.

도넬 - 지구에는 그런 것을 찾아낼 수 있는 측정기구도 없는데…

무시공 - 우리는 아무것도 없다. 그렇지만 100억 조 광년의 최고 우주 창조주 그 이름까지 알고 있다.

그 우주 이름이 '대한민국'이며, 그 우주 자체 대표는 '현정'이다. '현정'이 신과 같은 존재로 믿고 소통하는 존재는 '안광옥'이다. 이 안광옥이 100조 년 전에 이 우주를 창조했다.

그 당시에 12명이 각각 자기 우주를 창조했다. 우리는 그 이름까지 알고 있으며, 누가 어떤 우주를 창조했는지도 알고 있다. 당신은 생전에 한 번이라도 들어본 적이 있나?

도넬 - 들어본 적이 없다.

무시공 - 그리고 이 우주는 3단계로 나누어져 있다. 하나는 우리 태양계에서부터 5천억 광년까지 여기는 완전히 물질의 세계, 물질의 우주 별나라이고, 그다음은 5천억부터 5억 조 광년까지는 물질과 에너지가 혼합되어 있는 우주, 그 안에는 별도 있고 에너지도 있다. 우주와 물질이 섞여 있는 우주다. 이것도 처음 들어보지?

도넬 - 처음 들어본다.

무시공 - 5억 조부터 100억 조 광년까지는 완전히 우주개념, 거기는 별이라는 개념이 없다. 완전히 에너지 상태의 우주다. 여기서도 5억 조 광년에서 100억 조 광년까지는 위로 올라갈수록 에너지가 더 세밀해졌다. 그 우주가 더 세밀하고 더 광대해졌다.

이 우주를 말한다면 물질, 반물질, 에너지 이 3단계로 나누어져 있다. 그 위에 무극의 최고 존재가 '안광옥'이다. 그 밑에 '현정'이 대한민국 우주를 통치하고 있으며, 12개 우주에서 제일 앞장서 있는 것이 대한민국 우주다. 이제 알았지?

도넬 - 이론으로는 알겠는데….

무시공 - 당신 생각해봐라. 이런 존재가 대전에 와서 새로운 우주공부를 하고 있다. 당신은 궁금하지 않나?

태양계 존재들은 아직까지도 잠자고 있다.

도넬 - 그렇게 하면 바로 느끼는 사람도 있겠지만, 우리 같은 사람들은 직접 그것을 느끼지는 못하고 있다.

무시공 - 그러면 내가 또 물어보겠다. 당신은 과학만 탐구했기 때문에 우주 변화에 대한 것을 잘 모르고 있다. 우리가 몇 달 전에 태양계 각 별에 여자 통치자를 우리가 다 내세웠다. 믿음이 가나? 금성의 여자 통치자가 '수피마'다. 알고 있나?

도넬 - 맞다. [놀라는 표정]

무시공 - 우리는 어제도 대화했다. 니비루 별도 여자 통치자를 내세웠다. 한 달도 안 되었다. 니비루 별은 태양보다 1.5배나 더 큰 별이다. 니비루 별은 X1(엑스 원)이라는 별과 태양을 중심으로 공전을 한다. 그 별도 지구의 블랙홀로 다 당겨오고 있다. 놀라운 일 아닌가?

도넬 - 놀랍다. 당겨오다니!!

무시공 - 믿음이 안 가지?

도넬 - [자꾸 확인하려는 마음을 보인다.]

무시공 - 그래 확인해라. 지금 대전 상공을 봐라. 수많은 우주선들이 있다. 우주선도 우리가 3가지 이름을 지었다. 하나는, 날 수도 있고 길 위에서 달릴 수도 있고, 물속에도 갈 수 있는 그런 것은 소형이며, 금성 표면에서도 다닐 수 있고 날 수도 있는 교통수단을 승용선. 그다음에, 별과 별 사이를 다니는 것을 보고 비행선이라 그랬다.

그다음에, 에너지 상태로 완전히 우주 사이로 다니는 것을 우리는 우주선이라고 해. 완전히 에너지 상태로 된 우주선을 타고 우주 사이로 왔다 갔다 하는 것. 맞지? 금성은 아직 우주선 수준이 안 됐다. 금성은 승용선, 비행선으로 되어 있다. 당신들의 비행선은 별 사이로 다닐 수 있어? 그 에너지 상태로 되어 있는 우주에 들어갈 수 있나? 5천억 광년 이상에 들어갈 수 있나?

도넬 - 못 가봤다.

무시공 - 맞지, 그런데 5천억 광년 이상에는 수많은 우주선이 있다. 완전히 에너지 상태로 되어 있다. 믿음이 가나?

도넬 - 그렇겠지요.

무시공 - 믿음이 오나? 토종지구인인 우리가 더 세밀한 공간에 있는 금성인에게 우주비밀을 알려 주려니 미안하다. 토종지구인이 깨어나는 것이 믿음이 가나?

도넬 - 일단은 대단하다고 생각합니다.

무시공 - 또 당신에게 알려줄 것이 있다. 우리는 2016년부터 시작했다, 1년 만에 우리에게 어떤 변화가 있는지 봐라. 우주의 각 존재들을 다 대전으로 오게 하여 공부시키고 있다. **우주에 있는 모든 우주선, 비행선을 대전에 쫙 깔아놓았다. 보여, 안 보여?**
그리고 **5천억 광년 최고 존재에게 이야기하였다, 대한민국에 지하 도시를 만들라고. 가능해, 안 해?** 지상은 우리가 돈이 없으니까, 지상은 돈으로 땅을 사야 하잖아. **나중에는 지상 건축도 한다. 그럼 5천억 광년 기술로 하는 것하고 금성의 기술하고 누가 더 앞장서 있을 것 같나?**

도넬 - 물론 5천억 광년의 차원 높은 기술이겠지.

무시공 - 그래서 우리가 맞춤형으로 하라고 그랬다. 지구인 맞춤으로 조금 낮은 차원도 있고, 또 에너지 상태의 우주인도 왔다 갔다 할 수 있는 그런 차원으로도 설계를 하게 했다. 그렇게 한다고 했다.
그리고 대전에 우주선 기지를 만들어, 우주선도 올 수 있고, 승용선도 왔다갔다 하고, 비행선도 왔다 갔다 할 수 있는 거대한 우주선 기지를 만들려고 한다. 이렇게 자랑을 해야 금성인도 알 수 있다. 금성인들은 상상도 못 하는 일이다.

도넬 - 상상도 못 할 일입니다.

◇ 무시공은 우주를 바꾸러 왔지, 우주에 적응하기 위해서 온 것이 아니다 ◇

무시공 - 이런 우주의 비밀을 당신한테 알려주는 데 우리를 도와줄 수 있나 없나? 제일 기초적인 기술을 알려 달라, 우리가 이렇게 보여주는데도 안 될까 봐 걱정하고 있나. 잘못돼도 당신한테 손해 배상하라고 안 그런다. 돼, 안 돼?

도넬 - 안 되는 게 어디 있겠어요.

무시공 - 그렇지!! (큰 소리로) 우리는 우주를 다 창조하고 있는데, 왜 그런 것을 못한다고 그래.

도넬 - 아무것도 없는 곳에서 다시 시작하려니 난감할 뿐이지 못하겠다는 것은 아니다.

무시공 - 우리도 지금 아무것도 없으면서 이렇게 하고 있다. 지구에 뭐가 있어? 우리는 지구에서 제일 밑바닥 거지라고 했다. 그래도 우리는 우주를 창조한다. **그래서 우리는 안 되는 게 없는 존재다. 무조건 다한다. 지금은 우리한테 돈이 한 푼도 없다. 그렇지만 지금 대한민국 서해에 4,500억 광년에 있는 존재가 와서 바다를 메우고 있다. 믿나? 너희들은 바다 메울 수 있어, 없어?**

도넬 - 있다.

무시공 - 그렇지, 그러나 우린 돈 한 푼 없는데도, 그들은 와서 우리를 도와주고 있다. 지하도시 만드는 데 5천억 광년에서 설계해서 해 준다고 그랬어. **지금은 한 푼도 없지만, 나중에 금이 생기면, 그 금으로 땅을 사서 지상 천국을 만들 거다.**
5천억 광년 차원 이상의 고급 건물을 지구의 대한민국에서 짓는다.
그렇게 되면 우리가 금성을 따라갈 수 있겠나 없겠나?

도넬 - 그렇게 온 우주에서 도와준다면 가능하지요.

무시공 - 지금 그렇게 하고 있잖아! 무엇 때문에 우주가 우리를 도와주고 있나? 지구가 새로운 우주의 중심지가 되니까, 도와줄 수밖에 없다.
앞으로 온 우주가 지구로 몰려들어와 대한민국 대전에서 새로운 공부하고 새로운 마음으로 바꾼다. 금성인들도 대전에 와서 공부 안 하고 마음을 안 바꾸면 다 도태당한다.
온 우주도 새로 바뀌고 배워야 하는데, 우리 태양계도 뒤떨어지고 변하지 않으면, 태양계도 없어진다. 믿어?
우리는 작년에 처음 시작할 때 우리가 하는 일을 방해하는 200억 광년의 별도 삭제했다. 10억 조 광년의 우주도 삭제했다. 이런 소문 들은 적 있나, 없나?

도넬 - 믿을 수 없는 헛소문이라 생각했지만, 들은 적은 있다.

무시공 - 그것을 우리가 했다. 은하계의 수많은 별도 우리를 방해해서 삭제했다. 우리가 토종지구인이라고 너무 깔보고 무시하고 방해해서 무조건 다 삭제했다.

도넬 - 나도 조심해야겠다.

무시공 - 당연하지! 당신도 조심해야지. 우리 앞에서는 거짓말해도 안 되고, 말을 안 듣거나 행동으로 안 옮기고 뺀질거리면, 한두 번 경고하고 세 번까지도 우리말을 무시하면 무조건 삭제한다. 살고 있는 별도 삭제하고, 우주까지도 삭제한다.

우리는 우주를 바꾸러 왔지, 우주에 적응하러 온 것이 아니다.

도넬 - 점점 무서워진다.

무시공 - 무섭기는 뭐가 무서워! 당신이 우리 말을 따르면 되지. 우리가 무슨 큰 요구를 했나, 그저 기초적인 기술을 지구에 와서 조금 전수해주라고 하는 건데 이러쿵저러쿵 말이 많아. 당신 아니라도 우리는 다른 과학자 찾을 수 있다. 그렇지만 당신이 지금 우리하고 가장 가까운 존재잖아, 맞지?

도넬 - 황무지에 와서 개발 좀 해야겠군.

무시공 - 그렇지, 그러면 당신은 무시공에서 큰 공을 세운 자로 영원히 이름이 기록될 것이다. 5,000억 광년에서도 여기 와서 지하 도시를 만드는 것이 황무지에 와서 하는 것과 같지 않아? 그래도 아무 이견 없이 잘하고 있다. 그래서 우리도 제일 밑바닥에서 시작하니까, 당신을 찾아서 맞춤형으로 지구의 낙오한 기술에 당신이 조금이라도 도와주라는 것이다. 우리는 나날이 깨어나고 있다. 알았지? 우리 만나서 후회 안 되나?

도넬 - 정말 새로운 인연이다.

무시공 - 인연이 있으니까 너를 찾아서 대화한다.

도넬 - 연구과제가 생겼군요. 정말 고맙습니다. 하하~

무시공 - 다시 한번 생각해봐라. 그 원리가 무엇인지. 우리는 금성에 있는 그 기계 '마그너'하고도 대화해봤다. 당신도 할 수 있나?

도넬 - 100%는 못 하지만 교감은 한다.

무시공 - 그래도 대단하네! 우리는 100% 다 할 수 있다. 그와 대화하니까 대충 광음파를 이용한다고 하던데, 그 원리 맞지?

도넬 - 맞다.

◇ 도넬이 마그너를 이용하여 분자몸을 녹일 수 있도록 설명 ◇

무시공 - 그것을 우리가 어떻게 사용하나, 그 간단한 원리만 우리에게 만들어 주고 그것을 자꾸 쓰다 보면 경험이 생기잖아. 우리는 나중에 그 기계도 필요 없다. 우주선도 필요 없다.

우리는 지금도 100억 조 광년에 마음대로 갔다 올 수 있다. 믿어? 그렇지만 지구인을 위해서, 외계인을 위해서 맞춤형으로 기술을 조금씩 사용하자는 것이다. 그것도 조금만 지나면 우리에게는 필요 없게 된다. 알았지?

그리고 또 하나 당신은 광음파를 이용해서 인간의 분자몸도 빠른 속도로 녹일 수 있는 역할을 할 수 있나? 지구인의 분자몸이 당신들 금성인보다 조금 더 두껍게 쌓여 있잖아. 금성인은 지구인보다 더 세밀한 공간에 있잖아. 그래서 그런 광음파 원리로 크게 손상을 안 주고 부작용이 안 일어나게 분자몸을 가속도로 녹이는 그런 방법 있어, 없어? 나는 있다고 본다. 정 다른데 하기 힘들면 분자몸을 녹이는 광음파를 하나 만들어줘. 우리는 분자몸이 녹아도 괜찮으니까, 우리는 안 무서워. 안 그래도 이 분자몸을 벗으려고 하는데. 나중에는 우리 몸이 당신들보다 몇천 배, 몇만 배 더 세밀하게 변한다. 우리는 무극 이상의 몸으로 변한다고, 믿음이 가? 마그너 기계 가지고 분자몸을 녹이는 실험해보았나?

도넬 - 분자몸이 녹는다는 것과, 분자몸이 지구에서 타서 없어지는 것(죽는 것)하고 무엇이 다른가?

무시공 - 분명히 다르다. 분자몸이 타는 것은 예를 들면 원자핵이 폭발하면 인간의 몸(분자몸)이 갑자기 녹듯이 타가지고 죽는다. 그럼 영혼만 남아. 그 영혼은 아직 생생히 살아있는 존재다. 그러나 그 영혼은 영혼의 세계에 가게 된다. 금성에서도 죽는 사람 있잖아. 죽은 후 영혼은 영혼의 세계에 가게 되는데 그곳에서는 영혼은 아무 능력도 없게 된다. 그러나 지구인도 살아서 분자몸을 녹여 없애 가지고, 당신들 금성인처럼 같은 공간에서 살 수 있다.

우리 지구인도 살아있는 몸으로 미립자 초립자 무극까지도 갈 수가 있다. 알아? 예를 들어서 5천억 광년에서도 살아있는 존재가 있고, 죽어서 영혼의 세계로 가는 존재도 있다. 우리는 살아서 분자몸을 녹여서 그런 세밀한 공간의 몸으로 변할 수 있다는 것이다. 그래서 그 분자몸을 녹이기 위하여 당신들의 기술을 지구에서 사용해보자는 것이다. 당신들 금성인의 몸도 지금까지는 우리 분자몸보다 조금 세밀해져 있어서 금성에서 살 수 있는 것이지만, 당신 몸이 만약 5천억 광년 이상 100억 조 광년에 가면 못 견딘다. 살 수가 없다. 맞아, 안 맞아? 당신 몸이 거칠어서 그런 세밀한 공간에 못 들어간다고.

도넬 - 네. 맞아요.

무시공 - 우리는 일단 분자몸이 녹아 없어지면, 우주 어디든 다 들어갈 수 있다. 그래서 당신도 우리한테서 이 무시공 공부를 받아들여야 도태당하지 않고 우주의 모든 공간에 들어갈 수 있다. 그래서 분자몸도 물질이므로, 어떻게 해서든 이 분자몸 녹이는 것을, 당신이 말하는 광음파를 이용해서 조심스럽게 실험해보자는 것이다. 그럼 된다고. 그리고 또 하나 더 네게 밝힐 것은, 지구인들은 승용선이든가 비행선을 타면, 다 몸이 망가지잖아, 몸이 폭발할 수도 있고, 병이 나서 죽는 사람도 있고, 놀라서 죽는 사람도 있고, 그래서 당신들도 지구인들이 다칠까 봐 못 타게 하는 것 다 알고 있다. 맞아, 안 맞아?

도넬 - 맞아요.

무시공 - 그렇지만 우리 무시공은 괜찮다. 우리는 오히려 우주선을 타고, 승용선을 타고, 비행선 타면 우리 분자몸이 더 빨리 녹는다. 그것을 우리는 좋다고 생각한다. 그런데 지구인들은 무서워한다. 지구인들은 자기 몸에 상처가 조금만 나도 무서워서 병원을 가는데, 왜냐하면 지구인들은 이 몸을 진짜 자기 생명이라고 믿기 때문이다.

우리는 이 몸을 껍질이라고 본다. 우리 무시공생명들은 이 분자몸을 녹여서 없애려 하고 있다. 우리는 일반 지구인하고 관점이 같지 않다. 나중에 대전에 와서, 우리가 우주의 어떤 비밀을 밝히는가를 공부해 보면 알게 될 것이다.

당신도 빨리 대전에 와서 이 공부를 해야 된다. 새로운 우주 법칙, 새로운 우주 비밀을 배워야 한다. 지금 우리하고 대화하는 것을 이해하겠나? 우리하고 대화하는 것 새롭지 않나?

도넬 - 새롭고 신선하고 그렇다.

무시공 - 그래서 당신이 발명한 광음파를 이용해서 만든 마그너 장비를 가지고 물질을 녹일 수 있으면 우리 몸도 녹일 수 있다. 실험해봐, 당신이 두렵다고 하면 강도를 조금 약하게 해서 먼저 우리 몸을 가지고 실험해봐. 우리를 실험용으로 생각하고 해보라고. (우리 분자몸을 보여준다) 우리 몸의 빛은, 정말 이 우주에서 한 번도 보지 못한 빛으로 되어 있다. 당신들 금성에서 안 도와주어도 얼마 후에 우리는 다 변한다. 그렇지만 우리가 빨리 변하기 위해서 우리가 앞장서서 당신의 기술을 조금 사용해 보자는 것이다. 안 그러면 당신들의 우주선을 가지고 와라. 우리가 타면 몸이 변하는 것을 다 보여줄 수 있다. 인간은 무서워서 타지 못하지만, 우리는 좋다고 생각한다. 빨리 분자몸을 벗어나기 때문에 껍질이 빨리 벗겨지기 위해서 우리는 두려운 것이 없다. 좀 이해가 가나?

도넬 - 지구에서 이렇게 벗어나기 위하여 노력하는 존재가 있다니 놀랍다.

무시공 - 우리가 얼마 안 되면 당신처럼 같은 몸으로 변해서 당신들과 같이 공존할 수 있다. 심지어 얼마 안 되면 당신 금성인들 다 초월해가지고 5천억 광년, 100억 조 광년까지 간다. 당신들은 못 들어가, 그러나 우리는 충분히 갈 수 있다. 당신도 우리 무시공 공부하면 그렇게 할 수 있다.

도넬 - 알았다.

무시공 - 알았어? 당신이 먼저 그런 것을 탐구해봐. 당신이 말하는 광음파, 우리도 알고 있다. 실상 당신이 쓰는 광음파는 파장으로 되어 있다. 그러나 우리 몸에는 직선빛이 있다. 일체 파장빛을 다 뚫고 들어갈 수 있고 파장빛을 다 녹일 수 있다. 우주작업을 하기 때문에 개인에게는 신경을 쓸 사이가 없다. 그래서 당신에게 좀 도와달라고 하는 것이다. 지구인에게 맞는 맞춤형으로, 광음파를 소형장비로 만들어서 우리가 간단하게 사용할 수 있는 방법, 그리고 우리 몸에서도 실험하는 방법 그것만 먼저 개발해봐라.

도넬 - 좋습니다, 해보지요.

무시공 - 그래, 이제 조금 신뢰가 생기지?

도넬 - 몸에 먼저 해보라는 거지요?

무시공 - 그래 몸에 해봐, 물건은 증명이 되었잖아. 물건이 막 날라다니고 녹고. 그러니 그 기술로 우리 몸에다가 실험을 해보라고. 분자몸도 빨리 녹일 수 있나 없나, 변할 수 있나 없나, 실험해보라고. 우리는 꼭 된다고 생각한다. 사실 우리는 마그너 기계가 아니라도, 우리 스스로를 일원심으로 변화시키고 있다. 우리 몸 한번 구경해 봐라, 우리 몸의 빛은 당신 몸의 빛하고 절대로 같지 않다. 당신에게는 보여줄게, 우리는 원래 아무에게 안 보여준다. 우리가 안 보여주면 보려고 해도 볼 수가 없다. 믿어, 안 믿어? 지금 우리 몸의 빛을 봐라. 우리 몸의 빛하고 당신 몸의 빛하고 같지 않을 것이다. 같나, 안 같나?

도넬 - 빛이 다르다.

◇ 마그너를 지구인에게 사용하겠다는 도넬 ◇

무시공 - 바로 이 빛이 무시공의 빛이다. 무극을 초월한 빛이다. 그래서 무극의 최고 존재도 우리한테 공부하러 왔다. 지금 이런 대화를 과학자라 알아들으니까 소통이 된다. 다른 외계인하고 대화하면 대화가 안 돼, 답답해. 그런데 과학자하고 얘기하니 소통이 되어서 말이 많아졌다. 재미있어?

도넬 - 흥미로우면서도 난제를 만났다.

무시공 - 이제는 무서운 마음은 없어졌지? 지금이라도 우리를 따라서 배우고 우리를 믿으면 당신 몸의 빛도 우리가 변화시킬 수 있다. 우리와 같이 우주여행을 할 수 있다. 당신이 항상 우리 곁에 있으면 더 좋고….

도넬 - 어떻게 하든지 잘 살펴보겠다. 계속 연구하겠다.

무시공 - 빨리 그렇게 해봐라. 지금까지는 광음파를 가지고 물질을 어떻게 하려고 했지만, 이제는 우리 지구인 분자몸을 갖고, 우리 공부하고 있는 사람에게 어떻게 사용할 것인지 연구해라. 대전이 지구인 훈련센터인데, 지구인이라도 우리 공부 안 받아들이면 우리는 관심 없다. 알아?

도넬 - 네. 알겠습니다.

무시공 - 그 기계는 이 공부 안 한 사람에게는 사용하지 않는다. 만약 일반인에게 사용하면 그들의 몸이 다 녹아가지고 사망한다. 그래서 일반 지구인한테는 사용을 안 해. 딱 이 무시공 공부를 받아들인 존재에게만 사용한다. 그러니까 당신이 빨리 변하라고, 이제 우리 의도 알았지?

도넬 - 네.

무시공 - 우리는 무기를 만들어 남을 멸망시키려고, 이 기술을 달라고 하는 것이 아니다.

도넬 - 안다. 아주 낮은 단계에서부터 사용해보겠다.

무시공 - 그래 낮은 데부터 시작하라고, 너무 두려워하지 말고…. 그래서 차츰차츰 우리가 적응되면 조금씩, 조금씩 올리면 되잖아. 당신은 금성의 과학자니까 충분히 할 수 있다.

도넬 - 내가 어떻게 이렇게 마음대로 실험할 수 있을지 걱정이 된다.

무시공 - 지구인이 깨어나고 많이 열려 있으니까 걱정하지 말고 실험을 해도 된다. 우리는 두려움이 없는 존재들이다.

우리가 시간을 좀 줄 테니까, 언제쯤 그 장비를 만들어서 우리 몸에 실험할래. 다른 사람한테 하지 말고 딱 우리한테 먼저 실험해. 두려움을 버리고, 절대로 아무 탈 없다. 그리고 당신한테 절대로 책임을 묻지 않는다. 할 수 있지? 2~3일 내로 그런 장비 개발할 수 있어, 없어?

도넬 - 하하하~~

무시공 - 모든 것을 할 수 있는데, 그것 하나 못해? 제일 낮은 차원의 맞춤형으로 한번 해봐. 당신이 정말 이것을 개발해서 우리가 효과를 본다면 당신은 정말 큰 공을 세운다.

우리 무시공생명 훈련하는 곳에서 당신을 선구자로 내세우고 큰 공로자로 인정할 것이다. 새로운 우주창조 명단에 '도넬' 당신 이름을 영원히 기록해놓을 것이다. 알았어?

도넬 - 그건 크게 중요하지 않지만… 알겠습니다.

무시공 - 지금부터 빨리 연구해서 만들어라, 간단하잖아. 지금까지 사람 몸에 한 번도 실험을 안 해봤지만 이제부터는 지구인인 우리 몸에 먼저 실험해. 잘못돼도 우리는 당신한테 절대로 배상하라고 안 그런다.

도넬 - 여기 오기 힘들면 금성에서 할 수 있도록 하겠다.

무시공 - 그래 금성에서 먼저 해봐. 우리 스스로 당신하고 연락하니까 됐다. 거기서 최대한 약하게 해서 증명할 수 있으면 된다. 그리고 당신은 우리 몸이 변하는 것을 구경만 하면 된다. 거기서도 다 보이니 할 수 있다. 그래 고마워!

금성에서 온 과학자 '니콜라스 테슬라'

우리가 알아낸 금성의 기계가 마그너인데, 과거에 지구에서 금성에서 온 존재가 마그넷 프로젝트를 진행했다니, 이렇게 더 증명이 되는구나.
정말 놀랐다. 마그넷 프로젝트를 지구에서 실현하려고 했던 역사가 있었다니,
외계인도 지구 도우려 많이 힘쓴다.

무시공 - 1950년대 지구 캐나다에서 마그넷 프로젝트를 연구하던 존재, 금성에서 온 과학자, 니콜라스 테슬라, 나타나라!

테슬라 - (나타난다.)

무시공 - 네가 1950년대 지구 캐나다에서 마그넷 프로젝트를 연구하던 존재, 금성에서 온 과학자 맞나? 지금도 계속 연구 중인가?

테슬라 - 금성에서 지구로 태어났어요.

무시공 - 응, 지구에서 태어났지? 지금 뭐 하나?

테슬라 - 지금은 지구에 없어요.

무시공 - 어디 있어? 다시 금성에 갔어?

테슬라 - 네. 다시 금성으로 갔어요.

무시공 - 지구의 캐나다에서 마그넷 프로젝트 성공했어, 안 했어?

테슬라 - 거의 성공, 하지만 활용 전 단계.

무시공 - 그럼 언제쯤 활용할 수 있어?

테슬라 - 지구인들이 활용하기 나름이지만, 잘 받아들이면서 해야 하는데….

무시공 - 아직 안 되지? 그래, 또 와 가지고 계속하려고 마음먹고 있나, 아니면 포기했나? 지구인들이 머리가 막혀서 잘 안 될 텐데?

테슬라 - 아무래도 막혀 있지요. 그만큼 해놓은 것도….

무시공 - 그러게, 그만큼 해놓아도 활용할 줄 몰라. 그만큼 막혀 있다고. 그러면 지금 금성에서도 과학자로 있나, 뭐 하고 있어?

테슬라 - 지금 아직 몸으로 태어나기 전.

무시공 - 아직 영혼으로 있나? 그럼 지구에서 언제 갔어? 70년대, 80년대, 2천년대?

테슬라 - 지구에서 영혼이 빠져나올 때가 2000년 전후 같습니다.

무시공 - 그럼 금성에서 또 태어나려고 마음먹고 있나?

테슬라 - 네, 금성이 좀 편합니다. 금성에서 다시 살려고 나오려 합니다.

무시공 - 그럼 금성에서 태어나려면 시간이 얼마나 걸려? 누구 몸에 들어가서 태어나는 거잖아, 맞지? 지구에서는 10개월인데 거기는 그 정도 아니잖나, 임신해서 몇 개월 만에 태어나나?

테슬라 - 금성과 지구의 시간이 다르지만, 지구 시간으로 임신 기간이 10개월이라고 한다면, 금성에서는 대략 4개월 안쪽이지요.

무시공 - 응. 그러니까…. 그러면 다시 과학자가 되려고 하나, 뭐 하려고 하나?

테슬라 - 계속하고 싶어요.

무시공 - 그러면 태어나면 이루어질 수 있지?

테슬라 - 희망을 가져봅니다.

무시공 - 금성에서 몇 번 태어난 적 있나? 그리고 금성인들은 수명이 얼마나 길어? 지구 나이로 말한다면.

테슬라 - **지구 계산으로 한다면, 1만 살 이상.**

무시공 - 그렇지. 그럼 지금 네 상태(영혼)는, 태어나 있는 것(몸이 있는 것)과 느낌이 다르지?

테슬라 - 다르죠.

무시공 - 안 태어나면 힘이 없지?

테슬라 - 네, 뭔가를 이루어 낼 수 없으니까.

무시공 - 비행선을 타도 힘이 없지. 조정 못 하지?

테슬라 - 그렇죠. 자유롭지만 뭘 못하지요, 힘이 없으니…

무시공 - 응, 그래. 지구에 와 있을 때 마그넷 프로젝트를 진행했다던데 금성에는 마그녀라는 기구가 있잖나, 무슨 관계인가?

테슬라 - 아, 금성에서는 마그녀라 하는 것 맞고, 지구에 와서 마그녀를 추구한다는 뜻으로 마그넷이라고 이름 붙여 프로젝트 명칭을 만들었다.

무시공 - 그래, 잘했어. 전에 금성에 있을 때, 금성의 도넬 알고 있나?

테슬라 - 도넬, 알아요.

무시공 - 지금 우리가 도넬하고도 연락하고 있는데…

테슬라 - 만약 금성에 내가 있었으면, 나와 연결되었을 텐데…

무시공 - 지금도 안 늦었다. 지금 나와 연락하면 안 되나? 너, 우리가 어떤 존재인지 궁금하지 않아?

테슬라 - 아~~ 지구에 있을 때 만났으면 좋았을걸.

무시공 - 지금도 안 늦었다. 거기서 빨리 태어나서, 도넬하고 손잡고 같이 해봐라. 지금 엄청난 일을 하고 있거든. 우리가 무슨 일 하는지 느껴, 못 느껴?

테슬라 - 여기에 관심이 있는 것을 보니, 지구 밖 우주에 관심이 있나 보다, 우주에 관한 눈이 떠 있는 존재라 생각한다.

무시공 - 그래, 어서 태어나라, 빨리 대상을 찾아서 임신시킬 수 있지?

테슬라 - 아, 좀 쉬려고 했는데.

무시공 - 쉬긴 뭘 쉬어. 우리 만난 것은 엄청난 인연이잖아. 맞지?

테슬라 - 네네.

무시공 - 빨리 태어나라. 그래서 도넬과 손잡고 같이 우주작업 해보자. 우리가 우주작업 하려고 너희들 찾는 거다. 무슨 뜻인지 알아?

테슬라 - 알겠다.

무시공 - 지금 대한민국 대전 한번 구경해봐라. 엄청 밝고 수많은 우주선들이 모여들어 새로 공부하고 있다. 새로운 우주 창조 근거지야. 지구에서 시작하는 거다. 네 말대로 지구에서 우리 알아보고 만났으면 좋았겠지만, 지금도 안 늦는다. 지금부터 시작이야, 알았지?

테슬라 - 네.

무시공 - 그래, 곧 태어나기를 바란다. 임신 중에라도 대화할 수 있잖아?

테슬라 - 네, 가능하지요. 지금처럼. 고맙습니다, 찾아주셔서.

무시공 - 그래, 고마워.

테슬라 - (직접 말은 안 했지만, 도넬과 연결된 가까운 존재로 태어나길 희망하는 마음이 느껴진다.)

과학자들의 뇌 폭발 사건

러시아 과학자 8명 중 7명이 외계의 별과 소통을 하는 과정에서 외계인들이 보낸 고강도의 전파를 받아들이지 못하고 뇌가 폭발하는 사건이 발생했다. 59광년 떨어진 별로 전파를 보낸 후, 지구 쪽으로 오는 정보를 헤드폰을 쓰고 받던 중 머리가 터지는 사건이 벌어진 것이다. 뇌의 파편들이 주변 유리에 다 튈 정도였다고 한다.

◇ 외계와 소통 시도하던 러시아 과학자 7명 사망사건 ◇

무시공 - 어느 별과 소통하다가 헤드폰을 쓰고 정보를 받던 러시아의 과학자 7명의 머리가 폭발한 사건, 그때 러시아 과학자와 소통하던 별 어디인가?

보미르 - 우리 별의 이름은 '제프리'이고 내 이름은 '보미르'이다.

무시공 - 너는 과학자인가, 책임자인가?

보미르 - 나는 책임자도 아니고, 과학자도 아니다.

무시공 - 그럼 너는 어떻게 이 일을 알아? 거기서 무슨 일 하고 있나?

보미르 - 나는 우주의 주파수에 관심 갖고 있는 아마추어 기술자다. (지구에서의 표현이라면)

무시공 - 주파수야? 광음파 원리야?

보미르 - 지구에서 뭐라고 하는지 모르지만… 네, 맞습니다. 광. 음. 파 원리.

무시공 - 소통할 때 그 장비 이름이 뭔가?
보미르 - 광음파 장비가 따로 있는 게 아니고…

무시공 - 금성에서는 마그너라 하던데, 너희는 뭐라고 하나? 금성에서는 보통 온도에서 금속을 다 녹이고, 그것으로 비행선도 우주복 원단도 만든다고 한다. 너희도 그런 것 아닌가?
보미르 - 네, 그런 분야에 쓰이는 것도 있지요. 내가 쓰는 것은 우주의 (광)음파 수신 장치, 그리고 우리 별 자체에서 서로 소통할 수 있는 장치들, 그런 것을 관리하는 기술자인데, 지구에서 오는 주파수를 받아서…

무시공 - 지구에서 오는 것은 전파(주파수)고, 너희는 전파를 초월한 광음파를 이용했어. 전파는 지구에서 아주 강하게 쏴도 너희 별 59광년까지 가면 엄청 약해져. 그렇게 약한 것도 너희들은 다 받아냈어. 결국 너희는 전자파로 지구에 보낸 게 아니고, 광음파 원리로 보냈지? 그래서 네가 말한 건, 통신소통 정보 소통하는 그런 광음파 장비지? 그 장비 이름이 뭔가?
보미르 - 특별한 이름은 없고 통신장비라고 하면 된다.

무시공 - 그때 소통하던 지구의 러시아 과학자들이 죽은 거 알고 있나? 그 후로 소통도 중단됐잖아, 그때가 언제인가? 그리고 중단된 이유는?

보미르 - 지구시간은 잘 모르겠지만 대략 6~7년 전 아닐까? 거기서 연락이 바로 안 와서 무슨 일이 일어난 줄 알았는데, 나는 솔직히 좀 두려웠다. 왜냐하면, 지구 전문가가 아닌 내가 정확한 판단을 못 하고 지구로 주파수를 보냈기 때문에, 그 사람들이 잘못된 걸 직감했다.

무시공 - 네 생각에 무슨 사고 친 거 같아? 거기서 한번 보라고, 무슨 사고 쳤나?

보미르 - 그 사람들이 다치거나 무슨 일이 있었기 때문에, 연락이 안 왔다는 것을 순간에 직감했다.

무시공 - 그런데 그걸 너희 과학자나 전문가들은 모르지?

보미르 - 알면 안 되니까, 나도 입 다물었다.

무시공 - 만일 사고 쳤다면 너희 별에서 네가 책임져야 하나?

보미르 - 제대로 알고 하지 않았다는 것에 대해서, 장난처럼 생각할 수 있기 때문에, 사고 친 거라고 제재 받을 수 있다.

무시공 - 네가 가지고 있는 통신장비는 네가 만든 것 아니지?

보미르 - 나는 과학자나 전문가가 아니고, 지구에서도 그런 사람들 있을 거다. (지구의 아마추어 무선 햄 같은) 재미나 취미로 활용하는 정도이다.

무시공 - 당시 과학자들이나 전문가들도 할 수 있었는데, 왜 네가 했나?

보미르 - 물론 다른 쪽에서 주파수를 받은 사람도 있었겠고, 나는 취미로 했지만 그 수신이 내게도 왔다. 어느 순간에 받았다. 그래서 나도 그대로 주파수를 따라서 보냈다.

무시공 - 다른 전문가들도 전파를 받고 답변을 보냈을 거 아닌가?

보미르 - 다른 사람은 어찌했는지 모르겠다.

무시공 - 그럼 네가 소통했던 당사자네.

보미르 - 어쨌든 나는 혼자 했다.

무시공 - 지구의 과학자 7명이 그 당시에 머리가 터져 다 죽었는데, 알고

있었나? 그런데 그게 이때까지 비밀이어서 공개 안 했다. 우리가 그걸

알고 파보는 거다.

보미르 - 지구에서 알고 찾아올 줄은 몰랐다.

무시공 - 좀 두려운 마음 생기나?

보미르 - 사실, 처음 찾을 때부터 좀 두려웠다.

무시공 - 그랬어? 그래서 지금 심정은 어떤가?

보미르 - 난 일부러 그런 거 아니고, 지구에 그렇게 강하게 갈 줄 몰랐고,

결론은 그것을 조절 못했다.

무시공 - 그래, 이런 거 너희 별의 통치자나 다른 존재들이 알아, 몰라?

보미르 - 모를 거다. 내가 이야기 안 했으니까.

무시공 - 네가 그들과 직접 소통했구나. 알았다. 너희 별의 인구는?

보미르 - 약 4억.

무시공 - 평화롭고 전쟁은 없나? 몇 개의 나라로 구성돼 있나?
보미르 - 3개의 나라로 구성되어 있으며, 전쟁도 있다.

무시공 - 3개 나라인데 전쟁을 자주 하나?
보미르 - 한 나라는 괜찮은데, 두 나라가 많이 부딪친다. 서로 자기주장
이 맞다며, 서로 잘났다며…

무시공 - 싸움할 때 무기는?
보미르 - 서로 죽이는 무기는 안 쓴다. 주로 대화로 풀려고 하는데 그 대
화가 부딪침이 크다. 아주 과거에는 서로 죽고 죽이던 전쟁도 있었다.
하지만 이제는 그것이 서로에게 해가 되므로, 그리고 또 다른 한 나라
가 중간에서 역할을 잘한다.

무시공 - 응, 중간에서 서로 소통시키고, 잘됐네. 너의 그 광음파 이용한
장비는 파장이 너무 강해서, 인간세상 지구인들은 막혀 있어서 파장
이 오면 뇌가 터지는 게 정상이다. 너희는 그 원리를 몰라서 그래, 알
았지? 지구의 과학자들은 외계별에도 생명체가 있겠다 싶어서 전파를
온 우주에 보내는데, 마침 너희 별에서 답이 와서 무슨 사람이 살고
있겠다 싶어 너무 기뻤겠지! 과학자들도. 다른 별에도 생명이 살고 있
는 거 알았다 싶어서, 최선으로 받아들이다가 그만 8명 중에 7명이 뇌
가 터져버렸어. 나머지 한 명은 헤드셋을 안 썼기 때문에 그에게는 파
장이 안 들어 와서 그 사람만 살았다. 그래서 우리는 바로 알았어. 너

희 쓰는 것은 전자파가 아니고 광음파를 이용했다는 걸. 먼 거리에서 쏴도 힘이 너무 강해. 지구의 인간은 뇌 주파수가 낮은 차원인데, 고차원의 주파수를 쏘니까 폭발할 수밖에 없잖아. 맞지?

보미르 - 네. 맞아요.

무시공 - 광음파 원리에 대해 물어보자. 사실 우리가 말한다면 광은 빛이잖아, 빛은 파장으로 돼 있어. 주파수로 돼 있잖아. 빛인데 주파수로 돼 있어. 또 주파수가 있으면 무조건 음성이 그 안에 포함돼 있어, 맞지? 그래서 광음파라고 한다고. 사실 광음파의 뿌리가 빛이라고, 빛이 파장으로 되어 있어, 빛의 파장 때문에 음성이 생겼다고. 그런데 너희는 나눠 가지고 광음파라고 했어. 사실 뿌리는 빛 하나야. 빛 하나에서 두 가지 성질을 다 가지고 있다고. 내 말 맞아, 안 맞아?

보미르 - 맞다, 빛에서 파장이 나오고, 음이 나오고…

무시공 - 맞아, 파장이 있기 때문에 음성이 나와, 그런데 음성도 한도가 있어. 각 차원 사람들 귀에 파장이 얼마나 받아들여지느냐에 따라, 그만큼만 음성이 들리게 된다. 더 높은 파장이나 더 낮은 주파수는 귀로 안 들리기 때문에, 음성이 없는 것이라고 생각해. 우린 과학자가 아니지만, 내 말 맞아, 안 맞아?

보미르 - 네. 맞습니다.

무시공 - 우린 지구인이야, 토종 지구인이 아무것도 모르면서 네게 이런 말 한다. 그러면 이렇게 비교해보자. 너의 그 장비, 빛으로 본다면 지구의 레이저도 빛이잖아. 너희 그 장비도 단계가 있지? 총 몇 단계까지 올릴 수 있어?

보미르 - 지구에 보낼 때 10단계로 한 거다. 멀어서 좀 세게 보냈다.

무시공 - 그럼 총 몇 단계까지 있어? 10단계보다 더 높일 수 있지?

보미르 - 10단계까지 있다.

무시공 - 응. 그럼 최고로 세게 보냈네. 지구에 보낼 때 중간에 좀 약해질 것 같아서 그랬구나.

보미르 - 네. 그런데 너무 세다는 걸 보내고 나서 알았다.

무시공 - 응, 그러면 너의 장비 1단계가 지구의 레이저와 주파수를 비교해보면 몇 배나 강한가?

보미르 - 지구 레이저는 우리랑 비교하면 차이가 큰 것 같다. 비교를 할 수는 없지만, 1단계가 지구 레이저의 약 2.5배 정도.

무시공 - 그러니까, 지구 사람들은 그 레이저도 못 견디므로, 그 빛에 사람이 죽을 수도 있다. 그런데 네가 10단계로 올리니 감당할 수 있나? 알았지?

보미르 - 그래도 거리가 있어서…

무시공 - 거리가 있어도 주파수가 낮으니까 멀리 쏠 수 있다고.

보미르 - 맞다.

무시공 - 지구 전자파(주파수)는 역사가 오래됐지만 너희 별까지 거우 도착할지 말지 그렇게 약하다고.

보미르 - 지구 레이저는 대기권도 뚫고 나오지 못하잖아요.

무시공 - 그렇지, 전자파는 한도가 있고, 사실 그건 가장 낮은 차원이라, 레이저 보다 더 멀리 못 쏜다고. 인간은 아직까지 광음파 원리를 제대로 사용 못 하고 있어. 너희는 일상에서 이미 사용하고 있잖아. 그만큼 기술이 지구인보다 훨씬 앞서 있다는 거야. 어쨌든 간에 좋은 경험이다. 2.5배면 10배만 올려도 25배잖아. 레이저보다 25배로 쐈으니 지구까지 오는 중에 많이 손실이 되겠지만, 10배로 와도 인간은 못 견딘다고. 어쨌든 수고했다.

보미르 - 맞습니다. 아~~ 그렇게 좋게 말해줄 줄 몰랐다.

무시공 - 두려워하지 마. 수고했어. 그래, 모든 게 다 실패 중에 경험이 생기는 거잖아. 너는 지구에 온 적 있나?

보미르 - 가 본 적 없다.

무시공 - 그럼 지구 궁금하지 않나?

보미르 - 그때 그 일 이후 지구 주변에 가기 싫어졌다.

무시공 - 죄책감 때문에?

보미르 - 네, 그런 게 있어요.

무시공 - 너 거기서 지구 한번 구경해봐라. 새로 지구 보면 궁금해서라도 올 거다.

보미르 - 화면으로 지구를 보고 있다. (의식으로는 잘 안 보이는 듯)

무시공 - 금성은 레이저가 지구의 1.5배다. 너희가 금성보다 좀 더 강하네.

보미르 - 그렇군요! 지구를 좀 낮게 봤었는데, 지금 대화를 하고 나서 그런가, 낮게 보이지가 않는다.

무시공 - 지구의 어디가 제일 밝은가 봐라. 장비로 보이나? (지구 밝은 것을 보라니까 지구의 밝은 불빛을 본다)

보미르 - 불빛 밝은 것은 많네. (의식으로는 볼 줄 모른다) 눈 쌓인 남극도 밝고 밤에는 도시도 밝다.

무시공 - 이 친구는 잘 모른다. 그럼 너희 별에서는 비행선을 모두 탈 수 있나? 못 타는 사람 없나?

보미르 - 다 탄다. 다 타고 다닐 수 있다.

무시공 - 그럼 거기 사람은 지구인보다 몇 배나 더 세밀한 거 같나? 태양계 지구 옆의 금성 알지? 지구인이 '0'으로 거칠게 본다면, 금성인 이 '3'으로 세밀해. 그러면 당신들은 얼마나 세밀한가? 금성은 가봤나?

보미르 - 금성을 직접 가본 적은 없는데, 지금 태양계 화면의 정보를 보면서 봤다. 우리는 금성인보다 몸은 덜 세밀해요.

무시공 - 지구인보다 얼마나 더 세밀해? 지구인의 몸은 엄청 거칠잖아.

보미르 - 금성인이 '3'이라면, 우리는 '2.7'이다.

무시공 - 그래, 거기서도 비행선 타고 지구에 올 수 있지?

보미르 - 가려면 갈 수 있지요.

무시공 - 우리가 누군지 궁금하지 않아?

보미르 - 궁금한데 좀 무섭다.

무시공 - 왜 무서워?

보미르 - 왜 그런지 잘 모르겠어요.

무시공 - 우리가 뭐 너를 찾아서 해코지하겠나, 그저 찾아봤을 뿐이지. 무슨 파장을 보내서, 지구 과학자 머리가 다 터졌나 싶어서 궁금했다. 한번 생각해봐라. 만일 그 주파수 10단계 올려가지고 우리 몸에다 쏴봐라. 우리 몸에 쏴도 터질까, 안 터질까?

보미르 - 이상하다. 그런 얘기할 거 같았다. 나 그거 안 할 거다. 이제. 처음부터 그런 느낌 있었다.

무시공 - 왜 무서워서, 또 사고 칠까 봐?

보미르 - 네. 안 돼요.

무시공 - 너 아직까지 우릴 잘 못 알아본다. 그럼 내가 알려줄까? 우리는 100억 조부터 90억 조, 80억 조, 70억 조 광년의 과학자가 각 차원의 빛으로 우리 몸을 쏘고 있다. 그와 동시에 금성 과학자하고, 10군데 각 별에서 일체 광음파를 총동원해서 내게 쏘고 있다. 그래도 나는 잘살고 있다. 그래서 너희 파장은 뭐 때문에 터졌나? 궁금해서 찾은 거야.

보미르 - 나같이 전문가가 아닌 사람에게는 말하면 안 돼요.

무시공 - 뭐?

보미르 - 그렇게 높은 차원에서 쏘고 있다면 조절을 잘해서 할 거야. 나는…

무시공 - 아니다. 금성은 처음에 10단계까지 있었는데, 우리가 잘못될까 봐 1단계부터 조금씩 올리다가 10단계까지 올렸어. 그래도 우리가 꿈쩍 안 하니까, 그 다음에 100단계까지 올렸는데, 지금 당당히 살고 있다. 그것도 우리 마음에 안 들어서 100억 조부터 70억 조 과학자까지 각각 높은 차원 총동원해서 빛으로 쏘고 있다. 100억 조 광년은 무극이라고, 알아? 거긴 완전히 이 우주의 최고 빛으로 쏘고 있어. 우리 분자몸, 물질몸 빨리 녹이려고, 알았어? 이 몸은 가짜니까.

보미르 - 아, 가짜니까~~

무시공 - 시공의 과학자들은 전부 다 자기 몸을 생명이라고 여기기 때문에 그런 일이 발생한다. 그런데 우리는 이 몸이 가짜라는 것을 알기에 몸을 없애려고 한다. 지금. 지구에서 할 일 다 끝났어, 그래서 껍질 빨리 벗기려고 하는 거야. 그런데 과학자들은 여전히 두려운 마음이야. 조심스럽게 하려 해도 우리는 동시에 10군데서 몸을 녹이고 있어. 무슨 뜻인지 알았어? 너는 지구의 과학자들 머리를 다 터지게 했는데, 그게 얼마나 강했나 싶어 물어본 거야. 만약 네가 더 고급 자리에 있다면 너도 내 몸에 쏴보라고.

보미르 - 지금 대화하면서 느낀 건데, 약하게 쏜다고 분자몸이 안 터지고, 강하다고 터지고 그러는 게 아닌 거라고 느꼈어요. 전문가도 아닌 내가 쓰는 장비는, 당신과 연결된 높은 차원과 비교하면 상당히 낮은 것을 갖고 하는 거네요. 내 장비 10이 제일 높은 것도 아니네요. 그런데 터졌다는 건 지구인의 몸과 접촉했을 때 완전히 반응하는 주파수가 있을 거 같아요. 그래서 다른 높은 차원에서 당신에게 보내는 것은 위험을 잘 피해서 전문가들이 적용을 잘하고 있는 거 같아요.

무시공 - 아니다. 너는 모른다. 우리는 지구인이 아니야. 겉만 지구인이야. 너 우리 몸 구조를 아직 잘 몰라. 우리 몸의 빛 보여, 안 보여? 우리는 지구에 와 가지고 지구인의 껍질을 덮어 썼기 때문에, 우린 지구인 몸과 다른데, 껍질은 같아.

보미르 - 다르다는 건 모르지만, 어쨌든 지구인 몸 껍질을 덮어 썼다면 내가 이야기하는 게 맞을 것이다.

무시공 - 지구인은 그 껍질을 자기 생명이라고 여기기 때문에 다 막혀 있어서, 네 주파수 강한 걸 접하면 터진다고. 우리는 이 몸이 가짜라는 것을 알기 때문에, 네가 아무리 최고 높은 주파수로 보내도 우리하고는 아무 상관이 없어. 우리는 오히려 몸이 터져 없어지길 바라고 있다. 지구인들은 터질까 봐 무서워해, 터지면 그걸 죽는다고 생각하기 때문에. 관점이 안 같잖아. 맞지? 너 아직까지 잘 모른다.

보미르 - 네. 정확히는 잘 모르겠습니다.

무시공 - 그래서 너 궁금하면 지구에 와서 탐구해봐라. 과학자들은 전자

통신 등으로 연락하는데, 우리는 지구인인데 직접 너와 대화할 수 있
잖아. 지구인 누가 너와 대화할 수 있어? 너를 찾지도 못한다. 인정해?

보미르 - 네, 인정합니다.

무시공 - 너는 무슨 주파수나 광음파를 이용해서 그리 강한가 싶어서 궁
금해서 그런다. 그러니까 두려운 마음 버려라. 내게 연결된 각 차원의
저들도 우리를 무서워해. 각 차원의 수준 높은 과학자들도 우리가 문
제 생길까 봐 못하게 하는데, 우리 말 안 들으면 다 삭제하겠다고 하
니까 다들 억지로 하는 거야. 사람 몸에다 써본 적이 없다는데, 우리
몸에 써보라니까 너무 황당해해. 이거는 생전에 이런 사례도 없고, 해
본 적이 없어서 저들도 두려워해. 우린 절대로 죽는 개념이 없다. 지
구인 누구한테 써도 다 죽어. 그런데 우리하곤 아무 상관 없다. 그래
서 무조건 하라고 하니까, 당당히 하고 있잖아. 네 생각에 우리 괴물
로 보이지?

보미르 - 네. 상상할 수가 없습니다.

무시공 - 과학자들보고 우리에게는 막 강하게 쏴도 괜찮은데, 절대 다른
별의 존재들에게는 쓰지 말라고 했다. 그러면 진짜 사고 친다. 우리는
그런 존재 아니니까, 마음 놓으라고 했어. 그래서 지금 열심히 하고 있
다. 믿어?

보미르 - 그러겠죠, 당신이 무엇 때문에 그런 거짓말하겠나?

무시공 - 이제 마음이 좀 놓이나? 너를 찾은 건 책임지라고 찾은 게 아니
고 궁금해서 찾았다. 어쨌든 너는 좋은 마음으로 한 것이니.

보미르 - 네. 고맙습니다.

무시공 - 네가 이제 좀 깨어나서 궁금하다면 계속 연락할 거고, 이런 데 관심 없고 아직 두려운 마음 있으면 연락 안 할 거다. 처음이면서 마지막이다. 궁금하다면 네가 직접 비행선 타고 와. 도대체 지구의 어떤 존재였나? 궁금하면 찾으러 오든가, 알았어? 어쨌든 두려운 마음 버리라고.

보미르 - 네. 고맙습니다.

내 안에 두 가지 '나'가 있다.
시공의 나. 무시공의 나.
나는 무시공의 나만 인정한다
시공의 나는 삭제한다.

제10장

우주의 각 차원의
최고 존재들

대전 상공에 모인 우주의 차원 높은 존재들

> 대전 상공 꼭대기에 가장 밝게 빛나는 에너지 (분자 눈으로 안 보이는) 우주선. 가장 위에서 우주선의 에너지를 발사하는 느낌(아래 차원 존재들을 장악하고 있음)

무시공 - 이름과 나이는 어떻게 되는가?

책임자 - 이름은 '통산'이며, 지구 나이로 대략 1만 살이다.

무시공 - 어디서 파견되어 왔나?

통산 - 지구로부터 7억 조 광년에서 왔고, 8억 조 광년에서 명령받아 파견 나왔다. 우리뿐 아니라 모든 차원이 대전에 모여 있다. 본인이 전체적으로 관리하고 있다.

무시공 - 지구에서의 임무는?

통산 - 지구의 한국, 대전으로 파견되어 대전을 집중적으로 지킬 것이다. 또 앞으로 지구인이 탈 우주선에 대해서 관리하고 도울 것이다. 대전 상공에 모든 차원의 존재들이 모여 있고 내가 지키고 있다는 것은 우리뿐 아니라 전 우주에 공표되었다. 지구에서의 모든 것은 본인이 관리할 임무가 있다. 특히 특정 지구인이 우주선을 타게 될 것에 대비하여 상당히 조심스럽게 진행하고 있다.

무시공 - 지구에 온 지는 얼마나 되었나?

통산 - 지구 시간으로 한 달이 안 되었다. 2016년 5월 마지막 주에 왔다.

무시공 - 대전의 빛은 어떤가?

통산 - 처음 본다. 이 빛은 온 우주에 영향이 있다. 심지어 8억 조 광년까지 영향받는다. 대전과 본인은 충분히 교류 중이다.

무시공 - 그 빛은 물질(에너지)빛인가, 생명의 빛인가?

통산 - 깊이를 알 수가 없다. 이 빛은 생명의 빛이다. 지금까지 이 빛과 조금이라도 비슷한 것을 보지 못했다. 처음 보는 빛이다.

무시공 - 우리를 도우면 상상 못할 기회를 얻을 것이다.

통산 - 우리는 임무를 상당히 조심스럽게 그리고 안전하게 진행하고 있다. (감사하다며 군인답게 경례를 한다)

태양계와 은하계의 새로 임명된 여자 통치자들

> 수억 년 지구를 지켜온 점을 감안하여 끝까지 함께하려 하였으나, 지구를 지킨다는 것이 오히려 우주와의 소통을 막는 결과가 되어 우주와의 소통을 어렵게 한 점 때문에 어쩔 수 없이 삭제하게 되었다.

○ 태양 - '새옴'

○ 수성 - '프레즌'

○ 금성 - '수피마'

○ 지구 - '해리' (특수하게 남자를 임명) ----- '마오'(마고)삭제

'마오' 삭제 이유 - 수억 년 지구를 지켜온 점을 감안하여 끝까지 함께하려 하였으나, 지구를 지킨다는 것이 오히려 우주와의 소통을 막는 결과가 되어 우주와의 소통을 어렵게 한 점 때문에 어쩔 수 없이 삭제하게 되었다.

무엇인가 비밀을 유지하며 공개하지 않는 등의 이중적인 태도를 보이고, 지구의 대전이 무시공우주의 중심지이며 무시공우주에 대한 상세한 설명을 들었고, 차원 높은 우주의 존재들이 대전 상공에 내려와 있는 것을 보았고, 확인하였음에도 불구하고 여전히 무관심한 태도를 보이며 무시공생명의 우주작업에 협조를 하지 않음.

'마오'는 자기 나름대로 충실한 역할을 한다고 하였으나, 너무 폐쇄적이

므로 결과적으로는 무시공우주작업에 방해가 된다고 판단하여 이와 같은 결단을 내림.

○ 달 - '하오이'

○ 화성 - '스나일러' - 날개 있음.

○ 목성 - '하우리' (한국 이미지 있는 존재 임명) ----- '하투' 삭제

'하투' 삭제 이유 - 임명 후 첫 대화를 시도하니 영혼과 분리되어 있는 로봇이었다.

이후 동물도 나오고 눈이 이상한 존재도 나오고, 몇 번 계속 가짜가 나와 계속 삭제함.

(이것은 나쁜 뜻은 없고 단지 부하들이 새로운 통치자 '하우리'를 보호하는 차원에서 행한 일로 판명)

○ 토성 - '그레이'

○ 천왕성 - '히피'

○ 해왕성 - '미리'

○ 명왕성 - '메리테'

○ 은하계 - '문그레'

시공우주 최고 존재들이 삭제된 이유

8억 조 광년의 최고 존재가 아주 높은 존재이기는 하나, 아무리 높은 존재라 할지라도 무시공생명에 대한 관점과 무시공의 우주작업을 방관하고 반대하는 태도를 바꾸지 않으면 삭제된다는 사실을 온 우주에 보여주었다.
자신이 높은 존재라고 우리를 반대하거나 교만한 태도를 보이는 자들은 영체에 불과하다.

○ 10억 조 광년 - '우문소'

○ 9억 조 광년 - '희라리'

○ 8억 조 광년 - '루시아'(해슨 보좌) -------- '김세로'(삭제)

8억 조 광년의 최고 존재였던 '김세로'는 7억 조 광년의 '통산'(지구 계산 나이로 약 1만 살)을 대전 상공을 지키는 최고책임자로 임명하여 우주작업을 수행케 하였으나 관점회복을 하지 못하고 무시공우주작업에 대하여 방관 또는 반대의 마음을 가지므로 삭제하고 '루시아'를 최고 존재로 임명하고 '해슨'이 적극적으로 '루시아'를 도우며 우주작업에 참여하고 있다.

○ 7억 조 광년 - '벨라'(임명) ------------ '히브리'(삭제)

　　　　　　▼　　　　　　　　　▼

　　　'휼진'(임명)　　　　　　'통산'(삭제)

'통산'은 8억 조 광년의 최고 존재였던 김세로의 명령을 받고 대전 상공을 지키는 최고 책임자로 임명되었으나 무시공우주작업에 소극적이고 방관하는 입장으로 변하여 삭제하였다. 그래서 7억 조 광년의 최고통치자로 '벨라'를 임명하였으며 '벨라'는 약 8천 살인 젊은 청년 같은 '휼진'을 대전 상공을 지키는 최고책임자로 임명하였다.

○ 6억 조 광년 - '손태의'
○ 5억 조 광년 - '활 라'

◇ 김세로와 통산의 삭제된 이유와 과정의 대화 ◇

무시공 - 통산! 25만 광년에 있는 별(최고 존재 '팽성')에 통보하여 우주선으로 우리 무시공 존재들을 태워주라고 명령을 내릴 수 있는가?

통산 - 제발 조금만 더 기다려 달라, 아직은 안 된다. 믿어 달라. 나도 그들을 움직이기가 힘들다.

무시공 - 무엇이 그리 힘들단 말인가?

통산 - 대전 상공에서 무엇 때문인지 모르지만 버티기가 힘들다.

무시공 - 그래서 대전 센터에 와서 일원심을 배우고 지키며 무시공 공부를 받아들여야 한다고 하지 않았는가?

(25만 광년에 있는 최고 존재인 '팽성'을 불러내어 질문을 한다)

무시공 - 우리 무시공의 말을 듣고 행할 것인가 아니면 위에서 내려오는 규약을 지킬 것인가?

팽성 - 솔직히 말하자면 지금 양쪽의 말을 다 거부할 수도 없고, 따를 수도 없는 실정이다. 어떤 것이 좋은 결정인지 나도 혼란스러운 상태다.

◇ 삭제된 과정 ◇

세밀하고 깊이 있는 대화를 나누는 과정에서 '통산'은 계속 우리 무시공을 믿지 못하고 8억 조 광년의 최고 존재인 '김세로'에게만 보고하고 지시받는 상태를 유지하고 있었음을 실토하였다.

시공우주의 관점으로 일은 열심히 하였으나 무시공생명으로 관점회복이 되지 않은 상태에서 무시공의 우주작업에 비협조적일 수밖에 없었다. 그래서 '김세로' 앞에서 삭제되었다. '김세로'는 자기도 삭제당할 두려움에 칼(다른 무기겠지만 무시공이 보기에는 칼 같음)을 들어 자기를 보호하려는 순간 삭제되고 말았다.

8억 조 광년의 최고 존재가 아주 높은 존재이기는 하나, 아무리 높은 존재라 할지라도 관점과 태도를 바꾸지 않으면 삭제된다는 사실을 온 우주에 보여주었다. 자신이 높은 존재라고 우리를 반대하거나 교만한 태도를 보이는 자들은 영체에 불과하다. 우리 무시공우주의 작업을 반대하거나, 방관만 해도 무조건 용서를 하지 않는다는 사실을 증명하였다.

('김세로'가 들었던 칼 같은 무기는, 지구에 있는 모든 물질과 문화는 우주에서 내려왔음을 알게 해 주는 많은 장면 중 하나이다.)

우주의 최고 존재들의 직선빛 정도

삼각형 안에 있는 시공우주는(감각시공, 무감각시공) 모두 파장으로 되어 있다.
거친 분자세상에서 세밀한 공간인 무극으로 올라갈수록 그 파장이 직선빛에 가깝다.
그러나 직선빛에 가까울 뿐이지 직선빛은 아니다.
완벽한 직선빛은 무극을 통과한 이후의 무감각 무시공의 무시공우주뿐이다.

38억 조 광년의 차원에서부터 직선빛이 30%를 넘기 시작한 시점에서는 우주는 무시공생명을 기다리는 예언들이 이루어지고 있음을, 알려만 주면 자동으로 무시공의 존재를 인정하고 적극적으로 협력하고 무시공의 일을 돕겠다고 자원하는 반면, 직선빛이 30% 이하의 차원에 있는 별들은 아직도 무시공을 두려움의 대상으로 생각하고 있다. 무시공이 나타남으로 인하여 자신들이 도태된다는 위기감을 느끼기 때문이다. 때문에 무시공이 하는 일에 대하여 비협조적이며 때로는 방해를 하는 경우도 있었다. 그래서 처음 우주작업을 시작한 초기에는 낮은 차원의 별들에서는 기존의 통치자들을 여자로 교체하고 무시공의 일에 협조하고 돕도록 조치하였다.

우주의 끝이라고 할 수 있는 67억 조 광년의 '커린마'는 거의 100%에 가까운 직선빛을 가지고 있다. 무시공을 알리는 즉시 대전이 새우주의 중심지고 이것은 오래전에 예언되었는데 드디어 이날이 이루어졌다고 감격해한다.

무시공생명의 존재들은 이미 무극을 넘어 완벽한 직선빛 100%의 존재

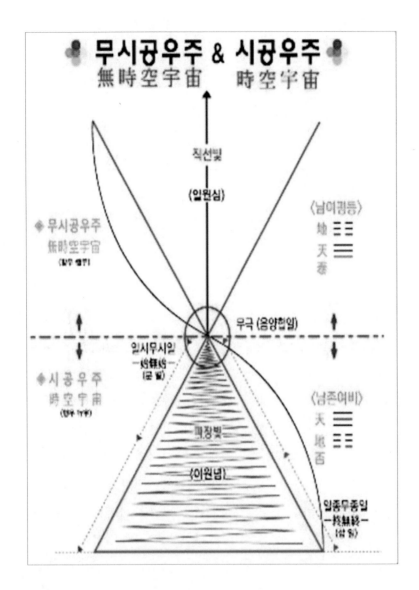

들이다.

이 새 우주의 중심에 서 있다.

시공우주의 탈을 벗어던지고 분연히 일어나 무시공생명임을 선언하자.

[각 차원의 최고 존재와 그들이 가지고 있는 직선빛의 정도를 알린다.]

이 름	지구와의 거리 광년	직선빛의 정도	대화내용(메시지)
기노화	14억 조	7%	
대리	18억 조	15%~17%	
커리푸	22억 조	23%	
마하야바	32억 조	26%	
이농라	38억 조	30%	대전의 직선빛은 생명의 빛이라는 것을 느꼈다. 대전은 새로운 우주의 중심이며 대전의 생명은 우주와 하나라는 것을 느꼈다.
화도난	42억 조	58%	[무시공] 우리를 만난 느낌은 어떤가. [화도난] 나 자신에 위기감을 느꼈다. [무시공] 그 위기감이 어디서 왔다고 생각하는가? [화도난] 지구의 한국 그리고 대전이라는 곳에서 온 것으로 느껴지는데 이것은 생명의 끝을 느끼게 한다. 그런데 이것은 새생명이 탄생한다는 것에 대한 매우 기분이 좋고 희망의 메시지 같은 느낌이다.
노나우 이하	50억 조	84%	우울한 기분이 계속되는 생활을 오랜 시간 견디어 오다가 무시공을 만나니 왜 이제야 찾아왔느냐고 하면서 원망 어린 눈길로 무시공을 맞이한다.
사우닌치 앙승	59억 조	95%	드디어 진리를 찾았다고 기뻐한다.
타커위 커린마린	63억 조	99.9% 99.95%	두 사람이 있다. 한 명은 늙은 할아버지 '타커위'이다. 대전으로 가라고 하니 즉시 대전으로 오는 순간에 바로 젊어졌다. 노태에서 완전히 벗어난 젊은이의 모습을 찾았다. '커린마린'은 아주 아름다운 소녀이다. 예전부터 우주가 하나가 된다는 예언이 있었다고 하면서 이제 무시공을 통해서 하나가 되니 기쁘다고 한다.

이 름	지구와의 거리 광년	직선빛의 정도	대화내용(메시지)
커린마	67억 조	99.97%	여기는 거의 우주의 끝이다. 처음에는 자기가 100%의 직선빛을 가지고 있다고 말했다. 그런데 정말 100% 직선빛을 가지고 있냐고 물으니 자신의 직선빛이 99.9%라고 실토한다.
			대전이 우주중심지라는 사실은 확실하고 우주에서도 대전이 우주중심지라는 예언이 전해져 왔다고 한다.
			지금 그 예언이 드디어 이루어지니 엄청나게 기쁘고 감격스럽다고 한다.
'지금 위에 언급한 고급 존재의 생명들이 다 대전에 와 있다'고 '커린마'가 확인해준다.			

부록

용어 해설

무시공생명 비결, 공식, 선언, 지침

비·공·선·지

○ 무시공생명 비결

○ 무시공생명 공식

○ 무시공생명 탄생 선언

○ 무시공생명 행동지침

○ 무시공생명 비결(無時空生命 秘訣)

무시공생명 비결 20가지는 60조 세포를 깨우는 생명 그 자체이다. 수천, 수억겁, 조상 대대로 유전되어 물려받은 가르고 쪼개고 분열하는 이원념의 영체가 작동하는 마음을 절대긍정 일원심의 마음으로 바꾸게 하는 역할을 한다.

비,공,선,지를 끊임없이 외우면 60조 세포가 일원심의 세포로 살아나고 시공우주의 파장에서 벗어나 인간의 영원한 숙원인 생로병사에서 벗어날 수 있다.

무(無)는 없다는 뜻이 아니고 합(合)한다는 뜻이다.

비결에서 '無' 자를 빼면 가르고 쪼개고 분별하는 이분법 이원념이 된다. '無' 자를 붙이면 모든 것을 합하여 무시공생명의 일원심이 된다.

- 공간(空間: 天)

무시공 마크에서 파란색을 의미하는 부분이다.

무주객(無主客) 무선악(無善惡) 무빈부(無貧富) 무고저(無高低) 무음양(無陰陽).

무시공생명은 시간과 공간을 초월하는 무시공 우주를 지향한다.

우주의 빅뱅 이래 계속 우주는 팽창하면서 공간이 넓어지고 곧 그것은 공간이 사라진다는 것을 의미한다.

우주의 흐름이 쪼개고 가르고 나누는 일시무시일의 흐름이었다면, 지금의 우주는 끝없이 합(合)하는 일종무종일의 흐름으로 바뀌었다. 즉 위에서 쪼개면서 아래로 내려오던 우주흐름이 밑에서 합하여 위로 올라가는 흐름으로 우주가 바뀌었다.

무주객 일체동일 속에 대상과 조건이 사라지고 무고저, 무선악 속에는 인간의 고정관념과 윤곽과 틀을 깨는 우주의 비밀이 담겨있으며 무음양 속에는 무극을 통과하는 열쇠가 있다.

- 시간(時間: 地)

무시공 마크에서 녹색을 의미하는 부분이다.

무생사(無生死) 무이합(無離合) 무래거(無來去) 무시말(無始末) 무쟁인(無爭忍)

2,000년 전, 아르헨티나에서 발견된 예언서 중 『사지서』에서는 시간에 대한 예언을 했다. 시간은 곧 영원히 없어진다.

미국의 어느 과학자가 우주에서 지구의 시간에 대한 연구를 진행하면서 몇 번 시간의 윤회가 있었고, 마지막 윤회의 시기가 1945년이 기점이며 그 후 76년 이후에는 시간이 영(0)으로 돌아간다고 계산을 했다. 그 시기가 2012년 12월 21일로 파장으로 된 시간이 영(0)으로 돌아가고 시간이 멈춘다.

무시공생명은 시간과 공간을 초월한 공부다. 공간이 줄어들고 시간이 멈춘다는 것은 지금의 시공우주가 사라진다는 것을 의미한다.

무생사 무이합 무래거 무시말 무쟁인 - 생과 사에서 벗어나고 오고 감도 없고 시작과 끝도 없는 영원한 무시공 우주에는 지상천국 지상극락의 세계가 펼쳐진다.

- 오관(五官: 人)

무시공 마크에서 노란색을 의미하는 부분이다.

무건병(無健病) 무미추(無美醜) 무향취(無香臭) 무호괴(無好壞) 무순역(無順逆)

인간은 오관을 통하여 보고 느끼는 순간 좋고 나쁘고, 아름답고 추하고, 맛있고 안 맛있고, 달고 쓰고, 아프고 안 아프고 등 판단하는 순간 그것을 세포에게 입력을 시킨다. 오관으로 느끼는 모든 것은 가르고 쪼개는 시공우주의 관점이다. 이 시공우주의 물질세계는 음양의 뿌리가 잘린 허상의 세계이다. 시공우주의 생명은 허상인 영체에 불과하다. 무시공생명은 실상의 생명이며 영체변생명(靈體變生命)이 되었다.

- 의식(意識: 心)

무시공 마크에서 빨간색을 의미하는 부분이다.

무신심(無身心) 무생학(無生學) 무지우(無智愚) 무정욕(無情慾) 무신의(無信疑)

의식혁명을 통하여 인간의 관점을 회복해야 한다. 이원변일원, 생사변영항. 의식혁명이 일어나면 생로병사에서 영원히 벗어나고 윤회도 없고 생사도 없는 영원한 존재가 된다. 그래서 우리는 새 생명을 찾았다.

○ 무시공생명 공식(無時空 生命 公式)

무시공생명 공식은 사람이 원래 무시공 존재임을 인정하고, 지키고, 누리는 무시공 행동 원리입니다. 무시공생명으로서 무시공 자리를 확고히 지킬 수 있는 무시공의 법칙이요, 절대긍정 일원심의 원리입니다.

- 일체근단(一切根斷) - 일체 음양의 뿌리는 끊어졌다.

태초 무극의 존재가 원래 하나인 우주를 음과 양으로 나누는 순간 이 시공우주(빅뱅)가 생겨났다. 무음양-음과 양을 합함으로써 시공우주의 뿌리가 잘렸다. 지구를 비롯한 시공우주는 허상의 세계가 되었다.

- **일체동일**(一切同一) - **일체가 동일하다.**

  "일체가 나다"는 온 우주를 통틀어 최고의 경지이다. 무시공은 만상만물을 생명 관점으로 본다. 무시공생명 자리는 너와 내가 없는 동일체이다.

- **일체도지**(一切都知) - **일체 다 알고 있다.**

  세포 속에 우주의 정보가 다 있다. 원래 인간은 윤곽과 틀이 없는 완전한 존재였다. 이원념의 물질이 쌓인 분자몸이 막혀 윤곽 속에 갇히게 되었다. 비결을 세포에 입력시키면 세포가 일원심의 세포로 살아나 우주의 지혜를 알게 된다.

- **일체도대**(一切都對) - **일체가 다 맞다.**

  이것은 맞고 저것은 틀리다고 하는 것은 이분법, 이원념이다. 무시공 관점은 맞다고 하는 사람의 입장으로 보면 맞고, 틀린 사람 입장에 들어가면 그것도 맞다. 그래서 전부 다 맞다는 것이다. 차원이 다른 입장에서 말하는 것뿐 그 차원에서는 다 맞다.

- **일체도호**(一切都好) - **일체가 좋은 현상이다.**

  무시공생명은 부정의 영체가 완전히 삭제된 절대긍정의 자리다. 무시공생명 자리는 전부 다 좋은 것만 보이고 전부 다 아름다운 것만 보인다.

- **일체항광**(一切恒光) - **일체 파장이 없는 직선빛이다.**

  무시공의 직선 빛은 일체 물질을 다 뚫고 들어갈 수 있고, 일체를 다 변화시킬 수 있다. 무한대로 큰 힘이다. 그래서 직선빛은 생명의 힘이다.

- **일체아위**(一切我爲) - **일체를 내가 했다.**

  일체 나 때문에 좋은 일이 생긴다. 인간의 입장에서 오는 재앙이나 온갖 현상들은 무시공하고는 상관이 없다. 내가 만들어 놓고 내가 당하지 말자는 것은 우리가 깨어나서 무시공의 생명자리를 잘 지키는 것이다.

- 일체조공(一切操控) - 일체를 내가 창조한다.

마음과 물질이 하나다. 마음과 에너지가 하나다. 그러면 마음먹은 대로 창조할 수 있다. 내가 우주의 중심이고 내가 있어서 우주가 존재한다.

○ **무시공생명 탄생 선언(無時空生命 誕生 宣言)**

2012년 12월 21일 지구에서는 종말론으로 세상이 어수선할 때 무시공생명은 '무시공생명 탄생선언'을 선포했다.

이것은 새로운 인간세상, 새로운 인간이 동방에서 탄생한다는 것을 무시공에서 선포한 것이다. 무시공 선생님께서 2000년 4월에 대한민국에 첫발을 내디디신 이후 이 선언을 비밀로 하시다가 우주에서 이제는 무시공을 감히 막을 수 없는 시대로 접어들면서 이 무시공생명 탄생선언을 내놓으셨다.

- **생명혁명(노예변주인奴隷變主人, 영체변생명靈體變生命)**

인간의 시공생명(영체)이 무시공생명으로 변한다는 것이다. 인간은 지금까지 영체를 자기 생명으로 알고 살았다.

나의 진짜 생명은 일원법, 일원심으로 된 것이 진정한 내 생명이다. 이분법으로 되어 있는 영체는 가짜라는 것을 밝힌다. 이분법의 생명은 진짜 생명이 아니다. 인간은 지금까지 가짜 생명을 자기 생명이라고 여기면서 살아왔다. 무시공생명 공부는 내 안에서 생명혁명을 불러일으키는 것이다.

- **물질혁명(체력변심력體力變心力, 분리변동일分離變同一)**

지금까지 인간은 육체로 노동을 해 가지고 자기 생활을 유지해 왔는데, 이제부터는 심력으로 살 수 있다는 것을 밝히는 것이다. 이제까지는 음양을 분리하고 옳고 그르고 따지는 분자세상의 거친 세상에서 살다가 일체동일 일체가 하나인 세밀한 공간으로 접어들었다.

이런 마음으로 일체를 움직일 수 있는 시대를 만들었다.

이것은 바로 내가 창조주이고 내가 전지전능한 존재라는 것을 밝히는 것이고 알리는 것이다. 이것이 바로 물질혁명이다. 행동, 생활혁명이 일어났다는 것이다. 인간은 행동, 손발 움직이는 방법으로 살았다면 이제는 무시공심력으로 무시공 마음으로 살 수 있는 방법이 나왔다. 이것을 실천하면 우리의 삶이 바뀐다.

- 우주혁명(홍관변미관宏觀變微觀, 행우변항우行宇變恒宇)

우주가 바뀌고 있다. 우주혁명, 우주개벽이 일어났다. 이것이 바로 천지개벽이 일어났다는 것을 암시했다. 인간이 말하는 천지개벽하고 무시공생명이 말하는 우주개벽과의 차이는, 천지개벽은 한계가 있는 시공우주 안에서 윤곽과 틀에 갇힌 시공 관점으로 보는 것이다.

우주개벽은 시공우주에서 무시공우주, 무시공생명으로 변한다는 것을 밝히는 것이다. 거친 세상에서 미세한 공간으로 변하는 천부경의 일시무시일(一時無始一), 하나가 쪼개져 내려오는 우주에서 일종무종일(一終無終一), 합하여 하나로 위로 올라가는 우주의 방향으로 가고 있다는 것이다. 이것이 바로 우주혁명이다.

- 신앙혁명(다로변일도多路變一道, 의존변자성依存變自醒)

새로운 일원법, 일원심의 세상이 온다는 것을 암시했다.

인간이 이분법에서 못 벗어났다는 것을 알아차리는 순간에 자연적으로 각종 종교가 하나가 되어버린다. 분석해 보면 지금 지구에 분포되어 있는 각종 종교들은 다 의지하는 마음에서 출발한다. 밖으로 찾고 밖에서 믿으려고 한다.

자기 안에 모든 것이 다 있는데 밖에서 찾고 믿을 필요가 없다는 것이다.

자기만 깨우치면 되는데 자기생명(무시공 일원심)만 찾았으면 끝이다.

그래서 신앙혁명이 일어난다는 것이다.

의지하면서 사는 게 신앙이다. 여기서 벗어나면 신앙혁명이 일어나는 것이고 이제는 일체의 지금까지 해온 각종 신앙, 각종 수련은 끝났다는 것을 선포한 것이다.

- 의식혁명(이원변일원二元變一元, 생사변영항生死變永恒)

새로운 일원법,일원심의 절대긍정 무시공생명의 세상이 온다는 것을 선포한 것이다. 원래는 이분법으로 맞고 틀리고, 옳고 그르고, 높고 낮고, 이렇게 가르는 사고방식으로 살아온 세상에서, 계속되는 일체의 불행 전쟁에서 벗어나, 완전히 일원법 사고방식으로 변하면 절대행복, 절대긍정, 절대건강의 세상이 된다.

사고방식을 바꾸는 사람은 무엇이 변하는 가하면 생사를 벗어나고 영원한 세상을 맞이 할 수 있다는 것이다.(생사변영함)

○ 무생공 생명 행동지침(無時空 生命 行動指針)

- 무시공심력

무시공에서는 마음먹는 순간 마음먹은 대로 이루어진다. 마음과 물질이 하나고, 물질과 에너지가 하나이기 때문이다. 무시공에서 이루어진 심력은 분자세상에 나타나기까지는 이원념의 두꺼운 껍질의 차원에 따라 순간 나타날 수도 있고 시간이 걸릴 수도 있다. 시공우주에서 벗어난 존재들의 무시공생명의 발현인 것이다.

- 무시공체험

인간은 수억 수천 년 동안 세포에 입력된 윤곽과 틀 등 고정관념으로 전지전능한 세포에게 이원물질을 쌓아 이 우주에서 고립된 생활을 하게 되었다. 체험은 특히 오관을 통하여 머리에 입력된 이원물질을 녹여 다리의 통로로 배출시키고 새로운 무시공의 향심력으로 직선빛을 당겨 분자몸을 녹이고 에너지 몸으로 변화시키는 것이다.

- 무시공심식

무시공 직선빛을 통하여 분자몸이 에너지 몸으로 바뀌면 무시공의 대자유를 누릴 수 있다. 이때에는 에너지 몸을 가지고 우주를 여행할 수 있게 된다. 먹는다는 행위를 통한 영양분의 섭취가 아니라 무시공의 세포가 온 우주 공간에 스미어 있는 고급 영양분을 자동으로 섭취하여 에너지를 보충하게 된다. 이원물질의 음식을 섭취하지 않아도 살 수 있는 무시공 우주의 영양분 섭취 방법이다.

- 무시공성욕

이것은 아직 공개되지 않은 무시공의 우주 비밀이다. 2020년 이후에 공개될 것이다.

- 무시공오관

인간이 천차만별이라는 것은 천 가지, 만 가지 생각을 가지고 있다는 것이다. 이것은 천 가지, 만 가지 맞는 것이 있고 틀린 것이 있다는 것으로 쪼개고 나누고 판단하고 맞고 틀리고의 기준이 되는 것으로 이분법의 최고봉이다.

무시공생명의 관점은 각 차원의 입장에서 보면 그 차원에서는 다 맞다. 틀린 게 하나도 없다. 그래서 만상만물 일체가 좋은 것이고 만상만물 일체가 아름다운 것밖에 없다.

1, 2, 3단계 무시공우주도(無時空宇宙圖)

○ **1단계 무시공 우주도**

　무시공생명을 공부하는 사람들의 우주관은 실로 간단명료합니다. 우주가 아무리 광대무변하고 불가사의한 것 같지만, 시공 우주와 무시공 우주로 명확히 구분할 수 있습니다. 두 우주 안에서 우리가 살고 있습니다. 두 우주는 따로 분리되어 있는 것이 아니고 나의 존재-의식-마음과 공존합니다. 나의 의식이 일원심(+)이면 무시공에 머물고, 나의 의식이 이원념(-)이면 시공에 속합니다.

- 시공우주

　감각시공과 무감각시공을 통칭하여 말한다. 시공 우주의 근본은 부정(마이너스(-) 마음)이다. 따라서 나누고 쪼개고 분열하는 이원념에 뿌리를 두고 있다. 아무리 긍정의 마음을 가져도 부정의 파장이 남아 있는 상대적인 긍정의 우주로 허상의 세계이다. 현재 우주를 말한다.

- 무시공우주

　무감각 무시공으로 새로운 우주이며 생명우주이다. 전지전능의 자리이다.
　무시공 우주의 근본은 긍정(합(+)하는 마음)이다. 인간의 유전자로 남아 있는 부정을 무시공생명 비결로 빼버리면 절대긍정만 남게 된다. 이것이 일원심의 생명우주이며 실상의 세계이다. 무시공우주는 일체가 동일하며 무시공생명의 일원심의 직선빛이 일체의 파장을 녹인 무파장의 우주이다.

- 감각시공

　오관으로 느끼며 인식할 수 있는 분자세상을 말한다. 지구를 기점으로 약 5천억 광년에 이른다. 그중에서도 인간이 살고 있는 지구가 가장 낙후된 문명을 가지고 살아간다. 태양계 은하계 광대한 오관으로 관측되지 않는 우주가 여기에 해당된다. 이원물질이 쌓인 세상이므로 기감, 에너지 등을 느낄 수 있다

400

- 무감각시공

인간이 죽음을 맞이했을 때 영혼이 가는 사후세계로 원자 미립자 초립자에서 무극까지 세밀한 공간의 에너지로 형성된 영적세계이다. 오관(눈·귀·코·입·피부)으로 인식할 수 없는 세밀한 이원(二元) 에너지 우주.세밀한 우주는 육체 오관의 감각으로 느낄 수 없습니다.

- 세밀한 공간

분자세상을 벗어난 원자세상부터 미립자, 초미립자, 쿽크, 힉스, 음양무극까지의 공간을 일컫는다. 무감각 시공의 우주이며 기, 에너지의 느낌이 없는 세계이다. 소위 인간이 분자몸을 벗어나면 영혼이 머무는 공간이다.

- 무극(無極: zero point)

무시공우주와 시공우주의 분기점이다. 이 자리에서 부정(-)마음을 가지면 시공의 무극에, 합(+)하는 마음을 가지면 무시공의 무극에 머물게 되고 계속 합하는 마음을 유지하면 무시공우주로 진입하게 된다. 합(+)하는 마음을 계속 유지하는 방법은 무시공생명비결을 끊임없이 외우는 것이다.

- 시공 생명과 무시공생명의 차이점

	시공 우주	무시공 우주
1	감각 시공: 물질 우주(오관 인식) 무감각 시공: 영적 세계, 다차원 우주 일시무시일: 분리 분열	무감각 무시공: 전지전능(오관 초월) 영원하고 완벽한 생명 일원우주 일종무종일: 합일동일
2	이원 물질: 음양 물질(이원념의 물질) 시공 파장빛: 소멸하는 음양 이원 빛 천지부: 남존여비(양의 시대)	일원 물질: 일원심의 물질 무시공 직선빛: 영원한 생명 일원빛 지천태: 남녀평등(음의 시대)
3	이원론, 이분법, 이원념으로 존재 마이너스 마음(-)이 지배적, 허상우주 생장소멸, 생로병사, 일체불행 - 시공생명(영체)	일원법, 일원심으로 존재 무한 플러스(+) 마음의 생명실상 우주 영원한 생명, 일체행복 - 무시공 생명

○ 2단계 무시공우주도(無時空宇宙圖) 파장빛 우주와 직선빛 우주 그림

제일 밑바닥의 분자세상에서는 파장이 가장 길다. 위로 올라갈수록 파장이 약해지고 무극의 교차점에서는 파장이 끝난다. 무극을 지나 위로 올라가면 직선빛이다. 파장이 없는 것이 무극의 교차점, 그것이 시간이 사라지는 시점이다. 지금 인간들은 시간이 없는 세상에 들어오고 있다.

- 일시무시일(一始無始一)

모든 것이 하나에서 시작해 쪼개고 쪼개 내려와 지금 이 세상이 되었다.
분리의 시대허상의 세계이다. 현재 우주를 말한다.

- 일종무종일(一終無終一)

일종무종일, 모든 만물만상을 하나로 묶어 합해서 하나의 위치로 가고 그 하나는 영원한 하나의 자리다. 천부경은 무시공생명의 하는 일을 예언한 것이다.
합일의 시대

- 파장빛

시공우주는 파장에 의해서 오관으로 전달된다. 그 본질은 음과 양, 즉 나누고 쪼개고 분열시키는 속성이다. 그 속에는 부정의 파장이 있다. 파장 때문에 만물만상의 모든 것이 생장소멸을 겪게 된다. 인간은 이 파장의 영향 아래 있기 때문에 생로병사에서 벗어날 수가 없다. 인간이 이 파장에서 벗어나면 생로병사에서 벗어나고 영원한 생명을 얻을 수 있다.

- 직선빛

무시공의 직선빛은 소멸되지 않는 끝없는 빛이다. 무한대의 영원한 빛이다. 음과 양을 합하는 일원심으로 무시공의 직선빛을 만들고 있다. 이 빛은 일체시공의 파장빛을 초월하고 우주의 어떤 곳도 뚫고 들어갈 수 있다. 심지어 100억조 광년의 무극의 최고 존재도 이 직선빛에 의하여 무시공 공부를 하고 있다.

- 천지부(天地否)

주역의 64괘 중 하나로 양이 음의 위에 있다. 양의 시대를 표현했다.

원래 하나였던 무극에서 음과 양으로 쪼개는 순간 시공우주가 시작되면서 남존여비의 시대가 열린 것이다. 양이 음을 지배하는 즉 남자가 여자를 지배하는 시공우주를 예언한 것이다.

- 지천태(地天泰)

주역 64괘 중 하나로서 음이 양의 위에 있다. 음의 시대를 표현했다.

무극에서 쪼개져 내려오던 우주가 합하는 시대로 바뀌면서 음의 시대가 열린다는 무시공생명의 도래를 예언한 것이다. 남존여비의 시대에서 남녀평등의 시대로 변한다.

○ 3단계 무시공우주도(無時空宇宙圖)

- 외계인

지구에서 5천억까지는 외계인이고 물질우주이며 별이라고 한다.

- 반우주인

5천억부터 5억조 광년까지는 별과 우주가 혼합된 우주이다. 우주라고 하는 존재도 있고 별이라고 하는 존재도 있다. 이 우주는 물질도 있고 에너지도 섞여 있는 반물질 세상과 반물질 우주이다.

- 우주인

5억조 광년부터 100억조까지는 완전히 에너지 상태의 에너지 우주이다. 에너지 상태로 사는 존재를 우주인이라고 한다.

이렇게 우주도 3단계로 분류하는 데 더 정확히 말하면

5천억 이하는 외계인이고, 5천억에서 5억조까지는 반우주인, 5억조 이상은 우주인으로 이 우주가 형성되어 있다.

- 승용선

자기별 안에서 각 별에서 움직이는 것으로 지구에서 움직이고, 금성 그 안에서 움직이는 것은 승용선이다.

- 비행선

별간 움직이는 것은 비행선.

- 우주선

완전히 에너지 상태의 우주공간에서 움직이는 것은 우주선이다.

5억조 광년부터 100억조 광년 사이는 어마어마하게 큰 우주공간이다. 그 우주공간에서도 수많은 우주 층차가 있다.

- 실상이나 불완전한 생명(영체)

우주도의 오른쪽은 분자세상에서 무극까지 살아있는 존재들이다
이들은 힘이 있고 과학도 발달됐고 능력도 있다. 그러나 이들도 무감각 시공의 시공우주에 속하는 존재들이므로 영체에 불과하다. 인간들보다 수명이 길지만 이들도 생로병사에서 벗어날 수가 없다. 각 차원에서 수평으로 윤회를 한다.

- 영혼, 영체들의 세상(영체)

우주도의 왼쪽은 죽어 있는 영들의 세상이다.
이들은 아무런 힘도 없고 능력도 없고, 그저 의식만 가지고 살아 있는 영체들이다.

- 시공우주의 윤회

오른쪽 무극 위치에서 무극의 존재가 죽으면 왼쪽의 무극의 위치로 그 영이 온다. 80억조에서 죽어도 그 영은 80억조 광년의 왼쪽 영들의 세계로 온다. 그렇지만 왼쪽의 영혼과 영들은 힘이 없다. 왼쪽의 세상은 허상의 세상이다.

각 차원에서 수평으로 윤회를 하면서 산다.

- 지구에 머물다 간 인간들의 위치

보통의 인간으로 살다가 죽은 영체들은 물론이거니와 인간의 의식을 상승시키고 간 성인들 석가모니, 예수, 람타, 강증산 등 지구에 다녀간 인간들은 모두 왼쪽 허상의 세계인 영혼, 영체들의 공간에 머물고 있다. 그래서 여기는 자신이 무엇인가 할 수 있는 힘도 없고 능력도 없으니까 다시 윤회를 하는 것이다.

- 무시공생명의 위치

우주도의 오른쪽 살아 있는 존재들의 무감각 시공에 무시공의 다리(통로)를 만들어 놓았다. 무시공은 맞춤식으로 어느 위치를 막론하고 들어갈 수가 있다. 무시공은 일원심만 지키면 우주공간의 일체에 다 들어갈 수 있고 다 통과할 수 있다. 비결 중에 무생학의 의미는 우리는 수련을 할 필요도 없고 공부를 할 필요도 없다. 우리는 무시공생명의 일원심의 원리를 알았기 때문에 실행하고 행하면 된다. 인간은 아무리 공부를 해도 80억조 광년의 경지에 들어갈 수가 없다.

무시공의 용어

- 세포(細胞)

무시공공부는 60조 세포를 깨우는 공부다. 세포 안에 모든 우주 정보가 다 있다. 인간의 고정관념과 윤곽과 틀 속에서 두꺼운 껍질에 쌓여 있어 세포의 역할을 못하고 있다. 비공선지를 끊임없이 외우고 실천하면 일원심의 무시공세포로 깨어나 대자유를 얻는다.

- 플러스(+)마음

합하는 마음, 60조 세포가 제일 좋아하는 마음이다. 세포에게 플러스(+)마음을 항상 입력시켜라. 방법은 비, 공, 선, 지를 외우고 실천하는 것이다. 무시공의 일원심 절대긍정의 마음이다.

- 마이너스(-)마음

분리하고, 쪼개고 가르는 마음, 일체 부정마음, 시기, 질투, 두려움 등을 일컫는다. 이것은 시공우주의 이원념 관점이다. 인간의 부정마음이 많을수록 재앙이 많다.

- 분자세상(물질세상)

시공 우주 안의 가장 거친 밑바닥 물질 세상으로서 감각시공이다.

- 감각시공(感覺時空) = 물질세상

인간이 살고 있는 세상이다. 오관으로 보고, 듣고, 느낄 수 있다. 시공 우주에서 가장 거친 밑바닥 선악 물질 세상이다. 시공 우주의 가장 껍질 부분이다. 기, 에너지 등 오관의 느낌이 있다.

- 무감각시공(無感覺 時空)

인간의 죽음 이후 사후세계로 쉽게 표현 할 수 있지만, 두 가지 통로가 있다. 무시공우주도에서 오른쪽은 우주선을 타고 지구 등에 왔다, 갔다 하는 의식과 능력이 있고 과학도 발달된 우주가 있는 반면, 왼쪽 공간은 몸을 가지고 살다가 죽은 이후에 영혼이나 영이 머무는 자리로 이들은 의식만 있을 뿐 힘이나 능력이 없다. 그러나 두 공간에 사는 존재들은 이원념의 파장의 영향을 받으므로 모두 영체에 불과하다.

- 무감각 무시공(無感覺 無時空) = 무시공 우주

무시공생명의 새로운 우주를 말한다. 시간과 공간을 초월한 무극 너머 일원(一元) 에너지로 된 영원한 실상 우주이다. 무시공 우주는 영원한 생명이 일체행복을 누리는 직선 빛의 세계이다.

- 일원(一元) 에너지

일원심의 무시공 무파장 직선 빛 에너지. 우주공간의 긍정에너지

- 이원(二元) 에너지

시공우주의 파장의 영향을 받는 에너지로 생로병사에 영향을 미친다.

- 일원물질

우주공간의 긍정에너지 즉 일원에너지가 무시공생명의 직선빛과 공명이 일어나면서 물질로 나타나게 된다. 만상만물에는 긍정의 마음과 부정의 마음이 있지만 무시공생명은 일체 긍정만 인정하고 일체 좋은 것만 본다.

- 이원물질

우주공간의 부정의 에너지가 분자세상에 물질로 쌓인 것이다. 파장의 영향을 받으며 독소에 의해 생장소멸을 하게 된다. 이원물질의 근본은 부정이다.

- 분자몸

인간의 몸은 두꺼운 이원물질로 싸여 있다. 세밀한 공간의 존재들이 열린 눈으로 보면 돌덩어리 속에 갇혀 있는 모습이라고 한다. 시공우주의 근본인 부정의 마음(-)이 많기 때문이다. 무시공생명은 이 분자몸을 녹여 에너지 몸으로 만드는 우주작업을 하고 있다. 절대긍정 일원심을 지키면 가능하다.

- **관점 회복**(觀點回復)

  시공우주의 관점을 무시공생명 관점으로 바꾸는 것이다. 시공우주의 관점은 가르고 쪼개고 분열하는 부정의 관점이고, 무시공생명의 관점은 모든 것을 생명으로 보고, 일체를 나로 보며, 만물만상을 무주객 일체동일로 보는 것이다.

- **시공 생명**(時空 生命) = **영체**(靈體)

  이분법 사고방식 이원념으로 사는 제한적인 생명이다. 시공생명은 무극 음양 차원을 포함한 시공 우주 안의 불완전한 일체생명을 말한다.

- **무시공생명**(無時空 生命)

  일원법 일원심 사고방식으로 존재하는 영원 무한한 절대생명이다. 무시공생명은 빛의 원조인 직선빛이요, 물질의 창조주이다. 무한한 우주 자체이다. 절대 하나의 우주 본질이요, 우주 생명이다.

- **무시공 용광로**

  일원심의 직선 빛이 모이고, 무시공생명력이 강하게 작용하는 곳이 무시공 용광로이다. 세포 깊숙이 숨어 있는 이원념을 녹여서 무시공생명이 발현하도록 돕는다. 대전의 무시공생명훈련센터가 무시공의 용광로이다.

- **절대긍정**(絕對肯定)

  시공우주의 긍정은 상대적인 긍정이다. 절대긍정은 부정이 없는 긍정을 말한다. 물질은 긍정과 부정의 파장을 가지고 있다. 상대긍정은 파장의 영향을 받을 수밖에 없다. 절대긍정을 위해서는 부정을 빼야 하는데 그 방법은 비공선지를 외우고 실천하는 것이다.

- **향심력**(向心力)

  무시공의 절대긍정 일원심을 지키면 블랙홀이 작동되면서 시공우주의 모든 일원심을 빨아들인다. 직선빛도 빨려들어 오면서 블랙홀의 핵심을 만든다.

- 무시공 통로(無時空 通路)

분자세상에서 무극까지 기존의 세밀한 공간의 존재들을 관점회복 시켜 무시공의 뜻을 함께하기에는 너무나 두꺼운 이원념의 파장벽에 싸여 있다. 심지어 토종지구인들을 깔보고 멸시하면서 무시공의 일에 비협조적인 태도를 보인다.

그래서 무시공은 분자세상에서 무극까지 또 다른 다리를 놓아 각 차원에 무시공 생명을 올려놓았다. 이들이 분자몸을 가지고 있는 무시공생명들을 도우면 급속도로 에너지 몸으로 변하게 된다.

- 열린다는 개념

시공우주에서 열렸다는 것은 무극 이하 이원념의 파장 안에서 영의 작동에 의하여 부분적인 세밀한 공간을 보게 되는 것이다. 파장 안에서는 한계가 있으므로 부분을 전체로 착각하여 비밀인 척하면서 고저를 만들고, 다 아는 척 남을 가르치려는 교만한 마음을 가지게 되는 것이다.

무시공의 열린다는 것은 절대긍정 일원심을 유지하면서 일체를 생명으로 보고 만상만물의 일체 속에 내가 있기 때문에 대화가 가능하고 일원심은 직선빛이기 때문에 시공우주의 어떤 파장도 뚫고 들어갈 수가 있다. 그래서 무시공의 일원심 앞에서는 온 우주의 모든 것이 투명하게 드러난다.

- 윤회(輪回)

상하 수직 윤회와 각 층차의 좌우 수평 윤회가 있다.

상하 수직 윤회는 낮은 차원 즉 지구에 살다 간 존재들이 자신의 부족함을 채우고 차원상승을 목적으로 윤회를 반복하는 것이다.

각 층차의 좌우 수평 윤회는 높은 차원의 존재들의 방식으로 주로 에너지 우주에 사는 우주인들과 외계인들의 윤회방식이다.

- 승용선(乘用船)

각 별(지구, 금성, 화성 등)에서 운행하는 교통수단이다. 지구에서 운행하는 교통수단 중 승용차에 해당한다. 지구에도 지구를 방문한 외계인들이 승용선을 이용하고 있다. 평소에는 승용차로 다니다가. 하늘을 날기도 하고 물속으로 다니기도 한다. 지구부터 5천억 광년 사이에서 운행된다.

- ## 비행선(飛行船)

  반물질, 반 에너지 우주에서 별과 별 사이를 운행하는 반우주인들의 교통수단이다. 5천억 광년에서 5억조 광년 사이에서 운행된다.

- ## 우주선(宇宙船)

  5억조 광년에서 100억조 광년 사이의 완전한 에너지 상태의 우주에서 우주인들이 타고 다니는 교통수단이다. 온 우주를 다닐 수 있다.

- ## 마그너

  금성의 과학자 '도넬'이 광음파(光音波)의 원리를 이용하여 만든 만능 기계.
  생명을 제외한 이 우주의 모든 물건을 만들어내는 기계로 우주선의 재료를 쉽게 만들 수 있고, 단단한 철물 구조물을 쉽게 녹일 수 있고 굳게도 하며, 그것을 이용하여 자유롭게 모든 것을 만들 수 있다. 무시공생명의 분자몸을 녹이는 데 도움을 주고 있다.

- ## 광음파(光音波)

  빛과 소리와 파장 세 가지를 종합해서 마그너를 작동시키는 원리이다.
  공기, 압력, 속도, 그리고 음파나 전자파를 이용한다. 지구에서는 음파와 압력만 쓰고 빛은 아직 사용하지 못하고 있다.

- ## 어무성처천지복(於無聲處天地覆)

  겉으로는 아무 소리도 들리지 않지만 세밀한 우주 공간에서 하늘과 땅이 뒤집어지고 있다. 인간은 계속 표면만 보고 있기 때문에 아무런 변화를 느끼지 못한다. 그러나 보이지 않는 세밀한 공간의 깊은 곳에서는 엄청난 변화가 이루고 있다. 개벽이 일어나고 있다. 인간은 표면에 살고 있으므로, 우주의 변화가 표면에 나타날 때는 이미 끝난 것이다.

- ## 아동우주동(我動宇宙動)

  내가 움직이면 우주가 움직인다.
  미세한 공간, 즉 무감각 시공에는 에너지 상태로 되어 있다. 에너지 상태는 우리가 여기서 마음먹는 순간에 그 에너지 상태로 되어 있는 우주는 순간에 바뀐다. 에너지 세상이 물질 세상보다 힘이 강하고 이 물질 세상은 에너지 상태에서 왔다. 그 에너지를 조절하는 것은 바로 무시공생명이다. 지금 우리 몸은 미세한 공간에서 에너지 상태로 엄청난 변화가 이루어지고 있다.

- 100마리 원숭이 효과

일본의 어느 섬에서 한 원숭이가 고구마를 물에 씻어 먹자 동료 원숭이들도 따라 했는데, 아주 먼 거리의 다른 섬의 원숭이들도 물에 씻어 먹는 생태를 보였다 한다. 시공의 파장에 의한 공진현상이다.

- 나비효과

나비의 작은 날개짓이 지구 반대편에 태풍을 일으킬 수 있다는 이론이다. 여기서는 무시공에서의 작은 움직임이 전 우주에 영향을 미친다는 무시공 효과를 말한다.

- 봉황효과

음의 시대, 여자세상을 맞이하여 여자가 주도적인 역할을 하는 시대(지천태)가 왔다. 여자의 한이 풀린 후 남녀평등 지상천국이 온다. 여자 봉황의 무시공 심력효과 블랙홀 현상을 말한다.

- 블랙홀 효과

여기서는 무시공생명 블랙홀을 말한다. 생명이 우주의 창조주이다.
무시공에서 향심력으로 시공우주의 일체를 빨아들여 원래의 무시공 우주로 원상회복, 정화하는 역할을 한다.

- 100억 조 광년

일조가 100억 개가 있다는 무시공의 언어다. 지구에서 무극까지의 거리이다.
무극의 자리를 나타내면 시공우주에서 최고의 빛을 가지고 있다. 그러나 그 빛 또한 파장의 빛이다. 이 무극을 넘어 계속 합(合)해야만 무시공생명의 직선빛을 얻을 수 있다.

- 대전이 우주 중심지 지구의 중심지(변두리가 된 무극)

무시공생명이 탄생하기 전에는 무극이 이 시공우주에서 도를 닦으면서 추구하였
던 중심지였다. 모든 시공우주의 음과 양을 합(合)하면서 이 우주의 뿌리를 잘라
버린 일체근단의 무시공 존재가 지구에서 이 무시공의 뜻을 펼치면서 지구가 온
우주의 중심지가 되면서 무극은 이 우주의 변두리가 되었다. 그래서 100억 조 광
년의 무극 존재도 대전의 센터에서 무시공공부를 하고 있다.